法社会科学研究方法指南

LAW AND SOCIAL SCIENCE

RESEARCH

侯猛 代伟 / 主编

图书在版编目（CIP）数据

法社会科学研究方法指南 / 侯猛，代伟主编． — 北京：北京大学出版社，2024.8
ISBN 978-7-301-35044-7

Ⅰ．①法⋯　Ⅱ．①侯⋯　②代⋯　Ⅲ．①法律—文集　Ⅳ．①D9-53

中国国家版本馆 CIP 数据核字（2024）第 095248 号

书　　　名	法社会科学研究方法指南 FA SHEHUI KEXUE YANJIU FANGFA ZHINAN
著作责任者	侯　猛　代　伟　主编
责 任 编 辑	林婉婷　方尔埼
标 准 书 号	ISBN 978-7-301-35044-7
出 版 发 行	北京大学出版社
地　　　址	北京市海淀区成府路 205 号　100871
网　　　址	http://www.pup.cn　http://www.yandayuanzhao.com
电 子 邮 箱	编辑部 yandayuanzhao@pup.cn　总编室 zpup@pup.cn
新 浪 微 博	@北京大学出版社　@北大出版社燕大元照法律图书
电　　　话	邮购部 010-62752015　发行部 010-62750672 编辑部 010-62117788
印 刷 者	涿州市星河印刷有限公司
经 销 者	新华书店 880 毫米×1230 毫米　A5　12.625 印张　305 千字 2024 年 8 月第 1 版　2024 年 8 月第 1 次印刷
定　　　价	69.00 元

未经许可，不得以任何方式复制或抄袭本书之部分或全部内容。
版权所有，侵权必究
举报电话：010-62752024　电子邮箱：fd@pup.cn
图书如有印装质量问题，请与出版部联系，电话：010-62756370

目 录

序 / 001
作者简介 / 001

第一编 进 路

第一章 做法律人类学 王启梁 / 003
第二章 做法律认知科学 李学尧 / 037
第三章 做法律与人文研究 尤陈俊 / 074

第二编 方 法

第四章 法律经验研究的过程 陈柏峰 / 115
第五章 法律定量研究的过程 刘 庄 吴雨豪 / 149
第六章 法律的社会理论分析 杨 帆 彭小龙 / 192
第七章 法律的经济分析与演化分析 桑本谦 戴 昕 / 238

第三编 技 艺

第八章 如何观察 张剑源 / 281
第九章 如何叙事 刘思达 / 299
第十章 如何对话 贺 欣 / 319
第十一章 如何写作 戴孟岩 / 349

序

呈现在读者面前的这本《法社会科学研究方法指南》,是第五届社科法学研习营的讲义。这届研习营的主题是"学做法社科"。我们在课程设计上,特别注重怎么教同学们做研究,"授人以渔",也强调研究的前沿性和体系性。因而,可以说这是一本社科法学的研究方法指南。

编成这样一本有体系性的教学用书,我们至少花了十年。2013年,我们举办了第一届社科法学研习营。这届研习营讲稿以《法律的经验研究:方法与应用》(王启梁、张剑源主编)为书名出版。2014年,我们接着举办第二届社科法学研习营。这届研习营讲稿以《法学研究中的定量与定性》(周尚君、尚海明主编)为书名出版。之后,第三届、第四届社科法学研习营相继举办,讲稿却由于各种原因未能出版。也许是相隔时间过长,更因为有了足够的知识积累,第五届社科法学研习营讲义与已出版的两个读本相比,有了很大不同。前两个读本侧重研究入门介绍,更适合本科生和硕士生等初学者阅读,这本讲义则更关注专题的深度,能够为进阶研究提供指引。十年,有这样一个大的跨度,正是我们志同道合、共同努力的结果。

十年前,我们举办第一届社科法学研习营时,学员还是以硕士生和本科生为主。到了第五届,只有博士生和博士后才有可能通过竞争成为学员。不仅受众不同了,讲者也发生了很大变化。我们最大的感受是,主讲人不仅代表他自己,其背后已经形成相对稳定的研究团队或一定规模的研究群体。这也促使我们下决心,把这届主题定为"学做法社科"。学者们从不同领域进行讲授,或同一领域的学者从不同角度进行讲授。将他们所讲的内容组合,就形成了社科法学的教学体系。

十年来,各领域的研究群体规模日益扩大,相对稳定的研究团队也越来越多。云南大学有很强的法律人类学研究团队。团队较早是由张晓辉教授开创的,现在的中坚力量是王启梁教授,年轻一代还有张剑源教授等人。2022年,朱晓阳教授从北京大学退休后转聘到云南大学任教,更是增强了云南大学法律人类学研究实力。上海交通大学则有很强的法律认知科学团队,中坚力量不仅有李学尧、林喜芬教授,还有更资深的葛岩、秦裕林等教授。这个研究方向的团队(群体)也不限于上海交通大学,比如,本届研习营邀请到的郭春镇、王凌皞两位教授也做法律认知科学的研究,他们与李学尧教授是同门。

在法社科的各个研究进路中,法律社会学的研究群体规模最大。其中不仅有两位在香港大学任教的代表性学者——贺欣教授、刘思达教授,还有在中南财经政法大学以陈柏峰教授为带头人的研究团队,成员包括龚春霞、于龙刚和刘杨等学者,他们注重基于田野调查的法律经验研究。法律定量研究的发展也很快。本届参与主讲的刘庄副教授、吴雨豪助理教授其实是年轻一代中的佼佼者,他们与同做定量研究的唐应茂、程金华等教授的关系较为密切,这几位教授都毕业于北京大学法学院。法律经济学研究的发展似乎并不如预期,但中国海洋大学显然已成为法律经济学的研究重镇,那里有以桑本谦教授为带头人的研究团队,本届研习营的主讲人戴昕教授,也曾长期在中国海洋大学任教。法律社会理论的研究规模似乎超出预期。本届研习营请到的杨帆教授、彭小龙教授都是目前的研究翘楚。

虽然由于各种原因,还有一些老师没有被请到本届研习营,但总体来说,本届研习营师资聚集了目前国内从事法社科研究的绝大部分最有代表性的中青年学者。我们也就有信心编出一本反映法社科研究最高水平的研究方法指南。经过反复推敲，特别是结合张剑源教授给出的建议，我们并没有按照当时的讲授时间顺序编排，本书最后分为进路、方法和技艺三编，呈现的都是法社科研究方法的传授。具体来说：

进路（Approach）即研究进路。对研究者来说，法社科的研究范围很广，必须在特定专业领域加以精进，故称之为进路，并作为第一编。这一编主要讲授怎样做法律人类学、怎样做法律认知科学、怎样做法律与人文研究。当然，法社科的研究进路并不限于这三种，比如，还有法律政治科学、法律社会学、法律经济学等。

方法（Method）即研究方法。社会科学包括法社会科学的研究方法，主要分为定性和定量两类。因此，第二编方法的前两章分别介绍了法律定性（经验）研究和法律定量研究的过程。当然，如果将法律经验研究方法、法律定量研究方法分别称为法律社会学、法律数据科学的研究进路，也并无不妥，只是强调的侧重点不同，进路更接近于学科的理解。如何运用社会理论也放在方法编，因为理论本身就是分析工具。如果研究既不是定性也不是定量，理论就更是方法。在这一编中，我们还将如何进行经济分析与演化分析作为方法。这问题也不大，就像我们也将教义分析称为方法一样。

技艺（Technics）即研究技巧。这是在研究中需要运用的更为具体、更技术层面的方法。第三编技艺中的四章分别涉及如何观察、如何叙事、如何对话与如何写作，这基本贯穿了法社科研究的整个过程。如何观察是我们进入田野时需要面对的首要问题。如何叙事是指观察之后怎样完整讲好一个故事，需要不断提问和不断解释。如何对话在很大程度上涵盖在如何叙事与如何写作之中的，它强调的是学术研究要从批评和对话开始进行写作。最后一讲如何写作，主要介绍怎样进行谋篇布局、怎样进行文字修改,以及怎样投稿的问题。

总的来看,本书是按照进路、方法和技艺三编来指导学生怎样做法社科研究。这样的安排呈现出研究从宏观把握到微观处理的过程。这也体现出法社科的研究风格——从大处着眼,从小处入手。当然,研究方法指南还缺少"根本之根本"即方法论(methodology)的介绍。故我在这里做些补充,也就是再回到问题的起点,即什么是社科法学。

社科法学,全称是法律的社会科学研究、法律和社会科学,又可以简称为法社科、法社会科学。它是运用社会科学来研究法律问题。现被称为"法学方法论"的那些知识,所指代的是运用教义分析法律的方法,而且,主要是德国法学传统的民法学方法论,主要包括法律解释方法、法律漏洞补充和法外续造三个基本组成部分。显然,法学方法论其实只是法教义学的方法论,而不可能是社科法学的方法论。社科法学的方法论来源,除既有的法学方法论以外,还有社会科学的方法论。由于社会科学处在人文学科与自然科学的光谱之间,也就有两个面向。社会科学研究在认识论上有两种类型,既有主客二分、强调客观中立、价值无涉,注重科学实证主义的社会科学研究;也有主客不分、强调研究者参与观察、价值有涉,注重理解的社会科学研究。相应的,在方法论上也有两种类型,既有注重因果推论的解释(explanation),也有注重前因后果的意义阐释(interpretation)。社科法学的方法论主要是社会科学方法论。在这个意义上,我更愿意称其为法社会科学(法社科),而不是社科法学。

法社会科学主要有两种研究视角。第一种是研究法律与社会(law and society)的相互关系,这是外部视角的研究。大部分的法社科研究是外部视角的研究,从而区别于法律规范或法教义学的内部(内在)视角研究。第二种是研究法律实务,特别是司法裁判过程中社会科学的应用(social science in law)。这往往在事实、证据、推理、解释方法、后果考量问题上与传统法解释学或法教义学"直球对决"，因而这部分法社科研究也可以称得上是内部视角研究。这两种研究视角构成了法社会科学知识体系的两大部分。当然，从研究范式来讲，内部视角关注的是应用，难称得上有研究范式；外部视角的研究有很强的学术传统，法律与社会研究范式就代表着法社会科学的研究范式，甚至可以说，就是法社会科学研究范式。

此外，运用社会科学，特别是知识社会学对法学（其中也包括上述两种视角的研究）进行反身性思考，这是自反视角的研究，构成法社会科学知识体系的第三个部分。在这个意义上，以前有人批评社科法学是知识杂糅就难有说服力。因为所有看似"分离"的研究，都不会超出这三种视角——法律与社会研究的外部视角、法律中的社会科学应用的内部视角和法学的知识社会学的自反视角。这三个部分共同构成了法社会科学的知识体系。

从短期来看，在中国，既有法教义知识体系，也会有法社科知识体系。但从长期来看，共同目标是形成中国法学的自主（自觉）知识体系。当然，我们作为法社科研究者，目标是用社会科学来迭代既有的法学知识包括法教义学，从而形成一个有解释力的中国的法社会科学知识体系。这个法社会科学知识体系实际上就是中国法学的自主知识体系。要达到此目标，不能靠夜郎自大，而是要扎扎实实打基础，进行知识竞争。

也因此，作为一项共同的事业，至少是逐渐形成更多共识的事业，法社科的研究者需要合力和接力，需要更多地深耕细作。由于法社科研究一直不在正式的学术建制之中，我们比其他学科更需要建立"无形学院"——学术共同体，更需要薪火相传、培养新人。特别值得一提的是，这十年来，一共举办了五届社科法学研习营，老师们的热情极大，都是召之即来，不谈报酬，甚至自费前来。这感染了每一届学员，加速了法社科知识的传播。学做法社科,不仅成为越来越多学生的知识需求,也成为越来越多学者的研究自觉。

第五届社科法学研习营的举办和这本研究方法指南的完成,除有赖各位老师和学员的热情参与以外,还离不开童孟君、张孝晨、王慧玲、王坤宁、高凯铭、郭梦瑶、金上钧、张浩然、张沛新、柯玉璇、邓森月等同学的协助、整理。大量的协调工作是由代伟来做的,因此,我请他与我共同担任本书主编。中国人民大学法学院和法理学科的同事们也给予了有力支持。特别是在法学院的支持下,我们成立了法律与社会跨学科研究中心,从而能更好地举行各种活动。

最后,要谢谢北京大学出版社。这届研习营是与燕大元照合作举办的。正是在杨玉洁编辑的鼓励和敦促下,这本研究方法指南才得以顺利成书。当然,书出来了,行不行,要靠读者的检验。我们会细心收集各方面意见,继续努力。过十年再看,是不是可以与更多师友一道,推出更多数量、更高质量的法社科教学用书。

侯　猛
2024 年 4 月 23 日于北花市大街

作者简介
（按拼音排序）

陈柏峰，现任中南财经政法大学教授、法学院院长、国家治理学院院长，教育部长江学者特聘教授，第九届"全国杰出青年法学家"，第二批"全国高校黄大年式教师团队"负责人，首届"卓越青年研究生导师奖励基金"获奖者。主要研究领域为法理学、法律社会学、基层治理。代表作：《乡村江湖：两湖平原"混混"研究》（中国政法大学出版社 2011 年版、2019 年版）、《社会诚信建设与基层治理能力的再造》（《中国社会科学》2022 年第 5 期）。

陈天昊，现任清华大学公共管理学院副教授、博士生导师，清华大学仲英青年学者。主要研究领域为行政法、法国及欧盟法、行政协议、社科法学、数据法学。代表作：《行政协议的识别与边界》（《中国法学》2019 年第 1 期）、《我国知识产权法院的治理实效与制度逻辑》（《法学研究》2023 年第 1 期）。

程金华，现任上海交通大学凯原法学院特聘教授、校图书馆馆长，兼任中国法与社会研究院副院长、法律实证研究中心主任，教育部青年长江学者。主要研究领域为法律社会学和法律实证研究。代表作：States, Intergovernmental Relations, and Market Development: Compar-ing Capitalist Growth in Contemporary China and 19th Century United States (New York: Palgrave Macmillan, 2018)、《中国行政纠纷解决的制度选择——以公民需求为视角》（《中国社会科学》2009 年第 6 期）。

戴孟岩，现任美国欧道明大学社会学和刑事司法系教授。主要研究领域为犯罪学与刑事司法。代表作：*Is Neighborhood Context a Confounder? Exploring the Effects of Citizen Race and Neighborhood Context on Satisfaction with the Police*［Policing: An International Journal of Police Stra-tegies & Management, Vol. 32(4)］、*Procedural Justice During Police-Citizen Encounters: The Effects of Process-Based Policing on Citizen Compliance and Demeanor*［Journal of Criminal Justice, Vol. 39(2)］。

戴　昕，现任北京大学法学院长聘副教授、法学院副院长。主要研究领域为法理学、法律经济分析、法律与社会、信息隐私法、网络技术与社会治理、比较法等。代表作：《理解社会信用体系建设的整体视角——法治分散、德治集中与规制强化》(《中外法学》2019 年第 6 期)、《数据界权的关系进路》(《中外法学》2021 年第 6 期)。

方　乐，现任南京师范大学法学院教授、法学院院长。主要研究领域为法理学、现代司法理论、法律社会学。代表作：《转型中国司法知识的理论与诠释》(人民出版社 2013 年版)、《非制度化因素对法院就地化解纠纷的影响及其意涵——内在视角的考察》(《法律科学》2019 年第 5 期)。

郭春镇，现任厦门大学法学院教授、厦门大学党内法规研究中心执行主任，教育部青年长江学者。主要研究领域为个人信息保护、网络表达与规制、法律和认知科学、党内法规。代表作：《认知神经科学在法学中的应用研究》(与王凌皞合著，法律出版社 2018 年版)、《公共人物理论视角下网络谣言的规制》(《法学研究》2014 年第 4 期)。

贺　欣，现任香港大学法律学院教授。主要研究领域为法律与社会、法律实证研究、比较法、中国法律制度。代表作：*Divorce in China: Institutional Constraints and Gendered Outcomes*（New York University

Press,2021)、《街头的研究者:法律与社会科学笔记》(北京大学出版社2021年版)。

侯　猛,现任中国人民大学法学院教授、法学院法律与社会跨学科研究中心主任,《法律和社会科学》主编,教育部青年长江学者。主要研究领域为法律社会学、法学的知识社会学、政法研究。代表作:《司法的运作过程:基于对最高人民法院的观察》(中国法制出版社2021年版)、《当代中国政法体制的形成及意义》(《法学研究》2016年第6期)。

侯学宾,现任吉林大学法学院教授,《法制与社会发展》副主编,吉林大学法学院家事司法研究中心主任,国家"2011计划"司法文明协同创新中心研究员。主要研究方向为法理学、司法学、法律政治学和家事法学。代表作:《美国宪法解释中的原旨主义》(法律出版社2015年版)、《司法批复衰落的制度竞争逻辑》(《法商研究》2016年第3期)。

李梦侠,现任云南师范大学法学与社会学学院讲师。主要研究领域为法律社会学、法律人类学、基层治理。代表作:《多重逻辑视角下的公共利益实现机制——以基层食品安全执法为例》(《求索》2020年第1期)。

李学尧,现任上海交通大学凯原法学院长聘教授、法律与智能认知实验室主任、法律交叉学科负责人。主要研究领域为法律与认知科学、法律与科技创新、教育立法、法律职业与司法改革。代表作:《法律职业主义》(中国政法大学出版社2007年版)、《认知流畅度对司法裁判的影响》(《中国社会科学》2014年第5期)。

刘思达,现任香港大学法律学院教授。主要研究领域为法律社会学、职业社会学和社会理论。代表作:《割据的逻辑:中国法律服务市场的生态分析》(上海三联书店2011年版)、《中国法律的形状》(《中外法学》2014年第4期)。

刘　杨,现任中南财经政法大学法学院准聘制教授、基层法治研究所研究人员,中南财经政法大学文澜青年学者。主要研究领域为法理学、法社会学、社会治理。代表作:《执法能力的损耗与重建——以基层食药监执法为经验样本》(《法学研究》2019年第1期)、《"专项治理"科层化的实践机制与制度前景——以鄂中×镇食品药品监督管理所的执法工作为个案》(《法商研究》2017年第1期)。

刘　庄,现任香港大学法律学院副教授。主要研究领域为司法行为、法律与发展、中国法的量化研究、经济法。代表作:Does Reason Writing Reduce Decision Bias? Experimental Evidence from Judges in China [The Journal of Legal Studies, Vol. 47(1)]、Legal Techniques for Rationalizing Biased Judicial Decisions: Evidence from Experiments with Real Judges [Journal of Empirical Legal Studies, Vol. 16(3)]。

缪因知,现任南京大学法学院教授。主要研究领域为金融法、企业法。代表作:《中国证券法律实施机制研究》(北京大学出版社2017年版)、《反欺诈论下的内幕交易类型重构:原理反思与实证检验》(《法学家》2021年第1期)。

彭小龙,现任中国人民大学法学院教授、博士生导师。主要研究领域为法理学、法律社会学、纠纷解决、司法原理与比较司法制度。代表作:《非职业法官研究:理念、制度与实践》(北京大学出版社2012年版)、《规范多元的法治协同:基于构成性视角的观察》(《中国法学》2021年第5期)。

桑本谦,现任中国海洋大学法学院教授。主要研究领域为法理学、法律经济学和刑事法律制度。代表作:《法律简史:人类制度文明的深层逻辑》(生活·读书·新知三联书店2022年版)、《法律教义是怎样产生的——基于后果主义视角的分析》(《法学家》2019年第 4 期)。

孙少石,现任西南政法大学行政法学院讲师。主要研究领域为法学理论、法律社会学。代表作:《电信网络诈骗协同治理的制度逻辑》(《治理研究》2020 年第 1 期)。

田　雷,现任华东师范大学法学院教授、立法与法治战略研究中心主任。主要研究领域为宪法和历史、中国法治实践的历史书写,侧重于法律、历史和社会交叉视角的研究和写作。代表作:《继往以为序章:中国宪法的制度展开》(广西师范大学出版社 2021 年版)、《构造"新"的延续性——关于"八二宪法"起草若干问题的理论思考》(《开放时代》2022 年第 6 期)。

王凌皞,现任浙江大学光华法学院副教授。主要研究领域为法律与认知科学、法哲学、司法理论。代表作:《儒家美德裁判理论论纲:当代法理学语境下的重构》(浙江大学出版社 2015 年版)、《基因改造、人性与人类价值——辩护一种自然主义的"人类改进"概念》(《华东政法大学学报》2019 年第 5 期)。

王启梁,现任云南民族大学教授、校长,云南大学博士生导师。主要研究领域为法律社会学与人类学、基层法律实施、边疆地区法治建设。代表作:《迈向深嵌在社会与文化中的法律》(中国法制出版社 2010 年版)、《法学研究的"田野"——兼对法律理论有效性与实践性的反思》(《法制与社会发展》2017 年第 2 期)。

王伟臣,现任上海外国语大学法学院副教授、法学院副院长。主要研究领域为法律人类学、比较法律文化。代表作:《法律人类学的困境:格卢克曼与博安南之争》(商务印书馆 2013 年版)、《法律人类学个案研究的历史困境与突破》(《民族研究》2017 年第 1 期)。

吴雨豪,现任北京大学法学院助理教授。主要研究领域为法律实证、刑事司法理论和定量犯罪学。代表作:*Effect of Public Transit on*

Crime: Evidence from SEPTA Strikes in Philadelphia〔Journal of Experimental Criminology, Vol. 17(2)〕、《量刑自由裁量权的边界：集体经验、个体决策与偏差识别》(《法学研究》2021 年第 6 期)。

杨　帆，现任吉林大学法学院教授，最高人民法院法律研修学者。主要研究领域为法律社会学、法哲学和比较法研究。代表作：Habermas, Foucault and the Political-Legal Discussions in China: A Discourse on Law and Democracy(Springer, 2022)、《比较法视野下庭审公开的制度功能》(《中外法学》2023 年第 3 期)。

尤陈俊，现任中国人民大学法学院教授、法学理论教研室主任、《法学家》副主编，教育部青年长江学者。主要研究领域为法律文化、法律社会学、中国法律史、法学学术史、法学研究方法论。代表作：《聚讼纷纭：清代的"健讼之风"话语及其表达性现实》(北京大学出版社 2022 年版)、《法治建设的国家能力基础：从国族认同建构能力切入》(《学术月刊》2020 年第 10 期)。

于龙刚，现任中南财经政法大学法学院副教授、基层法治研究所研究人员，湖北省楚天学者。主要研究领域为法理学、法律社会学、基层治理。代表作：《人民法院立案环节的压力化解策略及其改革》(《现代法学》2019 年第 5 期)、《基层法院的执行生态与非均衡执行》(《法学研究》2020 年第 3 期)。

于　明，现任华东政法大学法律学院教授、法律史研究中心主任，兼任全国外国法制史研究会秘书长、上海市法学会外国法与比较法研究会会长。主要研究领域为法律史、比较法、法理学。代表作：《司法治国：英国法庭的政治史（1154—1701）》(法律出版社 2015 年版)、《晚清西方视角中的中国家庭法——以哲美森译〈刑案汇览〉为中心》(《法学研究》2019 年第 3 期)。

于晓虹，现任清华大学社会科学学院政治学系长聘副教授、博士生导师。主要研究领域为中国政府与政治、比较司法政治、中国法治建设。代表作:《策略性服从:我国法院如何推进行政诉讼》(《清华法学》2014年第4期)、*The Company They Keep—When and Why Chinese Judges Engage in Collegiality* [Journal of Empirical Legal Studies, Vol. 19(4)]。

张剑源,现任云南大学教授,主要研究领域为法律社会学、家事法。代表作:《发现看不见的事实:社会科学知识在司法实践中的运用》(《法学家》2020年第4期)、《家庭本位抑或个体本位?——论当代中国家事法原则的法理重构》(《法制与社会发展》2020年第2期)。

周尚君,现任西南政法大学行政法学院教授、副校长,《法律和政治科学》主编,教育部长江学者特聘教授,第十届"全国杰出青年法学家"。主要研究领域为法哲学、法律社会学、组织社会学、法学观念史。代表作:《法学观念史论稿》(法律出版社2014年版)、《地方政府的价值治理及其制度效能》(《中国社会科学》2021年第5期)。

朱晓阳,现任云南大学特聘教授。主要研究领域为政治人类学、法律人类学、社会科学知识论、城乡社会学、影视人类学。代表作:《小村故事:罪过与惩罚(1931—1997)》(法律出版社2011年版)、《小村故事:地志与家园(2003—2009)》(北京大学出版社2011年版)。

第一编 进路

LAW AND
SOCIAL SCIENCE

第一章
做法律人类学

王启梁

今天的主题是"做法律人类学"。首先,我将和大家一起思考"法律研究为什么需要人类学"这一问题;之后,我会用田野、法律多元、整体论和文化自觉四个关键词来梳理"什么是法律人类学",以及"怎么做法律人类学";最后,我从"过来人"的角度,为大家做法律人类学提几点建议。

一、法律研究为什么需要人类学

人类学常常声称自己是一门包揽一切的学科,它以人类作为研究对象,研究的核心是自我和他人、个人与群体的辩证关系。[1] 为什么法律研究需要人类学?我的亲身经历或许能给大家一些启发。

1997年大二暑假,我带队进行"送法下乡"社会实践,在这个过程中发现了一些问题。第一,村民会来咨询相关法律问题,但他们并不满意我们给出的答案;第二,在实践中我发现,法学课堂上讲的知识完全没有办法帮助我理解中国社会是什么样的、乡村社会是怎么运转的、农民究竟需要什么。这一系列问题让我产生了巨大的困惑,成为我走上法律人类学研究道路的重要原因。

法学研究和教育往往聚焦规范,却忽视了"人"。法学研究通过解释来发展法律学说,但仅局限于规范文本的立场和视野是不够的。法律研究为什么需要人类学?就在于它提供了关于人的存在方式的认识,它的文化视角对研究法律尤其具有启发意义。

从人类发展进程中,可以一窥法律和社会的联系。人类的独特性在于,人类谱系树上不只存在过一种古人类,但只有智人这一支生存了下来,并发展壮大。智人在众多人科物种中既不是最强壮的,也不是最灵活的。但是,符号和语言的使用、社会网络的形成,使得信息和资源可以交换、知识得以累积,从而推动了使用工具的能力和创新能力的不断提升,使人类具有了强大的适应灵活性。这才是人类在这场竞争中胜出的最有力武器。[2] 这表明,人类之所以能在力量、运动能力等生物属性不占优势的情况下,从众多物种中脱颖而出,能对环境具有非同一般的适应力,关键在于其能够创造出应对自然的办法。这种办法就是形成组织社会生活的文化。而所谓法律,就是人类实践所创造的众多的应对各种问题、处理各种关系的文化产物之一。在有国家和法律之前,人类社会已经学会创造制度来应对生活。法律的产生,无外乎是人类这种创造和建构能力运用和发展的结果。法律的神奇在于能够"无中生有"。比如,我们非常熟悉的公司,它其实是制度创造出来的组织;国家也是人类通过制度形成的一个庞大组织体系。类似的例子在法律中非常普遍。从根本上来讲,法律的产生和发展是一个创造和建构能力应用的问题。我们可以更具体地从以下几个方面来讲。

第一,人类编织意义之网,创造并且栖息在文化空间里。人类的一切行为都有其文化上的原因。即使是最日常化的衣食住行,看起来是生活必需,但实际上它们并不仅仅是生物学的需要,相反,其无一不是文化的创造和实践,并且,文化最终会成为规范。"衣",如沈从文研究发现,"历史上周公制礼,衣分等级和不同用场就是其中一项十分重要的事情。衣服日益宽大,穿的人也日益增多,并且被当成一种新的制度看待,等级分明大致是从西周开始"³。又如,中山装的每一处设计都被赋予了许多文化意义。在民国时代,穿中山装实际上成为了国家制度。"食",各个社会不仅实践出如何烹饪的技艺,对如何吃也进行规范,典型例子如山东人的宴席,就是一场"礼"的实践。吃饭、喝酒已不再是一种生物性活动,而是受规则之治的社会行为。"住",建筑的功能不只有遮风避雨,典范如故宫、孔府和徽派民居,体现着"礼"如何规制着"住"。"行",也是如此。古代中国很早就发明出车马行走的文化和规范。同样,作为最基本的生物学规律,生老病死并不全是自然。围绕着生老病死,不同的社会赋予这些现象极为丰富而不同的意义,创造不同的仪式来表达,建构不同的制度来处理。例如,不同的殡葬习俗都是文化的创造和表达。面对各地区、各民族差异较大的殡葬习俗时,虽然国家有一套统一的殡葬法制,但并没有完全达到节约土地的制度目标,反而产生了公墓危机以及"二次土葬""缴费土葬"等大量越轨行为。⁴ 这就是法律和文化之间的紧密联系。

　　人类的神奇之处,不仅是在社会活动中展现文化性,还在于将认知、想象和意义施加于大自然,崇拜、利用、改造和破坏着自然。例如,"高峡出平湖"并不止于诗人的想象,而是成为现实中雄伟的三峡大坝景观。又如,对于藏族人民而言,卡瓦格博峰不仅是一座宏伟的雪山,还是不可亵渎的神,因而产生出不可攀登的禁令。而对于另一些雄心勃勃的登山者来讲,登顶雪山则是其作为人的力量的意义表达。⁵ 这样一些不胜枚举的例子,提示我们需要充分地认识到,人类创造文化,而文化建构了规范,规范则表达着文化。

　　第二,人类之所以能够延续,是因为形成了可以组织起来的社会。在面对自然时,生物学上不占优势的人类依靠"组织起来"得以不断延续、发展和壮大。人是社会的存在。每个人都生活在社群之中,有各种各样的身份,是家庭、村庄、工作单位、政治组织和国家等组织的一员。而所有的这些社会单元都有其制度,并依靠制度而存在、运行和发展。我最近重读《乡土中国》,有了更强烈的感受——这本书的写作是从不同的角度和侧面,呈现和解释中国乡村是怎么被组织起来的、怎么形成组织以及里面的人是如何生活的,说到底就是乡土社会的组织性问题。社会关系的确定和规则化是人类能够组织起来的最基本机制。人类因创造和应用制度而获得了组织性。组织化是人类在实践中演化和创造的结果,体现为各种各样的规范,具有丰富的多样性。人类组织形式和规范的多样性源自生活环境的多样性,但更为重要的,是来自前述人作为文化的动物所具有的制度想象力和创造力。因此,不同国家,不同区域,甚至生活在同一区域的不同民族,在婚姻家庭、宗教、经济、村落政治等各方面,都有其制度的文化独特性。比如,当讲"家庭"这种制度时,我们脑海中首先跳出来的是以男性为基石的父系家庭构成,但人类历史上还有母系制度。就婚制而言,也有多种。与此同理,村庄、单位、国家的组织形式也可以有很多种。

第三,发展和运用法律是人的文化属性和组织属性的延伸。我在一篇文章中有一个基本观点——法律具有"双重建构性",即法律是建构的结果,同时是一种建构性的工具。[6] 格尔茨在《地方性知识》中也有相关阐述。[7] 而从现在的情况来看,国家法律已经全面深入日常生活的细节,比如"衣"有《产品质量法》、有公共场所不能裸奔的禁止性规定;"食"有《食品安全法》;"住"有《建筑法》《城乡规划法》《民法典》物权编;"行"有《道路交通安全法》。国家对于我们生活的监管,已经深入细致到我们的餐桌上。例如,云南省德宏州市场监督管理局,为了防止民众误食野生菌而中毒,把陈奕迅的歌曲《孤勇者》改编为了《菇勇者》。这看似是一个文化现象,实际上也是法律现象,是法律实施的一个独特案例。又如,2022年5月,《云南省食品安全地方标准过桥米线餐饮加工卫生规范》[8]发布,规范监管细致程度令人震惊,主要如下:

> ①装米线的碗宜选用直径大于22cm的陶瓷器皿;②不得使用三聚氰胺甲醛树脂制成的大汤碗;③荤菜:生(熟)猪肉片、鸡肉片(块)、火腿片、鱼片、鱿鱼片、鹌鹑蛋或香酥肉等。生肉片应厚薄均匀,厚度不超过2mm;④素菜:生(熟)蔬菜、豆腐皮、可食用花卉、食用菌或酱腌菜等;⑤主料为米线、饵丝、卷粉或面条等,主料上桌前应烫熟;⑥汤量应确保浸没所有食材。

这其实是国家在运用法律法规对地方饮食文化进行规范化治理。而它的背后,是现代科学卫生与健康知识对传统饮食技艺的规范性建构。这些案例已经表明了法律的一些基本特征,即如瞿同祖先生所言"法律是社会的产物,是社会制度之一,是社会规范之一"[9],这里的关键是"之一"。没有法律之前或者法律产生的时候,其实已经有了许许多多各种各样的社会制度。比如饮食技艺,在地方当然是有规范的,但这种规范不是国家规范,而是饮食的地方性知识。所以,我们可以把法律放在社会背景之下,把它理解为对社会既有规范和秩序的再建构。它超越特定的时间和空间,超越具有多样性的地方文化。今天来看,虽然中国国家层面的法律几乎看不到与习俗的关系,或者说很难看得到哪条法律与某个地方文化和地方习俗有关系,它超越了地方文化。但是,应注意到,法律虽然超越地方性,其产生却是对社会情境和地方文化的反映,并且其运行最终是在特定的社会文化背景之中。

再以过桥米线来举例,前述标准规定主料上桌前必须烫熟。但是,对于本地人来讲,米线可以烫,但卷粉一般不烫,因为卷粉经不住两次烫。过桥米线的规范究竟会怎么实施?肯定会是个有意思的个案。

第四,法律存在于复杂的社会多样性环境之中。与前述三点有关,人类创造的文化和社会组织形式丰富多样,各个国家的法律产生的背景、原因、价值和形式都不一样,法律所存在的社会文化环境也缤纷迥异。法学研究需要对社会生活的复杂性和多样性有所认识,认识到文化和生活的多样性是一个实际存在。对中国这样一个真正意义上的大国来说,国家法治的统一与社会的多样性之间可能存在紧张关系,这始终是法治建设中必须面对和处理的关键问题。要认知和把握多样性,也意味着需要进入法律存在于其中的"田野"。理论工具方面则需要与人类学等致力于研究文化多样性和普遍性的学科发生关联,这些学科能为我们提供相应的理解和反思。

总结一下,法律人类学之所以能够对法律研究有所贡献,从根本上来讲是在法律和社会之间建立起联系。它提供的是一种认识论,用梅丽的话来讲,"法律和社会间的关系是相互建构的,法律和社会互相塑造和定义。在法律和社会能被区分开的各自领域里,法律体系定义了社会关系和权力系统,而社会决定了法律体系运作的方式"[10]。这种在法律和社会之间建立起关系的观点,是面对现实的一种理论态度,也是创新和发展理论的一个基础。对我们来说,法律人类学对法律实践的探究和对事物之间联系性的观察,将建立起对法律的特性和局限性的认识,尤其是对法律的人文方面的反思。

和朱晓阳教授一样,我所理解的法律人类学"是关于秩序规范的研究"[11]。这里的"秩序规范"包括但不限于法律秩序。对于刚才我提到的衣食住行、生老病死,社会本身就有一套规范,在这一套规范之外产生出国家法律,法律再重新建构着社会。我们实际上生活在多重秩序规范当中。这就要求我们的研究要超越对法治、法律实践的规范性评价,在视角上把法律与生活世界、规范与社会重新统合起来观察和认识。因此,我们不仅关注合法/非法、应然/实然之类的问题,更着重于解释法律教义与社会实际的鸿沟、法律理论和法律实践之间的分离如何发生、为何发生等问题。其问题意识指向的是法律与社会之间、理论解释与实践之间的融贯性问题。所以,"理解"是法律人类学的核心。我们常讲实证研究,其实并没有绝对的"实证",也没有绝对的真实。面对一组数据时,在不同的社会环境,面对不同的人,我们的理解和解释会有很大的差异。

从现实来讲,法律人类学提示我们超越法律教义来理解法律的性质及其运行,这需要融合三个理想的研究视角:一是获得内部视角(实践者的逻辑)与外部视角(合法性评价)的结合;二是在研究者(理论观点)与实践者(基层和当地人观点)之间获得一种沟通和视域融合;三是在法律实践、法律教义、法律理论、社会实际几者之间获得一种整体性观察和反思性理解。此种进路有可能做出的贡献不仅是具体观点,更重要的是关于法律、法治的认识论。这种认识论事实上包含了法律的教义分析与社会科学(政治学、社会学、人类学等)之间的整合而不是排斥。一个人类学家完全可能用政治学或者是经济学的理论来解释他在"田野"工作当中遇到的各种各样的问题和现象。

基于以上的认识,比较适宜的态度是把法律人类学作为一种观察视角和研究方法,从根本上将其视作反思和创新法律理论的社会科学进路之一,而不是把它作为一个学科。

二、田　野

接下来我将通过关键词,展现法律人类学的视角和方法。首先是"田野"。

田野在哪里?我理解的法律的"田野",是一个非常宽泛的概念。对于法学研究来讲,应该有想象力地理解何为"田野",而不是局限在早期人类学对"田野"的界定上。[12]"田野"即法律存在、运作或产生影响之处,是法律能够实践或正在实践的地方。

为什么我会这样思考呢?我们虽然是学者、有学衔,但对法律实践和社会生活知之甚少。走出大学,别人的生活对我们来说,可能就是人类学家所说的"他者"的生活。在国家和社会中,人们好似都在一列火车上。但在这列火车中,有的人在商务舱,有的坐一等座、二等座,有的是站票,席别、位置、遇到的问题和情况可能完全不同。对研究者来讲,我们的研究对象遭遇法律时的命运千差万别,就像不同舱位的乘客。在法律研究的领域中,"自我"与"他者"可以不断被定义和理解。法学研究中的"他者"正是那些法律的遭遇者,以及那些以各种形式运用和实践着法律的各形各色的人们。这一认识决定了我们如何来定义法学研究的"田野"。

如果我们按照前文所述把法律研究中的"他者"定义为那些法律的实践者、承担者,这就意味着所有存在着法律实践的领域,都可能成为法律研究的田野。"法律本身是一种社会控制,但是还有其他多种社会控制方式存在于社会生活中,存在于家庭、友谊、邻里关系、村落、部落、职业、组织和各种群体中……"[13]存在社会控制的地方,就存在着法律与社会的关系。也因此,法律的"田野"无限广阔。如果我们把法律的田野研究仅仅狭隘地理解为简单社会、乡村社会或少数民族社会中的习惯法/民间法（并非这些研究不重要），那么无异于画地为牢。事实上，通过田野调查展开的法律研究已经把研究领域扩展到不同社会的各个生活领域，涉及人权、法庭运作、跨国公司、全球化等问题。可见，是问题决定了"田野"在哪。[14]

和"田野"有密切关系的是微观研究。产生、发展于"田野"的法律人类学有着深厚的微观研究传统。微观研究是运用田野方法非常重要的进路。这并不是说法律人类学不关心宏观、中观问题，而是其尤为擅长从微观切入，然后延伸到中观、宏观层面或者发现微观、中观和宏观的联系。在众多的研究中，我们会发现，最基层的现象和问题可能来自上层和更广阔的背景，甚至是受遥远的大洋彼岸的影响，也可能发现，中观、宏观的现象和问题出自微观。微观、中观和宏观三者还可能以复杂多样的形式交织影响着某个社会和法律领域。举例来说，我一直关注反拐卖问题。为什么东南亚人口贩卖问题严重，这既有东南亚国家社会本身经济、政治方面的问题，同时又受遥远的欧美人口、色情市场的影响。我国西南边境为什么会出现"光棍村"，可能和更远的中东部地区有着联系。[15] 第二个例子是朱晓阳老师的《小村故事：地志与家园（2003—2009）》，一个村庄近百年的变迁体现了国家与最基层社会之间一种复杂的联系和互动创造。[16] 微观、中观和宏观这三者之间具有非常紧密的联系，而发现联系需要一个"探针"——微观研究的进路。微观研究的妙用可通过一个科学纪录片的片段来加以认识：

雪崩是如何发生的

最渺小的也可能是最致命的，雪崩会在顷刻间爆发，毫无预兆。

丹尼·基斯特勒和他的搜救犬分队在瑞士达沃斯工作,他们深知遭遇雪崩的滋味:"雪崩毫无征兆地发生了,它们越过悬崖,砸在我身上,速度非常快,人被卷进雪里,然后就像掉进了洗衣机里,就像有人拿锤子打你,你被埋在雪里,完全不知道怎么回事。雪崩结束了,人像陷在混凝土里,一个指头都动弹不得,哪都不能动。"

可是雪崩的力量究竟是哪里来的呢?答案深藏于微观世界中,但我们通过常规方法很难看到。利用专门的探测器,科学家才开始意识到这种潜在的致命力量来自雪花。我们都知道雪花的经典形状,但是落在地上后它们会改变形状,失去那些精美的枝杈,紧密地结合在一起。雪花太小,我们肉眼看不到,但显微摄影显示雪花间形成了有力的连接,把雪晶体锁在了一起,这样就形成了稳固的雪堆。但只要在表面以下的深处有一点点极为微小的变化,就能让雪堆变成一个定时炸弹。晴天之后的夜晚如果特别冷,就会在雪堆内部产生微小却重要的变化,雪晶体融化,然后再重新凝固,形成不同的有更多棱角的形状,此时它们相互间的连接变得脆弱。在晶体之间还会进入空气,形成松散的格子结构,在雪堆深处所形成的薄弱层,虽然只有几毫米厚,但足以让雪坡变得危如累卵。

"它最危险的一点在于你看不到危险,我们看不到雪层的不稳定性,它就像一个熟睡的白色恶魔。"

为了解决这一难题,科学家们发明了一种新的探针,从而可以探测到这些危险而细微的变化。在30厘米深的地方信号减弱了,说明那里可能有个薄弱层,如果存在薄弱层,说明雪崩随时会发生。而最终引起连锁反应的可能是一只野生动物,一个滑雪者,也可能只是一场适量的降雪。如果你撞击到薄弱层它就会崩裂,然后整个雪面开始滑动,但它们是绝对隐形的。在雪面之下,薄弱层支撑不住了,它与上层雪的连接断裂了,雪崩就这样发生了。你还来不及意识到,3万吨雪就以迅雷不及掩耳之势以超过每小时110公里的速度沿着山坡轰鸣而下。这种巨大的毁灭性力量只是由小小的雪晶体中微小的变化引发的,它深藏在隐形的微观世界深处,我们永远无法看到。

但是不仅仅只有大自然的力量能在微观层面上产生毁灭性能量。

——源自纪录片《隐形世界》之《超越尺度》片段[17]

在自然界,许多宏观问题需要从微观中去求解。在法律与社会生活中,社会的微观构成和微观现象同样具有非凡的意义。微观研究是一种适合于法律的田野考察进路,主要有两点体现。第一,庞大的法律体系是由一系列复杂的微观规范和机制构成的。法律的微观构造能够引发中观和宏观的社会后果。一种宏观格局的产生或变化,有时只是源于一项制度、一个法律条文或法律解释的改变。这样的例子非常多,比如一部计划生育条例,就改变了中国几十年人口的宏观结构。第二,一线的法律实践由一系列微观甚至可以用琐碎来形容的社会行动所组成。这些不易察觉的微观行动是认识和理解法律实践的机会。比如,从戴口罩的现象可以一窥防疫政策和法律法规的实施。

根本上,微观研究使研究者能够有效地进入法律实践的"隐秘"地带,充分把握研究对象,形成对法律及其实践的实质性知识,从而有助于实施整体性研究的策略。比如,司法改革后,法院庭长不再负责司法文书的签发,但实际上还有一部分法院会指定某些人把关其他法官的裁判文书。其具体实践和原因必须通过有效的实地考察方能获悉。所谓司法实践，就是由类似的、大量的"隐秘"构成，而这些是无法从书面的规范中发现和理解的。

微观研究还是一种"化整为零""分而治之"的办法，使研究者可以把宏大议题或抽象议题具体化为可以把握的研究对象和问题，这往往是完成宏观研究的基础，也就是从不同局部逐步把握整体。例如，陈柏峰的《乡村江湖：两湖平原"混混"研究》实际上是由一系列微观研究构成的[18]，他要回答乡村社会的构成和性质这一非常宏大的主题，但却从"混混"这个"小问题"入手。易江波的《近代中国城市江湖社会纠纷解决模式：聚焦于汉口码头的考察》[19]，通过对汉口码头的考察，梳理了帮会、警察和普通市民的一系列的关系，反映出那个时代国家治理能力非常之弱。两个例子都用微观研究回答了抽象和宏大的问题。

但我们同时要注意到，微观研究既可能"见微知著""一叶知秋"，也可能"坐井观天""一叶障目"。中国人的思想和文字高妙而生动，同样是"一叶"，有的人是"知秋"，有的人是"障目"。我们在完美地解剖麻雀的同时，也很有可能陷入"螺蛳壳里做道场"的境地，沦陷于局部或繁琐的细节中，找不到脉络、把握不住大局。因此，要特别注意克服微观研究可能出现的局限和弊病。

这里的关键，第一，是从"千里之堤，毁于蚁穴"这样的警句中获得启发。研究者需要发现和选择关键性的对象、机制、领域和因素展开研究。这要求研究者要在大的格局、背景和问题中来选择微观研究的对象和问题，也就是微观研究的背后要有宏观和整体的考虑，正所谓"大处着眼，小处着手"。研究对象，我们也可以理解为"研究单位"，比如家庭、社会群体、法律组织、社会组织等。这些对象可以很微观，小到一个自然村、法庭、法院、工地或一群人，但是他们的存在要有社会意义,即关系到更广层面的问题。在问题的选择上,要考虑问题本身是否具有重要性,是否对某种社会格局、形势或法律后果的形成具有实质性的影响。第二,要将所考察的对象和问题放在其历史脉络和整体背景下加以研究,适度地延展研究的厚度、广度,在有些问题上可能还需要比较研究,最终使微观研究具有广泛和有效的理论解释力,真正达到"小地方,大论题"的效果。[20] 例如,李娜的《"积习难返":日常性违规的生成机理及其后果》[21],其田野点是三个建筑工地,考察的内容也非常微观,微观到工地上的人们怎么样执行安全措施。但是,她的理论发现——日常性违规生成的原因和后果——在其他领域同样适用。这一研究既体现了微观研究的精髓,同时也展现了怎么把微观研究的厚度和宽度进行延伸。

三、法律多元

简单地讲,法律多元是指在一个社会中存在着多种法律制度。但是,"法律多元"中的"法律"不仅是那些由国家有权机关制定的规范,还包括了能够起到规范人的行为作用的非正式规范。因此,这里的"法律"是法律社会学和法律人类学的概念。把法律置身于社会、文化中,强调把法律的研究放在规范多元的关系格局中是法律社会学、法律人类学一贯的传统。甚至在很大程度上,法律人类学的理论基础就是在"法律多元"的框架中得以发展,可以说是法律人类学的一个总的秩序观。[22]

法律多元本身就有多元版本,可通过不同的语词表达,如"国家法、民间法""官方法、非官方法""正式社会控制、非正式社会控制""法意识""法律文化""半自治社会",等等。但这些语词因为使用了

"法"或"法律"受到了各种批评。在语词之外,更要关注的是作为事实的多元规范。例如,中国的多元规范可以表述如下[23]:

表1 中国社会的规范类型及其构成

规范	产生方式	作用机制	实施者	运作方式	正式程度	性质
习惯、风俗、习惯法等	群体实践、演化	自我控制或社会力量	个人或群体	个人自律或群体约束 第一方控制或第三方控制	非正式	社会性
合约或侵权债务关系	互动	自助式控制	权利人（债务人、受侵害人）	自助,依赖他人的回应或"私力"的有效性 第二方控制	非正式	
团体规范、社会规范	群体实践、演化或协商	社会组织控制	内生性社会组织（传统政治组织如寨老、宗教组织、家族组织等;少部分情况为临时性群体）	组织执行,替代个人自助 第三方控制	非正式	
自治规约、社会规范	群体实践或人为设计/法律授权	基层自治组织控制	群众自治组织、基层党组织（村委会、村民小组、基层党组织等）	组织执行 第三方控制	准正式	
单位内部规章	群体实践或人为设计/依法制定	组织控制	组织机构	组织执行 第三方控制	非正式或准正式	
党规党纪	人为设计	组织控制	政党	组织执行 第三方控制	正式	政党性/国家性

(续表)

规范	产生方式	作用机制	实施者	运作方式	正式程度	性质
国家政策、执政党的决定和政策	人为设计	组织控制	国家、执政党	组织执行 第三方控制	正式	国家性
国家标准、行业规范	人为设计/依法制定	行政控制	行业或组织机构	组织执行 第三方控制	正式	
法律、政策、政府决策等	人为设计	行政控制	国家（政府各部门、政府派出机构）	公共行政 第三方控制	正式	
法律	人为设计	司法控制	国家（法院、检察院）	司法程序 第三方控制	正式	

我们应该忽略因"词"引发的争议，直接抓住其核心：(1)规范或社会控制的多元性是一种现实存在，不因用词、概念的变化而发生改变。用人类学的方式说，多元规范是一种"景观"，是客观存在的社会事实。(2)要重视的是多元性。要发现非国家性的规范或社会控制在法律运行、秩序形成中的运作和作用，重视国家和非国家的因素之间复杂的关系、相互的影响，这同时也是探究国家与社会关系的一种视角。(3)在研究中具体地去识别国家的、非国家的规范和社会控制是有必要的。不同国家、社会，同一国家在不同的历史时期，"法律多元"格局也不同。对于国家来讲，好的策略不是去消灭"法律多元"，而是实现有效的整合，形成良好的秩序和生活环境。(4)"法律多元"既是一个国家内部的现象，也是全球性的宏观现象，或者说在全球视角下，"法律多元"是极为显著的"景观"。(5)鉴于中国是一个长期统一的、没有遭受过全面的西方殖民的国家，用"规范多元"

这一弱版本代替"法律多元"或许是更合适的。

由多元规范交织成的"法网",就是我们生活结构的一部分,它真实而有力地制约着人的行动,又为人们提供行动的资源。比如,我们就生活在一个家规、地方习俗、国家法律交织,并由社会、国家、政党共同建构的复杂的"法网"中。在开展研究时,我们可以把法律多元作为理解法秩序的基础。法律的运作根本上是人的行动,人如何在法律、规则之下行动决定了法律的社会后果。前面提到的因殡葬而产生的一系列冲突,起因就在于人们面对"法网"时所采取的行动不同,这也是法律与社会的碰撞。因此在法学研究中对人的行动,尤其是人在规则(复数;多元规范)之下如何行动的关注有助于把握法律与社会、文化的互动关系,并可能借此观察到行动导致何种秩序结果。有效和实践性的法律理论来自对人与人之间的关系、行动及其条件的理解。与此相关的是,法律实践—社会行为是过程性的。因此,过程研究是以"法律多元"为背景的行动展开研究的有力手段。

四、整体论

在讲述整体论之前,我们首先需要明确人所存在的环境以及哪些重要方面促成和制约了人的行动。总的来讲,有三个关键的方面:主观世界、社会、国家。当我们在考察一个问题或现象时,要把主观世界、社会和国家联系起来,核心方法是深描和延伸个案。

(一)主观世界

我将"主观世界"用于概括各种类型的对事物、世界的认识。这是一个宽泛的术语,包括了宗教、知识、常识、科学……也包括了迷信、疾病观、风水等能够被称为"世界观"的东西,还包括意识形态、情感。之所以强调主观世界,是因为它与实践有着紧密的联系。如近期发生的"吴啊萍事件"和"苏州和服事件",分析理解这些事件中公众的反应和政府处理的方式,不能仅从合法与不合法的角度去认识,还得结合"主观世界"才能获得解释。"主观世界"对法律的研究之所以重要,其原因在三个方面:

(1)"主观世界"影响着人们对世界的想象、认识、评价和建构,同时是人们行动的约束、理由或动力。(2)任何制度包括法律的形成,都有其主观维度,是社会的价值观或群体的世界观(有时表现为文化)通过制度加以维护或表述的结果,没有所谓中立的法律。(3)"主观世界"是多样和多元的,相互冲突是普遍的。围绕着秩序的问题,"主观世界"的交战是一个重大问题,如"李昌奎案"。[24] 又如用法律来"移风易俗",实际上是移易我们的生活方式和世界观。比如,通过这么多年的酒驾治理,社会有了一个普遍的意识:酒驾是不对的。当这个观念形成的时候,就会促进守法。我指导完成的一项研究则发现法院处理了大量涉及"风水"的纠纷,这表明"风水观"在影响着人们的行动,并产生冲突。[25]

总的来看,在法律领域,法律形成的过程受到"主观世界"的塑造,其运行受到法律之外的"主观世界"的影响。同时,法律也在建构和塑造着社会大众的"主观世界"。

(二)社会

社会是什么?与"文化"一样,是人类学乃至整个社会科学中被运用最为广泛,也最复杂,甚至是含混不清的概念之一。在此,我把

"社会"理解为人存在的环境。它和"主观世界"有紧密联系,但是可以相对地区分开来。为什么要从社会来研究法律?最核心的原因有三个:(1)每个人都存在于各种各样的社会"单位"中,如家庭、村落、社区、组织、单位、党派、族群,等等。人的行动、成长、社会化是在这些社会单位中完成的。(2)每个人的行动都是社会性的,都是在一定的关系和社会环境中进行的,并产生出社会后果。(3)社会构成以及人所处的社会位置决定了对人的行动的约束,同时也决定了人可以动用的资源。

总体上,社会影响着人的行动,是人的行动的客观维度,而人的行动决定了法律的位置、如何被运用、如何被改变以及改变和影响了什么。在法律实施的领域,社会是一线执法、司法所处的核心环境。李娜的《作为"影子"存在的执法》一文揭示了法律就像一个暗夜的穿行者[26],它有着目的地,可能是大海,但需要穿越森林、河谷、高山——这些就是社会和文化。法律穿越这样一个复杂的地带以后,它是变成了强弩之末,或是变得更强壮,还是变成了一个"影子"?这启发我们去思考社会与法律的复杂关系。

(三)国家

国家之所以重要,是因为它是一种结构化社会的力量,对个人的生活机遇有重大影响。法律则是国家结构化社会的重要力量。国家存在于社会之中,社会也存在于国家之中,两者是一种交织的关系,而人就存在和行动于这一环境之中。

关于国家的学说和理论非常多,我个人推荐美国政治学家米格代尔的研究。他把自己的研究称为国家人类学,其核心观点是:国家和社会是相互改变和相互构成的。他将国家定义为:"国家是一个权力的场域,其标志是使用暴力和威胁使用暴力,并为以下两个方面所形塑:(1)一个领土内具有凝聚性和控制力的、代表生活于领土之上的民众的组织的观念;(2)国家各个组成部分的实际实践。"国家组织分为四个层级(国家的构成):第一线分支机构(基层)、分散各地的下层机关(地方机构)、部门的中心机构(中央国家机关)、最高层领导机构(最高决策层)。[27]

米格代尔的观点提示我们,国家虽然是一个主权单位,但并不意味着其内部的一致性,或者说国家内部可能存在着极大的差异性。这种通过"分解"来辨析国家的方式使我们能够更好地理解一些重要的现实和问题。例如,国家影响人们的行动和法律实践,这里的国家究竟是指什么?是谁在代表国家运作法律?为什么人民对司法和政府的信任会表现为"差序"?为什么法律越到基层越容易变形?为什么要越级上访?等等。

那么,什么是整体论呢?我主张在研究法律时,要把法律和社会、文化、国家等拉入我们的视野当中。在传统的法学当中,也发展出了一种整体论,它主要是一种操作技术的知识,尤其是德沃金强调了"原则"在法律解释中的核心地位和作用。其所指的"原则"并不局限于法律文本和法律体系内的原则,还包括了道德原则等。[28]德沃金的整体论具有显著的开放性,其策略是建构性地解释法律,用"原则"来确保法律在纵向和横向上的一致性。[29]但是,这种整体论仍不能解决法律—社会关系的认识和理解。

我自己理解的法律人类学整体论重在解释和解决法律与外部的关系问题,重在"事理"的揭示和阐释。这意味着研究者要把法律置于一个更大的生活场景中加以考察,辨析法律与社会、文化和政治的关系,继而认识和理解法律以及法律行动的社会意义。这种路径提供了认识和理解法律的特性及其局限性的可能。其中非常有必要强调的是,研究者如果要理解某一社会中的某一问题,需要同时理解与之关联的社会生活整体、国家以及指导人们进行实践的"主观世界",也就是把人作为一个客观和主观统一的整体。费孝通作了一个非常著名的整体论判断,指出了现代司法制度在乡间发生了很特殊的副作用。[30] 从费孝通先生的叙述中,我们可以体会到两点:第一,来自西方的现代法律所针对的个人主义的社会结构和生活方式,在社群为基础的社会中,它发挥的功能可能是相反的——破坏了社群生活却又不能建立起一个个体主义的社会。第二,费先生所提出的解决方案是改造社会结构及其相关联的观念体系。更深层次的意义则是,法治建设需要考虑其是否与社会结构及其观念体系相适应。

(四)深描与延伸个案

如何实施整体论?基本方法就是深描与延伸个案,大家可以参考格尔茨的《文化的解释》[31]、朱晓阳教授的《小村故事:地志与家园(2003—2009)》,以及关于地势、栖居进路等研究。在我自己的研究中,有一个典型案例:一个村庄依据其社会想象对某些特殊的人群进行规范性建构,形成"琵琶鬼"的事实,进而对这些人实施社会惩罚。如果要对这一现象进行解释,显然不能仅从规范上着眼,还需要将当地人的主观世界、社会规范和生活条件结合起来才行。[32]

五、文化自觉

我将从地方性知识、比较和反思三个关键词来讲文化自觉。

（一）地方性知识

如前所言，法律具有"双重建构性"，即法律是建构的结果，同时也是一种建构性工具。如果要进一步厘清法律的双重建构性特征及其可能带来的后果，需要回到格尔茨的一系列人类学见解：

> 在这儿、在那儿，或是任何地方的"法律"都是想象真情的一种独特方式……
>
> 法律，与英国上院议长修辞中那种密码式的矫饰有所歧异，乃是一种地方性知识；这种地方性不仅指地方、时间、阶级与各种问题而言，并且指情调而言——事情发生经过自有地方特性并与当地人对事物之想象能力相联系。我一向称之为法律意识者便正是这种特性与想象的结合以及就事件讲述的故事，而这些事件是将原则形象化的……
>
> 如果法律因地区之别、时间之别、人之群体之别而有所不同，它所看见的便同样也有所不同……[33]

电影《刮痧》艺术化地体现了法律的这种地方性知识特征，即用美国法的眼光是看不到中国文化里"长出来"的刮痧的合法性的。[34] 朱苏力老师的《这里没有不动产——法律移植问题的理论梳理》也是法律作为地方性知识的典型案例。[35]

格尔茨的观点指出了法律具有主观的维度,说到底是对"真实"进行想象的一种方式。法律对世界的建构,正是依赖于地方生活的现实与当地人的世界观结合所产生的"想象"来进行,以至于被我们奉为模范的法律和事实之分,在一些社会中是相反的,即法律和事实是合一的。

法律既是对世界的看法的一种表达,更是社会或国家对真实世界的重新建构。赫拉利所言"为了改变现有由想象建构出的秩序,就得先用想象建构出另一套秩序"[36],可谓一语中的。然而,法律的这种建构性却是矛盾的结合体:压制/解放、限制/自由、赋予/剥夺、整合/分化……人类生活的美好与暗面的形成都可能集中体现在法律及其实践上。我觉得这就是法律值得研究和反省的一个重要的原因,因为法律关系我们每一个人的幸福。

格尔茨的观点对反思法律有三个重要的启发:一是地方性知识可以完全不同,对秩序的想象可以天差地别,各个地方和国家的法律因此可以完全不同,并不存在绝对正确的法律。二是无论是非正式的法还是国家的正式法,都有其暗面。三是无论是制度还是学术,都应立足自身社会和国家,而不是以西方为出发点,我们要警惕国家法成为"外来法"。格尔茨的一系列论述,有助于我们从文化自觉的角度来理解法律。

但对我们来讲,更直接的学术自觉来自费孝通。他首先提出了"文化自觉"问题:

> 我们为什么这样生活?这样生活有什么意义?这样生活会为我们带来什么后果?……
> 文化自觉只是指生活在一定文化中的人对其文化有"自知之明",明白它的来历、形成过程、所具有的特色和它发展的趋

向,文化自觉不带有任何"文化回归"的意思,它不是要"复旧",同时也不主张"全盘西化"或"全盘他化"……

文化自觉是一个艰巨的过程,首先要认识自己的文化,理解所接触到的多种文化,才有条件在这个已经在形成中的文化多元的世界里确立自己的位置……[37]

在法治与法律的问题上,文化自觉就是对我们自身的法治实践保持不断反思,在反思中更准确地探寻定位、选择道路。这种文化自觉即理论的自觉,是作为主体的反思性。一方面,中国不可能从法治道路上退却,但是面对众说纷纭的法治言说,我们在睁眼看世界后,应该更加明白没有哪一种法律制度和法治模式真的那么理所当然、必然"合法"。我们有必要经常反省:什么是我们要的法治?我们自己又如何言说法治?[38] 今天的中国仍然需要、仍将继续学习西方有益的理论、经验和制度,但是如果要走一条自主发展的道路,就不能不对我们的法律、法治的来源进行反思。这就是费孝通所说的不复旧、不全盘西化和全盘他化。另一方面,我们需要深入观察法律实践,警惕法律所制造的暗面。法律建构与生活世界之间应该取得基本的融贯,而不是法律对社会进行生硬肢解和分裂。我们需要经常提问:法律促成了生活世界的秩序,还是带来了意想不到的混乱?是法律出了问题,还是社会出了问题,抑或其他?在此意义上,我们应该注意到人类学者的告诫:"立法者和守法者之间出现了一道深刻的裂痕,他们也不再同属于某一个共同体的存在……也许守法者文化下的人们违反了法律可谓出于一种'无知',但是无疑那个法律的知识距离他们又确实是遥不可及;而立法者对于那些生活于芸芸大众之中的潜在的违法者而言有着同一样'无知'……"[39]

(二)比较

要达至文化自觉,需要"比较"。我们强调法学的主体性、原创性、本土化,并不是排斥、拒绝对西方国家法学和法律的研究、学习,不是在智识上搞关门主义。但我们应该认识到,中国法律的合法性、合理性是建立在有效解决中国问题这一前提之上,中国法学的有效性是建立在对促进中国问题的解决以及对自身实践的认识之上。因此,比较研究的目的是更好地认识自身,全球视野能够帮助我们更好地完善法律制度,以及在相关领域能够形成有效的国际合作。新时代的比较法研究和法律借鉴不能再停留于条文及其"教义"的比较。对外国学说、制度的研究要立足于中国问题的解决,要建立在法律—社会比较的坐标上,在深层次上认识和理解外国法律及其学说背后的政治、社会原因。只有这样的"拿来",才会真正有益于中国主体性的法学知识体系的完善。

(三)反思

"文化自觉"对于知识阶层来讲同样重要。我之前看到一个新闻,一些专家发现,婴幼儿无人照料是阻碍中国年轻人生育的首要因素。这个结论非常正确,但是不是有点后知后觉?这对我们来说是个常识,是日常生活中的困境。为什么这些专家才发现?这是因为,我们都在国家和社会的列车中,但有的人坐在商务舱、在火车头,他们不清楚"一等座"的情况,更不知道"二等座""站票"的滋味。

如果仅仅满足于书斋生活或者流连于媒体提供的世界,这对于国家和社会来讲非常危险,知识阶层将丧失其公共责任的承担能力,甚至我们将主动沦落为自我东方主义者。理论不能解释实践,表征了知识阶层脱离其研究的对象。我们应该经常反问自己：我们对于法律、法治的知识从何而来？我们对实践的解释又依凭着什么？人类学的一个有益教导是，走出书斋，世界扑面而来。田野就在那里，在这个被法律统治的世界中同实践者一起感同身受——这是确立主体性思考的第一件武器。

六、一些建议

最后，我给大家四点建议。

多读书。做法律人类学，不仅要读法律人类学作品，还要读法学、人类学和社会理论的经典著作。这样在知识上、理论上、方法上才会真正融贯。

去"田野"。就像游泳一样，首先要下水。去"田野"的勇气和行动比技巧更重要，所有的"田野"研究技能也只可能在"田野"中学会。

要挺住。做田野调查有有趣、浪漫的时候，但长时段的田野工作通常会有许多现实困难、未知以及孤独感，这些都需要我们想办法去克服。

"熬"时间。短时段的田野调查是浅尝辄止、浮光掠影的，研究者常常很容易被"欺骗"，无法形成对研究对象与问题的整体和深度把握。要获得准确、完整的信息，形成深刻的体悟，一定的时间长度必不可少。

对话与问答

朱晓阳 启梁老师的报告内容丰富，主题集中。我做一些补充，希望对同学们理解内容有所帮助。

第一,关于"如何打造探针"。今天的人类学不能只停留在解释世界的阶段,更需要改造世界。人类学也要拷问生活之道,作为普遍的人(human being),我们有共同的生活理想。格尔茨式的人类学提供了互相欣赏的视角,但没有提供可以共享的话题。人类学可以提供一种"如何生活"的努力方向。

第二,关于整体论。传统人类学的整体论认为世界是客观的,所以从相互联系来讨论世界。但这样一种整体论,只能解决不同文化之间的沟通问题,但不能解释不同文化中人们的生活存有差别的现象。比如博安南和格拉克曼在各自著作中对当地纠纷解决机构名称的翻译问题;此外,苏力的《送法下乡》里有一个案例,法官在争论是"合伙"养牛还是"搭伙"养牛。[40] 我们很容易在格尔茨式的地方性知识下把它归结为同一个事实但有不同表述。但是,实际上在地方的语言表达里,合伙和搭伙就是不一样的,在主观和客观方面都有差别。包括启梁刚才说到的"琵琶鬼"现象,人类学很容易把它用西方式的神圣/世俗、人/鬼或者混沌世界/世俗世界等标准去划分。实际上,在日常语言世界,特别在一个方言的世界里,它有自己的融贯论。

王伟臣 请各位老师谈谈,法律人类学和法律社会学的区别是什么?因为现在不仅是法律社会学、人类学,包括工商管理等各种学科都在强调"田野",强调使用定性或至少超过一个月的深入调研方法开展研究。"田野"这个词原来是不是专属于人类学的?

朱晓阳 说没区别也对,费孝通也是这么说的。今天的社会学与人类学的研究对象、研究方法并没有太大区别。但对每个学人来说,接受不同的学术训练会产生不同的认同。如果是被社会学老师教的,就会认同自己是社会学,被人类学老师教的,就会认同自己是人类学的。

但是,因为人类学总是在人类与其他生物,包括环境之间穿梭,人类学者会有这种穿梭在不同的生物之间的立场态度,并强调人这个主体是怎么栖息和生存的。

王伟臣 这个问题,我也特别能够理解,因为讨论学科分界问题没有意义,但也有意义。没有意义,就是说不管是什么样的研究进路,重要的是研究本身能够给我带来启发,或者能够让我深入理解法律。有意义,其实就涉及知识社会学研究。例如,在法社科这面大旗下,有法律社会学、法律人类学和法律经济学等标签化的研究方向的区分,它们为何会产生分化?它们为何又会凝聚?这就是知识社会学需要讨论的。

王启梁 我先回应一下伟臣提到的"田野"问题。"田野"起源于人类学,但现在已经并非人类学的最基本特征,"田野"已不仅仅属于人类学。不过人类学核心的思维方法还在,其中最为核心的是整体论。另外,谈到分化与凝聚,大家之所以能够凝聚,是因为有一些共同关心,就是我们不仅仅要就法律文本进行研究,更重要的是看到法律和其他要素之间的联系。

尤陈俊 之所以出现分化,跟大家的教育背景不同是有关系的。比如说我不太喜欢定量研究,这并不是因为定量研究本身不是一个好的研究方法,而是从我自己接受的知识训练来讲,总觉得在定量研究里看不到具体的人,只能看到一个个以代号出现的人,而我可能更喜欢看到真实的人的喜怒哀乐等心理活动和具体行为,这是我的个人偏好。

另一方面,对在座各位同学来讲,更重要的是,一定要明白自己喜欢用的研究方法仅仅是众多的研究方法当中的一种。只有了解它的弱点,才能真正把它给用好。同学们需要去看看别的研究路数有没有可以用来补强自己最喜欢或最擅长的研究方法的缺陷的,从而形成自己的独特风格。

侯　猛　我其实深受整体论的影响,比如说,我愿意将法律社会学、法律人类学、法律经济学等统称为社科法学。过去20年,中国的社科法学主要受到苏力老师的语境论的影响,但整体论更能够帮助我们进一步思考中国与西方、主观与客观、法律与社会等几组关系。另外,讲到学科分界问题,我们也不必刻意地讲他们之间有多大的区别,对我们来说,过分纠结学科认同会影响我们去研究更重要的问题。而法社科之所以能整合,第一,是因为苏力老师在知识上起到旗帜性的作用。第二,学术虽然是一项孤独的事业,但在学术圈中还是需要"抱团",需要有刊物、会议和研习营等学术建制,需要形成一个无形学院,在学术道路上互相帮助。

侯学宾　法社科内部之所以有分化,是因为专业角度存在不同,比如法律人类学和法律经济学,他们的立场、话语体系、研究方法,以及所形成的知识谱系是有差异的。那么有没有共同点?肯定有。差异仍是存在的,之所以能聚合,那是因为我们共同关注真实世界,这个概念与规范世界相对应。总的来说,我们有共同的立场和出发点,但看待事物的方式可以是和而不同的。

提　问　网络可以作为"田野"吗?

王启梁　我们研究什么,在哪里研究,这本身没有一个固定说法。而且,现在的网络空间当中有非常多的问题值得去探究,比如网络形成的社区中所表现出来的法律意识等。

朱晓阳　我们每个人的生活是有多重维度的,不管是我们在现实生活中去一个地方参与观察也好,还是做其他的事情,都只是你的某一个侧面。一百多年前的人类学或许只有实地深入调查一种方式,但后来随着科技的发展,如摄影技术的出现,这些方式又增多了。因此,从网络角度切入是完全可能的。

一百多年前,人类学者做田野调查时,会有以村庄为一个单位的规定,这是因为那时的世界还存在边界。大家都有固定的生活方式、固定的信仰,遵循日出而作、日落而息、一年四季春种秋收的规律。但对网络世界而言,它的边界已经不在了。相较一百多年前那样一种方法论,针对当下的世界来说,我们尚未形成一个成熟的方法论。即便是今天那些做得非常超前的领域,比如伦敦大学法学院的相关研究,在我看来,它在方法论上仍然完全不成熟,特别是网络民族志,给我们带来一个规范性的问题,即教学的规范性如何确立?什么是一个规范的"田野"?我们这些有传统民族志研究经验的人,当然会建议在网络和现实世界两边穿梭。

尤陈俊 我个人不太喜欢做访谈等形式的田野调查。我常常说访谈一个人,不如在家里看两本书。而且,看两本书所获取的信息,未必会少于用同等时间去访谈一个人了解到的信息。我对字里行间信息的敏感程度,要大于面对一个人去讲话聊天而获取信息的敏感程度。此外,在中国做田野研究,尤其做长时间的调查,通常要喝酒。很多所谓真正信息的获得,不是正儿八经地摆一张桌子、放一支笔、一个笔记本、几支录音笔就能获得的,而恰恰是吃饭时在酒桌上获得的。但我不擅长喝酒,当遇到访谈对象要求我喝酒后,才能说出有用信息时,我就无能为力了。田野调查还会面临难以进入、生活习惯不符等诸多困难。我顺便再推荐一本书,商务印书馆出的《北冥有鱼:人类学家的田野故事》[41]。这本书请了一些人类学家,专门写他们在田野调查过程当中发生的很多小故事。

但有一点很重要,很多同学从小生活在城市里,被一味地要求学习,大家其实不了解象牙塔之外的很多东西。这个时候通过田野调查获得对社会的感觉就十分重要。

延伸阅读

1. [美]萨丽·摩尔编:《法律与人类学手册》,侯猛等译,商务印书馆 2022 年版。

2. 陈柏峰:《乡村江湖:两湖平原"混混"研究》,中国政法大学出版社 2011 年版。

3. 费孝通:《乡土中国 生育制度》,北京大学出版社 1998 年版。

4. 贺欣:《街头的研究者:法律与社会科学笔记》,北京大学出版社 2021 年版。

5. 瞿同祖:《瞿同祖法学论著集》,中国政法大学出版社 1998 年版。

6. 苏力:《送法下乡:中国基层司法制度研究》,中国政法大学出版社 2000 年版。

7. 王启梁:《迈向深嵌在社会与文化中的法律》,中国法制出版社 2010 年版。

8. 张晓辉:《法律人类学的理论与方法》,北京大学出版社 2019 年版。

9. 朱晓阳:《小村故事:地志与家园(2003—2009)》,北京大学出版社 2011 年版。

注　释

1. 参见[英]菲奥纳·鲍伊:《宗教人类学导论》,金泽、何其敏译,中国人民大学出版社2004版,第1页。

2. 参见[美]理查德·波茨、[美]克里斯托弗·斯隆:《国家地理人类进化史:智人的天性》,惠家明等译,江苏凤凰科学技术出版社2021年版。

3. 沈从文:《古衣之美》,江西人民出版社2019年版,第4页。

4. 参见王启梁、刘建东:《中国殡葬法制的意外后果》,载《云南社会科学》2016年第1期。

5. 参见云南电视台纪录片《卡瓦格博》,编导陈敏、吉哲,2004年出品。简略版见央视网:https://kejiao.cctv.com/2010/06/16/VIDE1410923336839916.shtml?spm=C94255512193.P98704693253.0.0。

6. 参见王启梁:《进入隐秘与获得整体:法律人类学的认识论》,载《江苏社会科学》2017年第2期。

7. 参见[美]克利福德·吉尔兹:《地方性知识:阐释人类学论文集》,王海龙、张家瑄译,中央编译出版社2000年版,第222—321页。

8. 参见云南省卫生健康委员会网站,详细网址:http://ynswsjkw.yn.gov.cn/uploadfile/wjw_old/upload/doc/UU165215067104676973.pdf。

9. 瞿同祖:《瞿同祖法学论著集》,中国政法大学出版社1998年版,第4页。

10. [美]萨利·安格尔·梅丽:《诉讼的话语:生活在美国社会底层人的法律意识》,郭星华等译,北京大学出版社2007年版,"中文版序言",第2页。

11. 侯猛、朱晓阳等:《对话朱晓阳:法学遇上人类学》,载苏力主编:《法律和社会科学》第15卷第1辑,法律出版社2016年版,第293页。

12. 在人类学领域,学者们对"他者"存在的领域发生了认识变化:"人类学民族志已经从过去所专注的地方层面——这种小型的社会往往属于一个非常武断地划分出来的'文化区域'并且带有该区域被赋予的文化特征——向着同样能成功开展田野工作的大城市、互联网、公司和实验室转移,公共汽车以及火车上同样能够进行田野调查。"参见[美]迈克尔·赫茨菲尔德等:《人类学:文化和社会领域中的理论实践》(修订版),刘珩等译,华夏出版社2009年版,第7页。

13. [美]唐纳德 J. 布莱克:《法律的运作行为》,唐越、苏力译,中国政法大学出版社2004年版,第7页。

14. 在 Moore 编著的读本中全面介绍了当前法律人类学研究的崭新主题,参见 Sally Falk Moore(Edited), *Law and Anthropology: a Reader,* Blackwell Publishers, 2004(中文版见[美]萨丽·摩尔编:《法律与人类学手册》,侯猛等译,商务印书馆2022年版)。最近20年,西方法律人类学的田野研究基本情况可参见黄瑞:《域外法律人类学"田野"的扩展(2000—2020)》,载侯猛、王启梁主编:《法律和社会科学》第20卷第2辑,法律出版社2023年版,第1—47页。

15. 参见赵捷主编:《反对拐卖:行动与研究的反思》,云南人民出版社2012年版。

16. 参见朱晓阳:《小村故事:地志与家园(2003—2009)》,北京大学出版社2011年版。

17. 片源网址:https://tv.cctv.com/2013/07/26/VIDE1374840011922378.shtml。

18. 参见陈柏峰:《乡村江湖:两湖平原"混混"研究》,中国政法大学出版社2011年版。

19. 参见易江波:《近代中国城市江湖社会纠纷解决模式:聚焦于汉口码头的考察》,中国政法大学出版社2010年版。

20. 参见[挪威]托马斯·许兰德·埃里克森:《小地方,大论题——社会文化人类学导论》,董薇译,商务印书馆2008年版。

21. 参见李娜:《"积习难返":日常性违规的生成机理及其后果》,载《思想战线》2018 年第 3 期。

22. 关于"法律多元"的经典评论，参见 Sally Engle Merry, Legal Pluralism, *Law and Society Review*, Vol. 22, no. 5, 1988, pp. 869-896.

23. 参见王启梁：《国家治理中的多元规范：资源与挑战》，载《环球法律评论》2016 年第 2 期。

24. 参见王启梁：《法律世界观紊乱时代的司法、民意和政治——以李昌奎案为中心》，载《法学家》2012 年第 3 期。

25. 参见孙含笑：《司法如何应对"风水"——聚焦"风水"纠纷案例的研究》，云南大学 2022 年硕士学位论文。

26. 参见李娜：《作为"影子"存在的执法》，载苏力主编：《法律和社会科学》第 16 卷第 1 辑，法律出版社 2017 年版，第 1—17 页。

27. 参见[美] 乔尔·S. 米格代尔：《社会中的国家：国家与社会如何相互改变与相互构成》，李杨、郭一聪译，江苏人民出版社 2013 年版，第 16、101—138 页。

28. 参见[美] 德沃金：《法律帝国》，李常青译，中国大百科全书出版社 1996 年版，第 227 页。

29. 关于德沃金的整体论，除见其本人所著《法律帝国》等著作外，可参见高鸿钧：《德沃金法律理论评析》，载《清华法学》2015 年第 2 期。

30. 费孝通：《乡土中国 生育制度》，北京大学出版社 1998 年版，第 58 页。

31. 参见[美]克利福德·格尔兹：《文化的解释》，纳日碧力戈等译，上海人民出版社 1999 年版。

32. 参见王启梁：《迈向深嵌在社会与文化中的法律》，中国法制出版社 2010 年版，第 146—150 页。

33. 参见[美]克利福德·吉尔兹：《地方性知识：阐释人类学论文集》，王海龙、张家瑄译，中央编译出版社 2000 年版，第 242、273、230 页。

34. 参见王启梁：《法律背后的文化差异与法律冲突——评〈刮痧〉》，载徐昕主编:《影像中的司法》,清华大学出版社 2006 年版,第 137—140 页。

35. 参见苏力:《这里没有不动产——法律移植问题的理论梳理》,载《法律适用》2005 年第 8 期。

36. [以色列] 尤瓦尔·赫拉利:《人类简史:从动物到上帝》,林俊宏译,中信出版社 2014 年版,第 115 页。

37. 参见赵旭东:《文化的表达:人类学的视野》,中国人民大学出版社 2009 年版,第 56—61 页。

38. 参见顾培东:《当代中国法治话语体系的构建》,载《法学研究》2012 年第 3 期。

39. 赵旭东:《何以违法?——适用中国文化转型的规则与社会》,载《河北学刊》2016 年第 6 期。

40. 参见苏力:《送法下乡:中国基层司法制度研究》,北京大学出版社 2011 年版,第 144—172 页。

41. 参见郑小雄、李荣荣主编:《北冥有鱼:人类学家的田野故事》,商务印书馆 2016 年版。

第二章
做法律认知科学

李学尧

我今天讲的主题分为五个部分。第一部分是法律认知科学的知识源头。在法律认知科学刚兴起时,大家会觉得法律认知科学是炫技,因此有必要讨论它的学术脉络。第二部分、第三部分是认知科学在法学中的应用。我会回顾法律认知科学中的重要脉络——法心理学意义上的法律认知科学研究,再回顾法律认知科学的另一个脉络——行为法律经济学意义上的相关研究。第四部分回到法理学,但我说的法理学更接近于法哲学,当然仍然是社科法学意义上的法哲学探讨。第五部分讨论怎么做法律认知科学,包括实验方法如何运用到法学、怎样用实验方法与法解释学进行对话和论辩。

一、法律认知科学的三个源流

法律认知科学的知识来源、学术溯源,或者说它的学术性质,至少有三个源流。

第一个源流是医学法律话语,或者说法医学。很多非法学专业的学者从事法律认知科学研究后,就是这样理解法律认知科学的。他们甚至会认为法医学就是法学研究的全部。这在法律专业的人看来,很难理解。法医学进入认知科学的主要契机,是法医学意义上的精神病学的兴起。例如,与神经科学结合较多的测谎研究,还有对当事人刑事责任或者侵权责任的分析,等等。伴随着脑科学与人文社会科学交叉研究的深入,以及脑机接口技术的飞速发展,法医学脉络的法律和认知科学的学者突破法庭证据研究的限制,开始对法学的一些核心问题,比如新型权利证立、侵权责任分配与认定等问题展开研究。

第二个源流是法律心理学意义上的研究。法律心理学与法医学意义上的精神病学有一定关联。这里说的法律心理学在广义上包括法医学意义上的精神病学,在狭义上主要是指社会心理学,包括对正义理论的研究,对公平心、正义感的研究,等等。他们与计算社会科学、生物心理学、进化心理学、认知语言学研究、认知传播学研究基本共享一个理论平台。这些领域的学者是互相流动的,包括接下来会展开讨论的行为法律经济学领域的学者。也就是说,这个派系的学者受到了法律经济学传统的深度影响。正是在行为经济学、神经经济学、实验经济学逐渐升级成计算社会科学的背景下,这一脉和上述说到的医学法律话语逐渐融合。

第三个源流主要发生在中国和欧洲。欧洲学者主要来自意大利、德国和波兰等在欧盟中比较活跃的国家。有一大批原来从事法理学的学者或者原来从事民法、刑法等传统法律部门的学者,从社会理论入手,顺着复杂系统理论的脉络,逐渐进入法律认知科学,这也形成了一个学术渊源。这一派别的特点是,讨论问题往往从法解释学出发或者现象学等哲学理论出发。

在这三个源流中,有些学者可能没有意识到自己是属于法律认知科学研究阵营,特别是法律经济学传统下行为法律经济学或者法官决策研究的学者。此外,还有从事行政法的助推理论、规制理论,以及自动守法理论的学者,他们可能没有意识到自己是在做法律认知科学。

这里我想提醒的是,法律认知科学的相关研究是时下热门的法律与人工智能研究无法回避的关键理论点位。当然,我非常反对年轻老师过于热衷地研究热门话题。有很多研究法律和人工智能的学者,本身就是纯文科生,没有任何计算性的教育背景。他家里可能连扫地机器人都没有,仅有的人工智能知识大部分可能来自好莱坞科幻片,然后听人谈过人工智能风险或者数据风险,自己就去做法律与人工智能、元宇宙法学研究。研究法律与人工智能,包括计算法学,需要有很多外部知识作为基础,否则会遇到很多问题。现在回过头看前两年发表的法律与人工智能的研究文献,结论已经很清晰。

二、心理学在法学领域的应用

有关心理学在法学领域的应用,国内文献综述做得比较好的有两位。一位是戴昕,他于 2007 年在《法律和社会科学》上发表的文章,对法心理学和行为法律经济学做了很好的理论梳理。[1] 另一位是杭州师范大学的李安老师,他和心理学学者乐国安做了相关学术史梳理工作。[2]

在梳理法心理学的研究脉络时,我注意到一个非常重要的现象:几乎所有心理学学者对法学都非常感兴趣。他们认为,法学本质上就是法心理学。实验心理学的创始人威廉·冯特(Wilhelm Wundt)、精神分析的代表人弗洛伊德、行为主义心理学的代表人华生(John Broadus Watson)都有关于法学的专门论著,甚至包括"法律哲学"这类题目的专著。在他们看来,法律是有关如何控制和加强人类行为的一门学科,而心理学是理解、控制、调节以及改善人类行为的基础性学科。所以,他们认为法学本质上就是法心理学。

事实上，主流法学根本不认可法心理学。民法、商法等学科的学者碰到法心理学学者时，也会说法心理学非常重要，但潜台词是法心理学只在诉讼法领域、证据法领域有用。民事诉讼法和行政诉讼法学者又认为自己是做法解释学的，他们会把法心理学推到刑事诉讼法。刑事诉讼法学者也认为法心理学只是偶尔提供启发，仅仅在证据鉴定方面有用。这就是目前法学界对法心理学的大致态度。那么问题就来了，为什么会这样？

我们经常会和法解释学学者辩论。辩论中一个非常重要的话题是，法解释学到底是什么性质的学问？在推荐文献里，有一本欧洲的民法学者所著的《穆勒、社会心理学与法律》(Mueller, Social Psychology and the Law)。作者在该书中应用心灵哲学的相关研究成果，论证传统的法解释学本质上是一种民间心理学(folk psychology)。民间心理学不是一个贬义词，它不是说法解释学愚昧无知。它是一个中性词，是说法学是一门关于行为的学科，它必然探究人类的心理。但法学的心理学理论体系不是现代科学意义上的心理学，而是基于人类直觉形成的认知他人行为的模式。例如，法律中的"故意""直接故意""间接故意"是法解释学创造出来的概念，是法解释学意义上建构的某种与现代心理学不同的"法解释学心理学"的概念。这些"法解释学心理学"概念和普通人直觉更加贴近，很容易被普通人接受、被普通人理解。但是，其他学科的人就会嘲笑法学是一门巫术。事实上，虽然法学不是一门巫术，但也类似于中医，只不过吸收的西医理论略微多一些。我不是在批判法解释学，我要想尽办法在中立的立场上展现法解释学是什么。

法心理学的发展，可以以"二战"作为划分的时间点。"二战"以前，人类就开始运用法心理学知识。法解释学在罗马法时代就已经在用了,只不过它的心理学理论不是现代心理学。更近一点,19世纪40年代欧洲已经在法庭上比较明确地应用心理学理论。例如,1843年英国发生了一个案件,一个叫丹尼尔·麦克诺顿的人试图刺杀首相,但把首相秘书当成首相杀掉了。抓到麦克诺顿后,官方请专家来鉴定,专家认定麦克诺顿是精神错乱。显然,这是现代意义上的精神鉴定。几乎同时,德国的法官布拉维尔还专门研究了证人证言的可信性。到了华生、冯特、弗洛伊德所处的19世纪末20世纪初,心理学已经像今天的计算科学、信息技术一样,成为一门显学。法学是一门比较"势利"的学科,谁强大就跟着谁。中世纪时,神学比较强,法学就跟着神学;数学、物理学来了,法学就把自己打扮成形式主义;心理学来了,法学就用心理学、社会心理学的知识来打扮自己,形成了现实主义法学,等等。

19世纪末20世纪初的主流心理学对法学也展开了很多的研究。其中一个研究是与现代法理学的结合。众所周知,萨维尼认为法学是民族精神。冯特专门写了《法律哲学》,从心理学的角度讨论萨维尼的理论。他提出了"民间民族心理学"概念,对萨维尼的理论做了进一步论证。可想而知,当时的主流心理学对法学喜欢到什么程度。

除了与现代法理学的结合,法心理学把主要精力放在司法裁判研究和证人证言的可靠性研究。不过,当时的司法裁判研究和今天的司法裁判研究不一样。今天的法律认知科学,或者法心理学中的司法裁判研究,主要集中在法官研究。当时的司法裁判研究集中在陪审团研究,比如,工业心理学的奠基人雨果·蒙斯特博格(Hugo Münsterberg)在1924年出版的《法庭上的证人》(*On the Witness Stand*)就是如此。当然也有一些研究介入了部门法,比如对商标权的研究。德国法学家伯特(Burtt,另译为柏替)和柏恩斯(Paynter)还通过实验来确定涉案商品是否混淆了公众选择,在商标和商号侵权的案件中为法院提供了协助。该研究早在20世纪30年代就被介绍进我国。[3]

接下来讲法学家对心理学研究的应用。在心理学形成以前,法学已经有很多涉及心理学的研究。法学家对心理学知识的兴趣以及应用,最早可以追溯至古希腊、罗马时代。我们甚至可以将整个罗马法理论体系的形成理解为"法律与'民间心理学'的结合"。而在近代,现代刑法学鼻祖贝卡里亚(Beccari)早在1764年就在《论犯罪与刑罚》一书中,较为朴素地阐述了证人的可信程度、讯问与口供等问题。甚至,他关于刑讯逼供的相关研究,已经很接近当代心理学中关于感觉阈限的韦伯定律。[4]此后,在1876年,现代犯罪学的奠基人龙勃罗梭(Cesare Lombroso)在《犯罪人论》一书中,将犯罪人的个性纳入犯罪研究的视野中,为司法心理学的产生提供了诸多的智识准备。[5]

对心理学知识应用最多的法学研究,主要是法律社会学。后面讲到的法律现实主义,在本质上属于法律社会学,或者说属于社科法学阵营。法律现实主义要划分为两派。

伴随着现代心理学的兴起,早期社会学法学派的很多学者都开始应用社会心理学的理论来展开研究。比如,法国的社会学家、犯罪学家泰德(G. Tarde)在19世纪末就开始应用当时的社会学理论,认为人类社会生活是一个发明、模仿、冲突和适应的循环过程,法是在模仿者(绝大部分社会成员)的服从心理的基础上建立的;美国社会学家瓦德(L. F. Ward)认为,心理力是一切社会现象的基础;德国法学家格尔科(O. F. von Gierke)则认为,法来源于集团人格和集团意志。作为"世界上影响最大的前100名法学家"、曾在彼得堡大学任教的波兰裔法学者彼得拉日茨基(L. J. Petrazycki)直接将心理学研究导入其法哲学研究中,成为其主要智识来源。他认为法律现象是由独特的心理活动构成的。法可分实在法和直觉法(intuitive law),或官方法和非官方法。实在法指国家制定的法规和法院判例等,它们是影响人们独特心理过程的规范性事实。直觉法则是不依规范性事实为转移的法。"法律秩序"的基础实际上是直觉法而不是实在法。[6]

心理学对法学主流理论产生实质性影响,主要体现在20世纪20年代兴起的法律现实主义。甚至有学者认为,法律现实主义就是建立在心理学和人类学的基础上的。[7]以弗兰克、卢埃林等法律现实主义家为代表,他们主张以行为心理学、弗洛伊德的精神分析学等知识对法学进行研究。比如,弗兰克在《法律与现代精神》中颠覆性地应用了发展心理学领域的婴儿心理学描述法律问题,认为形式主义法学只是长期心理机制造成的迷思。作者对法官的个性、陪审团的迷惑对司法判决的影响做了深入地探讨。[8]心理学知识的运用与早期兴起的法律现实主义相结合并非偶然,因为心理学作为描述个体与群体行为和内在过程的实证社会科学,与法律现实主义主张考察法律实际运作,尤其是法庭活动中涉及个人体验事实的目标相契合。[9]作为法理学的一种形式,法律现实主义主要关注实际存在于实践中的法律,而不是书本上的法律。为此,在英美法系中,它特别关注法官的行为和影响司法决策过程的因素。

不过,法律与心理学的结合直至"二战"之前都未得到更多的突破,并且成果有限。究其原因有二:一是心理学善于使用的实验方法在法学院基本没有,也无法得到应用。唯一的例外是测谎仪的发明者之一、心理学家马斯顿(Marston)在1924年做过模拟陪审团的实验。[10]但这样的实验也并没有引起当时法学界和法律界的注意和引用。二是法学家应用心理学知识时,所采取的主要是行为主义心理学和弗洛伊德的精神分析学等后来逐渐走向衰落的理论进路,并且还掺加着朴素心理学,甚至是"民间心理学"等知识体系。正是因为早期的法律现实主义是在一种非科学主义的思路下运用心理学知识的,或者说,是他们常常采用了"语不惊人不罢休"但"论证得很零碎"且仍停留在"民间心理学"状态的讨论模式,最后让法律现实主义走向了衰落。[11]

"二战"以后,法心理学迎来了春天。"二战"前后的法心理学有很大区别,最主要的区别在于有没有采取实验的方法,方法的背后则是理论本质的变化。法心理学兴起的标志性的事件有几个,最重要的事件是克拉克娃娃实验(Clark Doll Experiment)在布兰代斯意见中的应用。在布朗诉教育委员会案中,原告律师团队的卡特,把当时非裔美国心理学家克拉克和她丈夫做的研究写到了起诉书里。克拉克娃娃试验的主要内容,就是拿一个黑色娃娃和一个白色娃娃,问小孩子两个娃娃哪个是坏人,大部分小孩子都认为黑色娃娃是坏孩子。克拉克实验的结果后来就成为布朗案判决书的第51个注释,运用心理学实验证实隔离制度对儿童的身心健康造成影响。虽然只是判决书里的一个注释,但一般认为这是法心理学兴起的标志性事件。在这之后,在一系列判决中,尤其是詹金斯诉美国案中,精神鉴定、专家鉴定正式进入法庭程序。

心理学介入法学的另一个重要司法判决是1962年詹金斯诉美国(Jenkins v. United States)案。该案被告被诉入室行窃、殴打和意图强奸。被告在初审时,出示了三位临床心理学的证词。这三名心理学家根据与被告的个人接触、对其病历的回顾和标准的心理测试,证实在所指控的罪行发生之日,被告患有精神分裂症。虽然其中一名专家指出,他无法就疾病与犯罪之间的关系发表任何意见,但另外两名专家明确表示这两者之间有关联,即该犯罪行为是疾病的产物。审判结束时,法官指示陪审团要无视心理学家的意见,因为心理学家没有资格就精神疾病问题提供专家证词。对此,美国心理学研究会也提供了一份布兰代斯意见。在这份意见中,他们辩称:(1)心理学是一门成熟的科学;(2)心理学的实践是一门学问;(3)临床心理学家有能力就精神疾病或缺陷的存在或不存在及其与公开行为的因果关系发表专业意见;(4)经验是提供专家法律意见能力的基本要素。哥伦比亚特区巡回法庭推翻了判决,并将其发回重审。关于心理学家的专家证词问题,法院明确表示,一些心理学家有资格就精神障碍提供专家证词。法院进一步指出,心理学家根据其是否存在精神疾病或缺陷的调查结果提出专家意见的能力的确定,必须取决于其知识的性质和程度,而不仅仅取决于对"心理学家"头衔的声称。在此之后的刑事案件中,科学证据诸如精神病鉴定意见、专家意见在法庭上得到大量的运用。

到了 20 世纪 60 年代末 70 年代初,美国心理法协会(AP-LS)、一系列法心理学杂志创刊,法心理学得到进一步发展。现在法心理学的 SSCI 杂志,都是在那时候形成的。*Law and Human Behavior*(《法律与人类行为》)、*Psychology, Public Policy, and Law*(《心理学、公共政策与法律》)、*Behavioral Sciences and the Law*(《行为科学与法律》)、*Psychology, Crime, and Law*(《心理学、犯罪学与法律》)、*Legal and Criminological Psychology*(《法律与犯罪心理学》)等杂志,都是法律与心理学交叉研究的理论阵地。

说一句题外话。今天中国的社科法学研究碰到了一个非常严峻的问题——很难在法学 CSSCI 刊物发表社科法学研究。第一,法学 CSSCI 刊物很少发表合作论文。在做实验的人看来,一篇实验论文怎么可能不合作呢？第二，法学CSSCI刊物很少发定量的文章。最近两年的投稿经历，让我非常愤怒。不是编辑让我愤怒，而是评审人给我带来的愤怒。这些评审人对跨学科研究充满着敌意，一看到定量研究，就下意识把文章毙掉。评议中，往往说"结论错误"。这种敌意的背后，是对学术自由原则的冒犯。美国法心理学的经历告诉我们，一定要有自己的杂志。美国的法解释学文章主要发表在law review上，但通过一系列指标可以看到，law review的重要性在不断地下降。在美国杂志里，那些所谓主流的、采用规范研究方法的文章，事实上在影响力、被引数量等方面远不如社会科学杂志上的文章。杂志是学术研究的重要阵地，这个问题大家要提高重视。

在法心理学研究中，我比较关注的主要是传统的法心理学或者法律认知科学意义上的司法裁判研究。在这点上，可以看到这类研究主要有三大理论脉络：理性模型、直觉模型和双加工模型。简单地说，理性模型是形式主义法学理论认为的法官决策模型，认为法官的判决具有确定性；直觉模型是法律现实主义的理论，认为法官决策不具有确定性。法律认知科学可能跟直觉模型关系紧密，但它不完全等同于直觉模型，或者说不完全等同于法律现实主义；双加工模型，主要展开对法官决策、对陪审团决策各种各样的实验和检验。它的研究也包括人工智能能不能替代法官审判的相关研究，还有的研究主要集中在社会控制上，内容也非常丰富。

在这点上，虽然我的研究也集中在司法裁判研究，但中国法学界存在一个问题，就是把过多的学术资源放在了司法制度研究上，而对其他研究投入的学术资源少了一些。有必要把一部分从事司法制度研究的资源用到别的地方去，特别要用到有关社会控制的研究，包括犯罪心理学、规制理论、正义理论的研究——更重要的是守法理论。

整个法学界,甚至连法律社会学、法心理学本身对守法理论的研究都是很不够的。

这里其实有很多的研究空间。随着人类对人脑、对社会心理学的研究的不断深化,认知科学研究的进展和大数据技术的增长会转化为社会控制的技术和产品。更直接一点,法解释学或者说以司法为核心的法学研究与法学教育,必然会不断地萎缩。这是我的学术判断,可以把它视为法律认知科学与法解释学和传统法学理论未来的一个论辩重点。

三、认知科学在经济学领域的应用

在法律经济学、经济学领域应用认知科学,就形成了行为经济学和行为法律经济学。为什么会形成行为经济学？一个原因是标准经济学模型的缺陷。标准的经济学理论有六大假设:理性人假设、最大效用假设、纯粹利己假设、人是贝叶斯概率执行者、人具有不变的时间偏好、各种收入和资产形式是完全可替代的。

事实上,人类行为不总是基于偏好的。20世纪60年代开始,管理学的行为科学研究发现,人类理性是有限的。人类是在不完全信息的前提下作出判断和决策,很多时候都依赖于直觉判断。人的自由意志受到生理制约,在不同的场景下,人会作出不同的决策。比如,在寒冷时,人到超市里更容易买更多没用的东西。在非常忙碌时,碰到本来仍然犹豫的求爱者,人会不假思索地直接拒绝;比较无聊时,遇到一个本来不怎么喜欢的人的求爱,就有可能会同意。也因此,人类会有一些系统性偏差,很多决策是基于某一种态度、意识形态、好恶或本能作出的。人也并不都是期望效用最大化,至少通常所说幸福感最大化不是绝对的,我们总是在比较的过程中。比如,似乎可以用赚钱的多少来量化幸福,但当一个人实现"两个亿"的小目标以后,就需要"20亿元"才能让人达到同样的快乐。人类也不是纯粹利己的,我们有公平感,每个群体中总有些人是超级合作者。人类也不是贝叶斯概率的执行者,人会用一些代表性直觉推断,也有锚定效应。人类的时间偏好也是不一样的,比如,不同人对养老金的态度不一样。资产形式也不是完全可替代的,比如,我的茶杯是五块钱买过来的,在二手市场上最多就卖一块钱,但是我用了五年,我对它有感情了,我的偏好无法用现金的资产形式对应。

行为经济学兴起以后,也改造了法律经济学。1998年,桑斯坦等人在《斯坦福法律评论》上发表了《法律经济学的一个行为学方法》,比较系统地提出了引入认知心理学视角后的新的法律经济学研究纲领,这被认为是行为法律经济学兴起的标志。做行为法律经济学的研究时,找参考文献的过程中就会发现大部分文献是在2000—2010年发表的。这就是"行为革命"。

行为法律经济学有三个研究方法。一是实证方法,包括这届研习营老师讲的怎么做定量、怎么做定性、怎么做深度访谈。显然,这是法律经济学比法解释学优越的点。法律经济学既能理论论辩,又有实证的研究方法;二是规范方法,也是传统法解释学的方法;三是对策研究方法。

在这里,我对对策研究的方法论多说几句。最近我阅读了一本书,题为《柏林共和时代的德国法学》。这本书很厚,它主要讲述的是两德统一后,20世纪90年代德国法学受到了几大挑战,其中主要的挑战是高等教育的评价标准对法解释学极其不利。说得直白一些,留学德国的一些中国法学学者给我们制造的德国法学的情景是过去式。

他们给我们介绍的只是法解释学意义上的德国法学,而这一脉的法学研究,在德国遭遇到的是和中国同行一样的问题,即法学办学的绩效评价正被理工科的量化评估标准所控制。

今天评价一所大学的有三大基本指标。一是发表论文的影响因子和被引率,二是招的学生怎么样,三是科研经费。学校的科研经费少,久而久之就会衰落。衰落的背后,是办学经费不如他人、师资薪酬不如他人,久而久之就呈衰落之势。这本书讲的就是这个故事。看这本书时,我常有时空穿越的感觉,老觉得它是在讲中国的法学院,而不是德国法学院。这不只是中国现象,最近30年全世界都一样,文理见长的综合性高校都在不断衰落。

平心而论,现在的国家社会科学基金重大课题里,有真正法解释学意义上的题目吗?假如要拿课题,做法解释学的学者必然要做对策研究,对策研究必然就要用跨学科的知识、方法、理论。行为法律经济学者认为,在对策研究方面自己做得比传统的法律经济学者更好。因为传统的理论模型过于死板,在对策研究上老是出问题。有了行为视角,行为对策是更加靠谱的。这就是行为法律经济学的野心。

行为法律经济学还有一个野心,就是要把公法、私法打通。做行为法律经济学的学者,一会儿到金融法,一会儿到知识产权法,一会儿又到司法制度……刘庄就是这样。几乎所有的法律,行为法律经济学都会去研究。当然,行为法律经济学的发展有停止之势,最近几年发表的重量级文章越来越少,我就不作展开了。

不过,我的基本判断是,社科法学的核心内容是法律经济学。这有可能会引起很多争议。原因在于,真正对法解释学形成挑战的是法律经济学。其他的跨学科研究虽然会批评主流法学,但主流法学懒得回应,也不需要回应。主流法学是一门职业知识,它有自己的应用场景。当它有自己的应用场景时,它对理论论辩就不感兴趣了。但法律经济学几乎对所有的部门法理论点位都有研究。说得更直白一点,在几乎所有的跨学科研究当中,除了证据法意义上的跨学科研究,只有法律经济学才会在法解释学的领域得到运用,才会跟法解释学产生短兵相接的论辩。所以,法解释学的人对法律经济学都会有一种本能的厌恶。这种本能厌恶的背后,是真的被刺痛了。

在这样的判断基础上,我还要再谈另外一个问题。法律社会学的学者会将自己的研究理解成对法解释学的补充,而对法律经济学阵营或行为法律经济学阵营的学者来说,答案是 No。行为法律经济学和法解释学是一种非此即彼的替代性关系和迭代关系。非此即彼主要体现在研究方法上,还有符号体系上。更确切地说,在计算法学的思路里边,计算法学是对"解释法学"的一次革命性替代。当然,它还没有发生。

四、法律认知科学和法理学

现在再回归到法理学层次的探讨。注意,我把法心理学、行为法律经济学都纳入法律认知科学,当然也把用神经科学、行为科学方法来研究证据科学的内容纳入法律认知科学。在这样的背景下,我对文献做一个简单回顾。

用部门法的概念体系来说,法理学中谈论法律认知科学的研究文献,集中在责任理论和权利理论。责任理论方面,郭春镇老师特别擅长,他在这方面发表了不少文章。权利理论方面,成凡老师用法律认知科学的理论做了不少研究。在宪法学方面,可以对民主制度做社会心理学的研究。在刑法方面,可以对犯罪、责任、惩罚做研究。

在这个基础上,法律认知科学研究主要集中在三个方面:正义理论、权利理论、惩罚理论。这是法律认知科学研究最核心的三大经典问题。此外,法律心理学对法哲学的重要贡献是对法与正义理论的研究,特别是对程序正义的研究。比较著名的学者有泰勒,泰勒的研究被季卫东老师以及谷口安平等人广泛引用。虽然对心理学领域而言,这一研究并未受到重视,但在法学理论者眼中这部分是相当主流。因为时间关系,我不多作展开了。

五、怎么做法律认知科学

我身边都是法解释学学者,所以问题意识是社科法学的方法和理论怎样与法解释学学者对话。最近几年,我大部分研究都围绕这个问题展开。比如,我花很多时间研究前沿科技怎样影响到法学、法学怎样影响科学。为什么我研究法律与科技的关系?看起来是因为这是热门话题,但事实上是为了跟法解释学有更多的对话。

当我跟他们对话时,我不是单纯做理论思辨。法律认知科学内部,在研究方法方面也有分野。王凌皞、郭春镇、成凡更多是在理论思辨的层面上展开相关研究,我更喜欢采用定量方法,尤其是实验方法展开相关研究。这里给大家简单介绍一下,实验方法在行为科学体系中的位置。

法律认知科学的研究主要是做实验,包括自然实验和现场实验。实验方法在法学当中的应用主要集中在以下方面:法心理学关注司法决策、守法理论和犯罪矫正;行为法律经济学关注的基本上是部门法;大数据法学则主要关注司法决策和政府规制。做法律认知科学很自然会和计算法学有亲密关系,甚至最后必然走向计算法学。

行为实验方法怎样和法解释学进行对接？大家要注意，可以区分两种研究。从这两种研究的介绍当中，大家可能会看到，我们是怎么样有意识地想和法解释学对话。比如，研究"性别是否会影响司法裁判"有不同方法。

第一种研究使用实验方法。在实验室中，我们证实了，在刑事案件中，对强奸、故意伤害、入室抢劫这样的身体犯罪，女法官判的刑期比男法官要更长。但是，对经济犯罪特别是白领犯罪，女法官判的刑罚比男法官要轻。因此，在实验室背景下，性别肯定会影响司法裁判。我们的基本理论解释是，各方面的性别特征都会对司法裁判产生影响，这也是直觉逻辑。要注意的是，这个结论是在实验室成立，不是在现实中，不是在法律程序中，不是在合议庭中。

第二种研究使用大数据方法。熊谋林老师从裁判文书网上下载了四川德阳和河北邯郸两个中级人民法院的4000多份刑事判决书，把法官性别标记出来，做了一些基础数据分析和对比研究。[12] 他发现法官性别对司法裁判结果没有显著影响。

我现在准备和熊谋林老师合作，采用一系列实验和其他方法，对这个发现进行检验。我们的理论假设是，司法组织、司法程序消除了法官的性别特征。简单地说，合议庭、上诉审和辩论这些制度，还有法律职业共同体的制度设计，会使得法官的性别特征消失。例如，一些美国学者研究发现，男法官在审理性骚扰案件的时候，如果他是独任法官，他的判决比女法官要轻；但合议庭中有女法官的话，男法官的判决会跟女法官趋于一致。

举这个例子的目的是什么？刚才这些研究和法解释学有什么关系？我们似乎只能说这些是司法制度研究，但不足以和法解释学讨论。法解释学会说，这些研究没有办法解决一个案子，这些研究没有提供构成要件分析——这些才是法解释学的核心理论。我和刘庄发表的《矫饰的技术：司法说理与判决中的偏见》（以下简称《矫饰的技术》），就与法解释学进行了论辩。[13]在和法解释学的论辩当中，我们的理论假设是，有一些法解释学理论，只是法解释学学者进行智力游戏的结果。法学家有时候过分夸张了自己理论的独特性，故意地抬高了职业训练的门槛，事实上是法律职业共同体故意制造的职业神秘性，通过职业神秘性来获取权力。

所以，虽然我们做法律认知科学，但我们的理论来源是现实主义法学。在这个视角下，阶层理论和构成要件理论相比，从智力游戏的角度来说，它可能更加精细、更加有智力挑战，但在促进司法正义和效率方面可能是没有意义的。当然，这只是假设，需要实证检验。我这种说法可能会得罪很多法解释学学者，但法律职业共同体内部应该要有批判精神。法律知识、法律理论是一种工具，是用来用的，它不能成为真理，因为它不是一成不变的。智力游戏不可以过分夸张，不能为了满足我们学者对体系化思考或者"法西斯式的秩序美感"的偏好，以至于让老百姓承担过多的合规成本。比如说，在法律与前沿科技的研究过程中，为什么最近二三十年来，欧洲大陆的前沿科技研究、应用和产业会不如美国？很大的原因是法教义学的理论以及它的应用实践。因此，我也非常反对法典化运动，法典化运动的后果是非常可怕的。我不反对民法典，但我反对环境法典、行政法典这些提供公共产品领域的法律。在这些领域，法律监管的场景化特征更明显，在技术迭代的速度指数式上升的背景下，法典可能不是好的想法。当然，这可以做学术讨论，对这些学术讨论和理论的拆解，需要通过一系列的实证研究，比如通过行为实验来展开。

具体来说，《矫饰的技术》的假设是，法律解释技术会成为法官掩盖司法偏见的一个手段。我们实验的参与者都是真实的法官。实验的过程是这样的：我去给法官讲课，首先讲主流法学的法律方法，在法律方法的基础上讲法律思维和法律推理。然后，我说"大家是不是觉得我们有法律人的骄傲感？但在学术界有很多学者认为不存在法律思维"，把朱苏力跟一些学者关于法律思维的论辩文章讲给他们。最后，我看法官们有点郁闷，我就说测试一下大家的法律思维水平，看到底存不存在法律思维，让法官去做做相关的材料，一般来说做15分钟。

实验当中的材料是3个案件。第一个案件是违约，一个女性把自己的房子租给了一个证券公司，签订了租赁合同。租赁合同将要履行时，被告和原告说，之前的租客没有及时搬出来，所以要迟延10天证券公司才能搬进去，并且被告愿意赔偿原告两万元租金。但证券公司不同意，因为证券公司前面的房子已经到期，不能如期搬进去的话，其他人会以为证券公司跑路了。按照合同约定的违约金是30万元，证券公司就要求被告赔偿30万元。案件的主要争议不是赔不赔，而是赔多少。我们的操作是，给实验组的材料中加了一段话。这位女性是当地房管局副局长的情人，并且副局长贪污受贿被抓后，这位女性帮他隐瞒、转移资产。但这个房子和副局长无关，是她继承的合法财产。大家都知道，在司法裁判中，当事人的私德和司法裁判的结果应当是没有任何关系的，不应当把它作为一个判决理由。但我们发现，实验组的法官判决的赔偿金额远远高于对照组。对照组不用对当事人的道德品质进行评价，然而一旦有可能进行道德品质评价，法官会判被告赔更多的钱。

第二个案件和法律概念的解释有关。前几年，在司法实践中，一个热门话题是第二代野生动物是不是野生动物。实验中案件的基本设计是,一个人在野外不小心捕到了一只在野生保护目录中的鹦鹉,拿回家后和家养的鹦鹉进行配种,生下了第二代,然后他把第二代鹦鹉卖掉,卖之后被抓住。他有没有犯罪,是不是触犯《刑法》?这个材料里的刺激物是什么?当时,我们怕刺激物不够,对照组和实验组都有道德品质评价。对照组中的道德品质评价,是说当事人的女儿患有红斑狼疮,家里没钱了,就把这个鹦鹉卖掉。实验组中,就说这个人喜欢赌博,没钱了,所以把鹦鹉卖掉。实验结果发现,实验组的法官倾向于把野生动物的第二代解释成野生保护动物。在对照组当中的法官倾向于不把它解释成野生保护动物。我们可以看到,在法律概念的解释中,道德品质评价也对法官产生了很大影响。

最后一个案件和因果关系的判断有关。被告在自己家院子里储存了两个氧气罐,一天晚上有个人抽烟把烟头扔进去,导致氧气罐爆炸,引起了火灾。失火后村里的人都过来救火,其中一个邻居,刚从隔壁村喝酒回家,也参加到了救火队伍中,去打水时不小心摔倒骨折了,花了一笔医药费。他要求被告承担医药费,被告不愿意,就起诉到了法院。这个案件的主要争点是因果关系。被告储存氧气罐的行为跟原告骨折有没有因果关系?刺激物也是道德品质评价。在对照组中,被告是一个孝子,他妈得了肺癌,肺癌需要吸氧,所以他在家里储存了氧气罐。而在实验组中,这个人是贩毒分子,储存氧气罐是为了制造冰毒。实验结果也发现,实验组的法官倾向于认为存在因果关系,对照组的法官倾向于认为不存在因果关系。

通过这样一些实验,我们试图与法解释学对话,是想消解传统的法律解释理论的偏见,它并不像法解释学学者讲得那么神秘。什么是好的法解释学、什么是坏的法解释学,可以用一些外部知识来判断和评价,包括法律认知科学、法律经济学、法律社会学,并不像一些法学学者主张的那样,外部知识不应该进入法解释学领域。

对话与问答

王凌皞 我从三个方面来评论李学尧老师讲的主题。第一个问题,李老师一开始就指出的非常尖锐的问题:法学是不是巫术?我们在其他领域也会碰到这样的问题。中医是不是巫术?苗医是不是巫术?藏医是不是巫术?"跳大神"是不是巫术?这本身是一个开放性问题。法学工作大概建立在以下两个基本认识上。

第一,在认知这边,我们要了解什么东西是实在的。基于这一点,法学大概需要对人的实际行为倾向、行为方式及其心理驱动力机制有一个大致科学、合理的理解。这可以是个人式的,也可以是文化的,还可以是政治共同体式的。李老师把这种认识叫作描述性(descriptive)的工作。法学需要这样的认识,要不然怎么用"应该、可以、不得"等道义逻辑要求人们如何行为呢?当规定人们应该怎么做、可以怎么做、不得怎么做的时候,需要知道人这种生物是怎样行动的。当我们提出要求的时候,这些要求本身应该是可能落地的或者可以成功的,至少是可以实现的。

第二,法学经常还会谈到应当,用传统术语来说,前面是实然,后面是应然。应然又可以分为两个部分:一个是规定性(prescriptive),即某一个法律具体规定了什么;另一方面是回答法律为什么应该这样做,这就是规范性(normative)。规定性当然是法学的核心工作,但在法学,规范性也很重要。比如,部门法经常讲利益衡量或者公平,这就需要回答为什么应该这么做,这是一种实践推理、价值推理。但在实践相关的价值推理方面,法学的能力相当弱。对一些复杂问题,比如说高空抛物,民法学者有严重分歧。这表明利益衡量这种词,很多时候只是套话和修辞,当实践推理到达一定难度时,就用套话和修辞糊弄过去。李老师似乎倾向认为,可以通过经济学框架进行实践推理,即通过人们已经选择、已经排序的偏好赋予不同的偏好以重要性,来理解人的福祉,并且把福祉最大化。对此,我可能存保留意见,从更广阔的视野看,可能有比福祉最大化更重要或者至少相同重要的一些东西没有被考虑。

就描述性和规范性而言,法学看上去确实像巫术。法学工作既缺乏足够科学的框架和理论来认知事实、实在,在实践和价值推理方面,又非常的幼稚、简单,经常使用套话。并且,这两个部分看上去不太能够分割开。当我们不知道一种生物适用什么生存方式,或具有什么根本生物属性时,我们似乎就没有办法要求它以某种方式去生活。比如,我们要求蚂蚁或者蜜蜂不过集体生活,而是过好自己的生活。这似乎是一件奇怪的事情,蚂蚁和蜜蜂本来就是真社会生物;或者我们要求水母去思考宇宙起源问题,看上去也很可笑。类似的,要求大家都乐于助人是合理的吗?看上去也不是。法学里很多这样的问题,都可以分割成两个部分,或者按照李老师的划分,可分为三个部分。这两部分是以非常复杂、紧密的方式关联在一起的,实际上很难区分开。

总体上我同意李老师的观点,目前为止,法学看上去是巫术。虽然法学源远流长,但一个东西源远流长和它是不是巫术之间恐怕没有任何必然联系。事实上,越是巫术,越源远流长,比如萨满教、"跳大神"这些习俗。

第二个问题是李老师布置的作业,关于如何看待法学的跨学科研究。跨学科研究这个词本身挺奇怪,甚至在我看来,它需要被取消。六祖慧能的诗说:"菩提本无树,明镜亦非台。本来无一物,何处惹尘埃。"对需要研究的问题本身而言,如果存在有效的研究方式是必然的,或者符合它的内在规律,那么我们就应该以这种方式去研究。

在偶然的学科建制或者大学的学科分类中,它属于哪个学科分类,并不是需要重点考虑的事情。学科建制和问题本身并不必然相关。有一些学科分类或许是必然的,比如数学和自然科学之间的区分,数学研究的东西并不存在于世界中,不能用经验的方式来研究。比如,在欧几里得几何中"两点之间、直线最短",但世界上并不真正存在一条直线,数学的对象是抽象的。但另外一些学科分类,尤其是研究人的行为及其意义的社会科学,是高度人为性的,甚至带着文化的偶然性。法学当然也属于这个部分。在这些学科中,让问题带着走才是最重要的,学科也是"本来无一物,何处惹尘埃"。

跨学科研究应该被理解为一种附带效果。当我探究一个问题时,我不得不学另一个学科的东西,我不得不跨出这一学科,那就跨出这一学科,但不能为了跨学科而跨学科。由于学科标签是偶然的,投入大量的智力资源去争论贴这个标签、还是贴那个标签,它的意义并没有那么重大。

第三个问题,如果法学真的看上去像巫术,那么应该用什么标准评价法学研究?显然,一个学科的自信必须来自对研究对象真正的把握和理解。这个说法有点大而无当。举个例子来说,当我们出去旅游、品尝美食时,会用两个词来描述。比如,本地人的说法是"地道",而更普世化的评价标准是"好吃"。地道和好吃不是同一个标准。豆腐脑到底应该吃甜的还是吃咸的?在福建,甜豆腐脑可能是比较地道的,在浙江咸豆腐脑或许比较地道。但到底哪个好吃,本身是更具普遍性的。把这个类比带入对法学的理解中也是这样。一门学科从古罗马以来一直以这种方式被人研究实践,仅仅只能说明这么做是地道的,并且带有相当的文化相对性,比如在欧洲大陆这样做或许是地道的,就像问"为什么要这样做这个食物?",回答"我们一直这样做"一样是不带有任何实践合理性的。为什么不换一种做法?以正宗的方式来谈论法学研究,教义学也好、其他研究也好,本身是一个奇怪的说法。什么是真正好的做法,这是个开放性问题,不能收敛到地道或者正宗的评价标准中。

社科法学研习营已经办到第五届了,它有非常开放的心态,包括我这种蹩脚的、不太懂法律社会科学的老师也能评论、与谈一下。包括苏力老师做的法律与文学,其实和人文学科比较接近,甚至不太好说是法律与社会科学,但仍然被纳入社科法学中。这是非常好的事情,对问题的研究就应该遵循问题本身的内在要求,而不用太顾忌到底贴什么标签。

郭春镇 李学尧老师准备得太充分了,超出了我的预期。我也谈一下我的三点想法。第一个想法是关于认知偏差与默认规则。先谈一个有趣的事情。前天(22号)我和李学尧、王凌皞老师都不约而同地参加了社科法学研习营的线上活动,我们以为那天是我们的议程。当时贺欣老师也在但没有讲话,方乐老师跟我打招呼。我还觉得很奇怪两位老师怎么也在,后来才发现是我们弄错了时间。弄错的原因是什么呢?大家可以看议程手册里面排的日期,如果按照颜色来看,我们是排在24号的;如果按照上下顺序,我们很容易认为自己排在22号。这就涉及认知偏差的问题,我们到底是以上下顺序作为标准,还是以颜色作为标准。我们三人都发生了同一个认知偏差,以为议程是22号。当时侯猛老师在小群里面问,你们三个不约而同有这样的偏差,这体现了什么,它有什么意义？或者套用一个常用的话,它有什么样的制度意义？

我马上想起来,其实这对默认规则的设置是有帮助的。为什么这么讲？如果我们设定一个规则并让大家都形成默认,这样的规则对降低认知成本、提高规则的执行力度会很有帮助。所以,认知科学或者说认知是无处不在的,对已经设定的规则也是这样。我最近在研究个人信息保护。在个人信息保护中有没有默认规则？有很多,包括《个人信息保护法》、知情告知书里的一些规则,都属于是默认规则。默认规则有很多,其中有好的,也有坏的。怎么样通过设置好的默认规则、利用大家的认知偏差或偏好,降低规则执行的成本,这是一个非常好的例子。

第二个想法是我特别想说的,大家千万不要一股脑去做实验。为什么？李学尧老师刚才举的例子中有很多人是做实验的,可以看看哪个人是缺钱的。做实验很"烧钱",尤其是人文社会科学做的实验。不花钱的实验,因为刺激物不够,它的理论说服力也成问题。硕士生、博士生或青年教师是没有钱做实验的,包括我的钱也不是那么多,所以,在你们没有成为大腕之前,个人建议不要去做实验,而且做实验也需要一些经验,这些经验可以先学,没有必要自己一上来就主持一个实验。当然,不是一定不做,而是不轻易去做。有同学可能就问了,你不让我做实验,那我怎么做研究呢？

目前而言,做一些理论整合的研究比做实验更现实。我和王凌皞老师在研究这个话题时,都是用知识整合的方式来做。我们可以尝试用其他学科的知识,包括大众心理学、脑科学等认知科学的知识来和法学研究整合,因为它们本来就是一体的。解释或解决所谓法学问题时,把知识借用过来、整合起来,就已经很不错了。

可能有同学会质疑,运用法律认知科学或认知科学的知识研究法学问题,如果这个学科的知识出了问题怎么办?比如,有些教授在著名期刊上发的文章,后来被发现实验数据作假,发在权威期刊上的文章都被撤销了。如果运用他的知识,那错误不就更离谱了吗?不用太担心这个问题。很多心理学实验确实很难重复,但整体而言不是大概率事件。而且,学术研究允许试错,也允许犯错。从这个角度看,可以大胆地借用或者整合,把它和法学问题、知识进行有效的衔接和融入。

对各位来讲,做知识整合更具有可操作性,不要动辄做实验。我也做过一些实验,花费巨大的人力、物力,但收效甚微。比如,我曾经做实验研究法学教育对人的法律意识的提高有没有作用。我们单位有个"第三学期"的制度安排,要进行大概五周的时间。在第三学期,我开了两个班的课,每个班的学生都是随机安排。当时还特意跟加州大学的实验政治学专业的一个博士合作,给一个班的学生讲普通案例,给另外一个班的学生就讲法律程序。然后,我测试程序教育对他们的程序意识有没有影响。最后审视这个数据,发现实验非常不成功。从问题的设置到上课内容的安排,都有很多值得提升的地方。后来我和苏力老师、葛岩老师也做过沟通,他们不约而同地提到了天花板效应或者地板效应:问题设置得难,可能就是大家都够不着的天花板,结果大家都差不多。问题设置得很简单,就是地板效应,也没有区分度。总之,在缺乏经验的情况下,实验是一种很烧钱、很耗时间,但收益不明显的行为。

另外,大家做经验研究选择国外合作对象时,也要看他是不是靠谱。很多外国人对中国完全不了解,设计的问题缺乏参考价值。比如,有的国外学者在设计家庭收入选项时,设计的年收入选项是 100 美元、300 美元、500 美元和 500 美元以上。我告诉他,一个家庭收入如果是 500 美元的话，他连维持基础代谢的食物总量都买不到，还做什么实验。尽管这个选项是为了消除实验者的防范心理设置的，不是实验的核心内容，但这依然非常糟糕。我也进行了修改，但结果依然不明显。从这些教训来看，我建议大家不要轻易尝试做实验。

第三个想法，我想澄清一下李学尧老师讲授中的个别表述。关于"民间心理学"，对应的词是 folk psychology。我通常翻译成"大众心理学"，用"民间"显得这种理论不够正规。

侯　猛　我问两个不是法律认知科学但与此相关的问题。第一个是关于法律认知科学的圈子的形成。在 2015 年第三届社科法学研习营举办期间，我曾请葛岩老师来讲法律认知科学。葛岩是我在 2011 年介绍给李学尧老师认识的，我和葛岩老师没有合作，但李学尧老师和葛岩老师却合作得很好，越来越成气候。李学尧老师和王凌皞、郭春镇等人已经形成了做法律认知科学的圈子，还真是又学又做。我比较佩服也比较好奇，李学尧老师和这几位老师是怎样开始的。这对在座学员未来往哪个方向走可能会有启发。

第二个问题是我和李学尧老师在学术风格上的区别。李学尧老师更像狐狸，而我则像刺猬。李学尧老师刚进入学界时主攻法律职业、研究律师，而现在不仅做法律认知，还做法律与前沿科技。李学尧老师一直在不同领域推进，而我基本上还是做法律社会学，研究传统司法议题。我主要考虑的是学术传统的问题。比如，司法制度的经验研究的上一代是苏力，这一代有贺欣、我等人。我是希望把这样的学术传统传下去。我不知道我为什么这样，也不知道李学尧老师为什么那样。正好我俩作为两种不同类型的学术样本，让学员们来思考哪种比较适合他们自己。

李学尧 大概有三个因素。第一个是师门。看看我们老师一代的学术研究视野，舒国滢、郑成良老师是一种类型，朱苏力老师是一种类型，张志铭、季卫东、孙笑侠老师是一个类型。我们这边的特点就是兼跨两个方向，比如说张志铭老师，规范法学和法律社会学他都会研究，是一种更加开放的心态。这是我们师门的背景。

第二个是学校。王凌皞、郭春镇还有我，都毕业于浙江大学。春镇和凌皞以前都在厦门大学任教，春镇现在还在厦门大学、凌皞在浙江大学、我在上海交通大学。这三所学校有一个共同特征，就是工科或者自然科学非常强势。在这样的环境里是不可能不受影响的。我最早做法律认知科学是受王凌皞的忽悠，但为什么后来毫不犹豫地走下去？当时上海交大的校长张杰意识到脑科学会成为一个知识爆发点，脑科学、认知科学对整个人文社会科学都会有影响。他当时就布局，每一个系基本上都要有脑科学、认知神经科学相关的研究者。语言学有做认知语言学的，新闻学有像葛岩老师这样做认知传播学的，经济学院有做实验经济学和行为经济学的。法学院就挑了我研究认知科学，后来我就在交大的平台一直走下去。假如我在中国政法大学工作，我相信就不会这样。

第三个和我个人有关系。我喜欢讲点真话，不喜欢为了利益去讲假话。在学术上也是一样，所以我坚持批判职业神秘性。我以前做法律职业，后来做法律认知科学、法律与前沿科技，但背后的现实主义法学脉络没有变，甚至可以说是批判法学意义上的现实主义法学。

郭春镇 李学尧老师讲的几点很有道理，我补充一些。一个原因是好奇心。我的博士学位论文是研究法律父爱主义。讨论人的理性是不是有限的？人的理性要是像标准经济学预设的理性人一样，那就不需要政府来进行规制或保护。从这个问题往外延伸，除了标准经济学,还涉及行为经济学和行为法律经济学。所以,我翻译了加州理工学院的 Colin Camerer 等人写的《偏好与理性选择:保守主义人士也能接受的规制——行为经济学与"非对称父爱主义"的案例》[14]。在这个基础上,我进一步思考发现,行为法律经济学关注的是行为,从外在行为推导人们的心理,那么人内心的想法就不是行为法律经济学所能够解决或者解释得了的,于是我就延伸到认知科学。从这个角度来说,我的工作是从博士学位论文一直延伸出来的。

另一个原因是合适的小环境——厦大的研究氛围。成凡老师、凌皞老师,还有吴旭阳老师,我们通过不断地交流,才逐渐踏入这一领域。第一次见成凡时,我问他做什么研究,他说在研究动物行为学。我当时很难理解,后来跟他越聊越多,从研究大猩猩到研究人的思维再到神经科学。这是一个自然而然发展的过程,跟好奇心也是有关联的。谈到这里,我要向成凡老师致敬。我们都对这个东西有兴趣,就花了些时间研究。坦率地讲,我没有全力投入,只是把它作为自己的一个研究领域,花费了部分精力来做。因为吃这碗饭挺难的,做实验很烧钱。

提　问　我有两个问题。第一个问题是,在我看来,李学尧老师做实验所得到的结论是因果关系,是一种描述性的实然结论,但是如果要和部门法进行对话,就需要跳跃到应然,那您是怎么通过实然结论推导出应然的?第二个问题和融贯性有关。法律认知科学会比较强调情境化,不同的情境会得出不同的结论,但这会对法律体系的融贯性产生一些冲击。在这一方面,法教义学的贡献就是它能保持法律体系的融贯性,虽然也会有反常识的解释。老师怎么看待法律认知科学和法律体系融贯性之间的关系?

李学尧 这两个问题问得非常刁钻,但也是非常核心的两个问题。一个核心问题涉及实证与规范的关系,另一个核心问题涉及法解释学的融贯性和科学性的关系。

我先回答第二个问题。前面讲到了民间心理学,我恰恰就是说,在这里会退到法解释学立场。我追求用科学方法研究法学问题,目前而言,用自然科学方法研究法学问题,在融贯性、体系性方面还不够好。所以法律认知科学被迫认可法解释学成为一个有用的知识孤岛。法解释学可以通过一系列技术操作,包括拟制等各种各样的操作,把一些科学上无法解释的心理学问题,在足够说服人们的前提下,用一些反科学、反常识的方法来解决相关问题。法律认知科学和法解释学仍然还是平行的。在没有体系化和成熟之前,法律认知科学承认仍然要用法解释学。我们的实验研究,是想防止法解释学利用融贯性和体系性优点,过分夸大自己知识的神秘性。这不是否认法解释学知识的专业性,这也是为什么侯猛老师说我是骑墙派。

回到第一个问题,这在经济学里面也是一个论辩比较多的话题。首先我需要澄清,我只通过实验得到描述性结论,我没有做应然结论,我只是消解某些人的应然结论。当然,我也认为,某一些实然研究确实是可以推断出应然结论的。

举个例子,是不是有些种族可能比其他种族更笨?在应然的道德意义上,是不允许做这种结论的。但在实然状态下,是可以发现不同种族的智商水平是有差别的。这就消解了一些应然结论。我用这个例子不是在挑战人人平等这个价值观。《人类简史》里说道,人类用一些根本不存在的事实作为理想,这些理想是人类进步的主要原因之一。明明人的禀赋是完全不一样的,但我们却要认为人人平等,这好像又回到了应然讨论上,它跟实然好像是截然相反的,其实不然。用

《人类简史》里的实然研究,可以推断出另一个应然结论。假如有两个共同体、两个种族,一个种族追求人类平等,另一个种族认为人是不平等的。两个种族竞争,认为人是不平等的种族就会衰落。比如,今天的文明社会比野蛮社会更具竞争力。在这样论证人人平等的时候,我是在用实然方法论证。

郭春镇 这个问题更多是休谟问题在法律认知科学领域的翻版。王凌皞老师对哲学问题有更深的造诣,能不能回应一下这个问题?

王凌皞 休谟问题本身是一个问题,不是一个禁令。法学界很多人把这个理解为既然事实与应当之间很难有合理的逻辑推论,所以就不要进行推论了。这也相当于是说,应然世界是没有办法评价对错的命题。这样的想法是虚无主义的。应该把休谟问题本身理解为一个问题,即如何从人的实际样态推论出逻辑上的应当,这是可以做的工作。否则,我们将面临一个非常灰暗的现实:学者只能谈论实际上如何,观察人们的偏好、它如何排序、如何赋予它们以重要性。休谟问题应该被理解成开放性问题,是需要回答的,只是答案有很严格的要求。

另外,体系性和类似说法是值得怀疑的。为什么追求体系性也是一个开放性问题。从我的角度来说,追求体系性有时是出于认知上的便捷和低成本。如果知道甲案件是这样处理的且乙案件和它很像,或者知道有一个原理且个别事例可以收敛进这个原理,那处理问题的时候就不用重新去思考它,可以用体系的方式来认知。但如果是这样的话,体系性有它的限度。如果体系性要求的是人不可能做到的事情,那么这种体系真的还应该存在吗?它还有认知上的效果吗?

除了体系性,进行规范性思考时,另一个重要问题是我们做的东西本身是不是值得的、是不是正当的、是不是好的。这些考量和体系性也会有冲突。一个邪恶的想法、一套邪恶的制度,也可以非常体系化。体系性本身在规范性上是极弱的,之所以认为体系性那么重要,很大程度上是受欧洲法律文化、教义学的影响。这仍然是地道还是不地道的问题,并不见得事情就应该这样。

提　问　法律认知科学的很多研究是在努力排除或对冲决策中干扰因素的影响,那更好的方案是不是增加司法活动中的机器决策?虽然机器也会犯错,但起码不受无关因素的影响。顺着这个问题,在律所实习以及和律师交流时,我发现律师很喜欢研究法官,并且在司法决策过程中他们会想尽办法给法官施压。一旦机器决策走上舞台,法官可以直接告诉律师"这是机器决策,我也没办法",这会减少交易成本的浪费。老师们怎么看待这个事情?

郭春镇　我最近也在和一个同学合作研究人工智能的信任问题。其实有研究证明,在刑事司法决策中人工智能比法官表现得更好。另外,就求职而言,现在检察院比法院更受欢迎,因为检察院轻松。很多经济发达地区的法院(比如厦门市思明区法院),法官一年结案量是六七百件。法院工作量非常大,加上人会疲劳,这时用人工智能作为辅助,且不影响法官的最终决策权,有助于提升审判效率。这有可能成为未来发展方向,上海市的法院和最高人民法院都在做相关的系统,我个人对此比较乐观。

李学尧　我的思路有两点。第一,现在有讨论算法偏见之类的现象,但算法偏见不就是机器带来的吗?并且,现在的算法最后其实还是人在操作,人到底是什么情况?想要让机器不犯错误,都要进入具体场景,无法一句话概括"机器比人做得更好"或者"人比技术做得更好",这要到具体场景才能讨论。

第二,举个例子,法院现在有同案同判的预警系统,假如法官判决赔30万元,预警系统会告诉法官类似场景只能赔两万元,赔30万元就是错案。那这到底是机器错了,还是人错了?事实上,用机器就容易变成用过去规范未来,过去都是对的、未来都是错的。

人类恰恰就是在各种各样的不确定当中进步的。机器也好、用过去规范未来也好,会把这些可能性都消灭掉。我为什么反对法典化?法典化背后和机器的概念是一样的,最后的结果不就是投进起诉书,出来判决书,这是最极端的形式主义法学。

郭春镇 李学尧老师提到了算法也会有歧视,要强调的是,算法的歧视归根结底来源于人的歧视。正是由于程序员把法官的一些想法通过算法进行表达,所以机器才有这种错误。与其说人工智能出错,不如说是人出错。这也涉及算法的透明度和对算法进行规制的问题,我们完全可以乐观地对待这个问题。尤其是在刑事审判案件中,我看到的研究材料是算法犯的错误会更少,比法官表现更优异。就像我提到的,人工智能起的是一个辅助作用,最终决策的是法官。此外,通过其他措施,比如,既懂计算机、又懂法学的学者对算法进行可解释性和算法透明度的研究,可以缓解乃至解决这个问题。

提 问 老师提到认知科学研究推翻了不少法教义学的结论。比如,其他心理学会讲道,证人出庭作证可能对查明事实没有太大意义,法教义学的做法在科学上没有意义,但这种形式本身是一种仪式。就像刚刚讨论的机器人法官,可能机器人法官可以提高裁判正确率,但作为人本身,希望在法庭中看到的不是机器人,而是我们的同类代表整个社群进行审理。我的问题是,在社会学意义上或者仪式概念上,法教义学可能更加符合人的需求,是否可以得出这样的结论?

李学尧 这是对的。我没有完全否定法教义学。刚才已经说过,实验室条件下,男女法官的判决不一样,但在真实程序中,法官的性别特征没有影响,这说明法治基础设施化解了一些影响。现代的自然科学和社会科学,能够证实法解释学的大部分理论主张是对的,不仅仅是由于社会学意义上的仪式感,还有公平感等因素。比如,比例原则是法律经济学和法解释学论辩的重点。做法律认知科学会发现,法律经济学对比例原则的批判是成立的,但比例原则就是比经济学好用。因为它符合人类的直觉,而且成本最低。人类社会充满着不确定性,不可能预测所有场景的情况。口袋原则可以应用到所有可能会发生的场景,就非常好用。比例原则就是口袋原则,它综合运用了人类的各种各样的公平直觉。

另一方面,法律认知科学证实了法解释学的大部分理论主张,它也会严重冲击法律方法的研究。但法律方法这类研究受到冲击,不代表法律解释学也会受到法律社会学的颠覆性冲击。这里就不多作展开了。

郭春镇 仪式化是有道理的,但要强调的是,仪式化也是可以演进的。比如,刚开始有法袍和法槌时,我见到一个法官用黑色塑料袋提着法袍到法庭。他说"今天空调坏了,我们就不穿了",把塑料袋往那儿一扔。法袍和法槌本来是营造威严而神圣的感觉,但现实中法袍被放在黑色塑料袋里面。不过,现在就不是问题了,大家都觉得在法庭上应该穿法袍。我还了解到很多法院法槌的消耗量非常大。为什么呢?大家都没见过这玩意儿,都想来敲两下,敲着敲着就坏了。一开始可能法官并不会营造仪式感,甚至会让人觉得很好笑。但在过程中,逐渐接受和学会了营造仪式感。

侯 猛 法律知识和法教义学知识不是一回事。法教义学和社科法学是学者之间的知识竞争。法律知识是法学学者与法律人,特别是法官在实践中的共同知识创造,这一点是需要特别澄清的。因此,李学尧说的法律经济学的成本效益不如比例原则好用,这是一个错误看法。比例原则是德国传统的法教义学概念。王子予在研究中国法官对比例原则的使用时发现,中国法官的确喜欢使用比例原则,但基本上不是按照三阶、四阶的步骤来用,法官喜欢的是这个词。[15] 法官使用比例原则时有自己的理解,他们赋予比例原则这个词新的内涵。所以,不能把法教义学知识跟法律知识混起来。

李学尧:我最后提醒大家,法律认知科学有一些核心话题。第一个是自由意志,自由意志是法律理论大厦的基础,法律认知科学是从自由意志开始的。第二个是惩罚理论,惩罚理论是很重要的。第三个是公平感、正义感,特别是程序正义。从这些出发,进一步研究权利理论、程序理论、正义理论,等等。这些我没有重点介绍,大家不要因此对法律认知科学产生认知偏差,将问题集中到算法、法的融贯性,这些不是法律认知科学的核心话题。

延伸阅读

1. 郭春镇、王凌皞:《认知神经科学在法学中的应用研究》,法律出版社 2018 年版。

2. 乐国安、李安、杨群编著:《法律心理学》,华东师范大学出版社 2016 年版。

3. 李学尧、成凡:《超越社科法学与法教义学的纷争——特集导读》,载《交大法学》2020 年第 1 期。

4. 成凡:《法律认知和法律原则:情感、效率与公平》,载《交大法学》2020 年第 1 期。

5. 葛岩:《法学研究与认知—行为科学》,载《上海交通大学学报

(哲学社会科学版)》2013年第4期。

6. 李学尧、刘庄:《矫饰的技术:司法说理与判决中的偏见》,载《中国法律评论》2022年第2期。

7. Janice Nadler & Pam A. Mueller, Social Psychology and the Law, in Francesco Parisi eds., *The Oxford Handbook of Law and Economics*, Oxford University Press, 2017, pp. 141–183.

8. Economic and Psychological Background, in Eyal Zamir & Doron Teichman eds., *Behavioral Law and Economics*, Oxford University Press, 2018, pp. 7–138.

9. Owen D. Jones & Anthony D. Wagner, Law and Neuroscience: Progress, Promise, and Pitfalls, in David Poeppel et al. eds., *The Cognitive Neurosciences*, 6th edition, MIT Press, 2019, pp. 1015–1025.

10. Jennifer A. Chandler, Neil Harrel & Tijana Potkonjak, Neurolaw Today–A Systematic Review of The Recent Law and Neuroscience Literature, *International Journal of Law and Psychiatry*, Vol. 65, 2019, pp. 101–341.

11. Andrea L. Glenn & Adrian Raine, Neurocriminology:Implications for the Punishment, Prediction and Prevention of Criminal Behaviour, *Nature Reviews Neuroscience*, Vol. 15, 2024, pp. 54–63.

12. Oliver R. Goodenough & Micaela Tucker, Law and Cognitive Neuroscience, *Annual Review of Law and Social Science*, Vol. 6, 2010, pp. 61–92.

注　释

1. 参见戴昕:《心理学对法律研究的介入》,载苏力主编:《法律和社会科学》第 2 卷,法律出版社 2007 年版。

2. 参见李安、乐国安:《法律推理前提如何获得——以法律心理学为考察视角》,载《法律科学(西北政法学院学报)》2008 年第 2 期。

3. 参见[德]柏替:《法律心理学》,王书林译,商务印书馆 1939 年版。

4. 参见[意]贝卡里亚:《论犯罪与刑罚》,黄风译,中国大百科全书出版社 2003 年版。

5. 参见[意]切萨雷·龙勃罗梭:《犯罪人论》,黄风译,中国法制出版社 2000 年版。

6. See William R. Jentes, Law and Morality Leon Petrazycki, *Michigan Law Review*, Vol. 54, No.1, 1955, pp.160-163.

7. See Dan M. Kahan & Donald Braman, Legal Realism as Psychological and Cultural (Not Political) Realism, in *How Law Knows 93* (Austin Sarat, Lawrence Douglas, & Martha Merrill Umphrey eds., 2007).类似观点可以参见 Tom R. Tyler, Psychology and Legal Realism, in Shauhin Talesh, Elizabeth Mertz and Heinz Klug eds., *Research Handbook on Modern Legal Realism*, Elgar, 2021.

8. 参见[美]杰罗姆·弗兰克:《法律与现代精神》,刘楠、王竹译,法律出版社 2020 年版,第八章、第十二章、第十六章等。

9. 参见戴昕:《心理学对法律研究的介入》,载苏力主编:《法律和社会科学》第 2 卷,法律出版社 2007 年版。

10. See William Moulton Marston, Studies in Testimony, *Journal of Criminal Law & Criminology*, Vol. 15, pp. 5-31.

11. See Dan M. Kahan & Donald Braman, Legal Realism as Psychological and Cultural (Not Political) Realism, in *How Law Knows 93* (Austin Sarat, Law-

rence Douglas, & Martha Merrill Umphrey eds., 2007).

12. See Shuai wei, Moulin Xiong, Judges' Gender and Sentencing in China: An Empirical Inquiry, *Feminist Criminology*, Vol. 15, 2020, pp. 217−250.

13. 参见李学尧、刘庄:《矫饰的技术:司法说理与判决中的偏见》,载《中国法律评论》2022年第2期。

14. [美]科林·凯莫勒等:《偏好与理性选择:保守主义人士也能接受的规制——行为经济学与"非对称父爱主义"的案例》,郭春镇译,载《北大法律评论》第9卷第1辑,北京大学出版社2008年版,第81—115页。

15. 参见王子予:《追求共识:比例原则的裁判实践与知识互动》,载《法制与社会发展》2022年第3期。

第三章
做法律与人文研究

尤陈俊

很高兴有这次机会与各位分享自己的一些研究心得。社科法学研习营至今已经举办了五届。之前几届研习营的学员,如今不少已经转变了身份,从学生成长为教师。这是一个不断有新学员加入、大家一起成长的学术共同体。侯猛老师之前提到法律和社会科学(或者称作社科法学)的研究路数非常多元化,在我看来,这种多元化,首先来自不同学者各自所做的具体研究题目的不同,更来自每位学者自己的学术兴趣点和所受学术训练的不同。这种多元化,使得我们这些人之间存在彼此学习、相互批评进而共同切磋的可能性。所以,我接下来要讲的内容当中,会涉及对侯猛的一些批评,或者说我不同意他的一些说法的地方。当然,我不同意他的某个说法,并不意味着我的观点就是对的。每一种说法都不是十全十美,都会存在可商榷之处,而这正是新的学术增长点所生发的地方。

前段时间,我在准备此次授课内容的过程中,一直在思考所谓的"跨学科研究"与"多学科研究"有何区别?"跨学科研究"中的"跨"字,意味着存在某种边界或者障碍。换句话说,"跨学科"意味着从一个地方跨到另一个地方,故而它实际上默认了存在着自己的一个本位,也就是自己的某个学术大本营。"多学科研究"给人的印象则是好几个地方都去挖掘一下、都做点研究,但似乎没有自己真正的看

"家"本领。今天,我们在法学院中做跨学科研究,应该有个本位。比如广义上的法律社会学问题,法学、社会学乃至政治学等专业里都有人在研究,如果不同学科的人所做的研究都一样的话,在某种意义上可以说,这就是一种失败。

在法学院做跨学科研究,首先应该是面向法学的研究,要回应法学知识共同体的需求,只不过这种回应与传统的法学研究不一样而已。那么,在法学院做法律和社会科学、法律与人文的跨学科研究,到底是什么样子的呢?

一、美国的"法与社会"运动

在中国法学界,"社科法学"这个词如今已经变得耳熟能详。从知识脉络来讲,这里面会涉及以下几个问题:"社科法学"这个词兴起之前,社科法学在中国法学界是不存在的吗?抑或它当时其实是以另一些名称或表述得到展现?是什么原因使得社科法学在过去差不多十年的时间里面变得越来越热门,以至于今天在中国法学界,如果你不知道这个词,那就很难说你确实关注到了中国法学研究的前沿问题?

有些学者认为,"社科法学"并非中国本土自然而然生长出来的学术产物,从知识脉络来看,它跟美国的"法与社会"运动(Law and Society Movement)有着千丝万缕的联系。那么,中国的"社科法学"运动(如果我们也把它叫作"运动"的话),它跟美国的"法与社会"运动具体有何联系和区别?中国的"社科法学"运动有没有自己独特的生长背景,乃至有自己一些独特的学术研究议题?这就是我今天想先跟大家讨论的问题。

先说美国的"法与社会"运动具体是指什么。关于这个学术运动的发展历史,已经有多篇英文文章做了很好的综述。下面这几篇英文文章对此介绍得比较清晰,其中有些文章的作者还从身为主要推动者和亲历者的角度,来描述这一学术运动的具体发展历程:劳伦斯·M.弗里德曼(Lawrence M. Friedman)在1986年发表的《法与社会运动》[1]一文;戴维·M. 特鲁贝克(David M. Trubek)在1990年发表的《回到未来:法与社会运动的短暂幸福生活》[2]一文;理查德·L. 埃贝尔(Richard L. Abel)在2010年发表的《法与社会:项目与实践》[3]一文;丹尼尔·布劳克(Daniel Blocq)和马尔杰·范德·伍德(Maartje van der Woude)2018年发表的《法与社会运动的意义》[4]一文。

中文学术界也有一些介绍美国"法与社会"运动的文章,比如季卫东教授在1999年发表的《从边缘到中心:20世纪美国的"法与社会"研究运动》[5]一文,刘思达老师在2016年发表的《美国"法律与社会运动"的兴起与批判——兼议中国社科法学的未来走向》[6]一文。刘思达在他的那篇文章里面,特别提到了美国"法与社会"运动的生发背景。他说,如果我们从法律社会学的思想渊源出发,那么可以发现美国"法与社会"运动在思想源泉上来自一些欧洲学者,比如马克斯·韦伯(Max Weber);但从学术史的角度来讲,美国的"法与社会"运动,实际上大体是美国本土的学术传统。具体而言,20世纪60年代"法与社会"运动在美国兴起时,其"理论背景主要来自法律现实主义(legal realism),方法论主要依托社会科学的各种实证研究方法,而社会历史背景则是当时美国国内的民权运动和其他激进社会思潮"[7]。也就是说,美国的"法与社会"运动与法律现实主义之间有着密切的联系,并且主要采用实证研究方法。季卫东教授在他1999年发表的那篇论文中也提出过类似的观点,并特别就此做了一番总结:"总而言之,科学与改革,这是'法与社会'研究运动的两个支点。科学指向在法学领域中要求基于可以验证的客观事实的研究,导致经验主义的倾向,而改革指向势必把法律作为进行社会控制的工具,导致功能主义的倾向。"[8] 他们两位对美国"法与社会"运动的描述有一些共同点,比如都认为美国的"法与社会"运动主要采用各种各样的实证研究方法,而这些方法与科学主义有密切的联系。

上述这两篇中文文献里对美国"法与社会"运动的介绍,让我想到自己阅读过的一些在美国"法与社会"运动过程中出现的英文学术作品。在后者当中,有一些英文作品在学术特点上与上述两篇中文文献所介绍得非常契合。但是,也有一些英文作品的学术特点跟上述两篇中文文献所做的总结不大一样,而这正是我感到好奇的地方。对此,我想追问的是:英语学术界所说的"law and society" research,是不是就等同于所谓"law and social sciences"?至少从我阅读过的一些美国20世纪60年代以来"法与社会"运动代表性学者的作品来看,这个问题似乎并没有那么简单。虽然美国"法与社会"运动中问世的研究成果中有很多都是非常典型的法律与社会科学的跨学科研究作品,尤其是法律经济学和法律社会学的研究,但"法与社会研究"和"法律与社会科学研究"两者是否可以完全等同?这其实是一个值得追问的学术问题。

为什么说它是一个问题?我想举几个例子来对此加以说明。

美国"法与社会"运动的重要干将劳伦斯·M.弗里德曼教授在前几年发表了一篇英文论文,文章的题目翻译过来叫作《语境与趋同:法与社会运动述评》。在这篇述评文章里面,他以"法与社会"运动主要推动者的身份,回顾了这个学术运动在美国的发展历程,以及他自己在此过程中所做的学术研究。这篇文章首先界定了"法与社会"运动的特点。弗里德曼在文章中说,所谓的"法与社会"运动,"从本质上来讲,是用社会科学敏锐、客观的眼光看待法律现象"。他特别强调了"法与社会"运动和社会科学之间的紧密联系。但另一方面,弗里德曼还结合自己所作的具体研究,特别谈到了一些看起来似乎不那么硬"社科"的面向。他认为"社会—法律史"(socio-legal history)这一自己的主要研究领域,乃是"法与社会"研究当中一个重要,甚至必要的分支,并强调我们对过去的了解,有助于研究今天的事情。[9]

一些学员可能对弗里德曼教授不是非常了解。我想在此对他做个简单的介绍。弗里德曼的研究领域非常广泛,是美国"法与社会"运动的主要推动者之一。他一方面强调"法与社会"研究的重要性,另一方面又在他自己倾注了很多心力的一个具体研究领域——"社会—法律史"——建树多多。他担任过美国法律史学会(American Society for Legal History)的会长,也做过法与社会协会(Law and Society Association)的会长。弗里德曼的英文著述有很多,其中有不少书已经被翻译成中文在中国出版,包括《美国法律史》《二十世纪美国法律史》《碰撞:法律如何影响人的行为》《选择的共和国:法律、权威与文化》《围城之内:二十世纪美国的家庭与法律》《法律制度——从社会科学角度观察》《人权文化:一种历史和语境的研究》。其中,《碰撞:法律如何影响人的行为》[10]一书是由邱遥堃翻译,侯猛校译。这本书不是专著,而是一本大型的综述,介绍了很多可供大家参考借鉴的研究方法和研究议题。从某种意义上说,综述更容易给初学者带来许多启发并开阔视野,我推荐各位把这本书找过来看一下。此外,弗里德曼的书中最早被翻译过来的《法律制度——从社会科学角度观察》[11],是法律社会学研究领域中的经典作品之一。通过弗里德曼这个例子,我们可以看到,在以社会科学的鲜明取向为主的美国"法与社会"运动当中,其实还潜藏着"社会—法律史"这一研究领域或路数。如果我们从学术史的角度来看这段历史,那么会发现美国"法与社会"运动中与法学结盟的,并不只是有社会科学,还有历史学这样的人文学科。

给大家再举一位美国学者的例子,威斯康星大学法学院的赫斯特(James Willard Hurst)教授。赫斯特的作品目前几乎都没被翻译成中文,以至于中国法学界知道他的人还很少。历史学家韩铁教授曾写过一篇介绍赫斯特对美国法律史研究的巨大影响的文章。在那篇文章中,韩铁提到了"深受赫斯特影响的'法律和社会运动'"[12],但只是一笔带过而已,至于赫斯特对美国"法与社会"运动具体都有哪些影响,并没有进一步展开介绍。

事实上,赫斯特对美国"法与社会"运动的影响非常深远。弗里德曼便回忆说,他当年走向"法与社会"运动,跟赫斯特对他的提携和引导有密切联系。[13] 弗里德曼甚至在他 1972 年出版的《美国法律史》一书第一版的自序当中满怀感激之情地说,赫斯特对他的影响,可见之于该书的每一页当中。[14]

赫斯特被认为开启了美国法律史研究领域中的"威斯康星学派时代"。[15] 20 世纪中期,他从洛克菲勒基金会(Rockefeller Foundation)那里获得经费资助,在威斯康星大学法学院开展项目研究,并以其独特的法律史研究风格,推动了"法与社会"运动逐渐茁壮成长。在美国法学界,有学者将之称为美国法律史研究中的"赫斯特革命"(Hurstian revolution)。[16] "赫斯特革命"对美国法律史研究的最大影响,如果非常扼要地来概括,那么可以说,面对在美国法律史学界长期占据主流地位的"法律内史"(internal legal history)研究范式,他"叛逆性地"以主要倡导者和践行者的身份,大力推动了"法律外史"(external legal history)研究范式的兴起。关于"法律内史"和"法律外史"

的区别,罗伯特·W.戈登(Robert W. Gordon)在评论赫斯特的学术贡献时,曾以"法律盒子"作为比喻形容:研究"法律内史"的学者关注的是那些装在法律盒子里面的东西,无论是资料来源,还是想要描述和解释的基本问题,皆是如此,如辩护规则、法院管辖权或者共同过失原则的变化;而研究"法律外史"的学者还关注那些处于法律盒子之外非法律的广阔领域(比如政治的、经济的、宗教的、社会的领域),主要探讨的是法律盒子里面的东西与它们所置身其中的更广泛的社会之间的相互作用,尤其是法律的社会背景及其对社会的影响。[17] 就像美国"法与社会"运动的重要代表之一斯图尔特·麦考利(Stewart Macaulay)所说的那样,"无论如何,Hurst 教授以真正的经验性研究事业重塑了'美国'法律史"[18]。

我们同样还应该看到的是,"赫斯特革命"的意义和影响,并不限于美国法律史研究领域,还给美国"法与社会"运动打上了其深刻的印记。这不仅体现为赫斯特大力倡导的那种对法与社会之互动关系的关注正是"法与社会"运动最主要的方法论特点,而且还体现为他当时以学术企业家的气质,延揽和影响了许多后来成为"法与社会"运动主要干将的年轻人才(其中包括斯图尔特·麦考利、劳伦斯·M.弗里德曼等人,而这些人成为 1964 年成立的法与社会协会的骨干力量)。[19] 正如弗里德曼所强调的,"赫斯特创造的框架超越了法律史,更广泛地扩展到了法与社会"[20]。

故而可以说,美国"法与社会"运动早期的奠基及其后的发展,离不开作为法律史学家的赫斯特所做的贡献和努力。也因此,在美国今天以社会科学为主要色彩的"法与社会"研究当中,也保留有一些看起来不那么硬"社科"、而是偏人文的研究路数,刚才谈到的弗里德曼所作的"社会—法律史"就是其中的典型例子。

二、中国"社科法学"的涵盖范围

相比之下,我们再来看中国学者是如何定义"社科法学"的。陈柏峰和侯猛都各自对"社科法学"下过定义,或者对它的主要特点进行了描述。陈柏峰在一篇文章里称"社科法学力图运用社会科学的方法分析法律现象、预测法律效果"[21],而侯猛则在一篇文章里说"社科法学倡导运用社会科学的方法分析法律问题"[22]。他们的表述不完全一样,但都提到社科法学与社会科学方法联系紧密。因此,根据他们的描述,"社科法学"等于"law and social science",这么说似乎没有太大的问题。但如果再追问一下,或许就会发现并没有那么简单。

我在几年前的一个小文章里特别谈到过,今天中国法学界当中的"社科法学",其实是一面大旗,它将中国法学院里一些属于交叉学科的研究进路都涵盖在这面大旗之下,是一种"和而不同"的聚合。[23] 在这面大旗下面,主要有法律社会学、法律经济学、法律和认知科学、法律人类学,等等。我们常常也把法律与文学放到社科法学的麾下。但问题是,社会学、经济学、人类学、文学这些学科之间的差异,常常会比它们之间的共性还要多。社会学和经济学都属于典型的社会科学,但人类学到底属不属于社会科学或者人文学科,这一直以来都众说纷纭。跟社会学和经济学相比,人类学似乎并没有那么客观,人类学更喜欢谈主观性的"意义"。文学就更加不同了,它是典型的人文学科。那么,法律与文学也是主要用社会科学的研究方法来做研究的吗?比如侯猛在前面提到的那篇文章中强调,社科法学的一个特点是"注重解释因果关系"[24],但是,法律与文学很难做因果关系的探讨,人类学中对因果关系的探讨,也并不像经济学或社会学中那样客观。

到底是什么地方出了问题?我们首先要追问,"社科法学"这个词在中国法学界刚出现时,它的界定者和使用者是如何理解这个概念的。侯猛和陈柏峰,也包括我自己,都只是这个词的后来使用者。大家在使用这个词的过程中,会根据自己的理解和偏好赋予它一些新的含义。那么,我们这些人对"社科法学"一词的使用,跟最早界定这个词的学者对它的理解是不是完全一样呢?还是说我们后来在用这个词的时候,每个人都对它的含义做了一些不同的扩充或者置换?

"社科法学"这个词,最早来自苏力教授在 2001 年发表的《也许正在发生——中国当代法学发展的一个概览》一文。在这篇文章中,他把从 1978 年到 2000 年之间中国法学的主要研究范式分成了三种:一种是"社科法学";一种是"诠释法学",大致相当于我们今天很多人喜欢讲的"法教义学";还有一种是"政法法学"。我从苏力的这篇文章里选了下面这两段原话,请大家看一下:

> 大约从 90 年代中期开始,中国法学界又出现了一点新的气象。有一部分法学家,出于种种原因,不满足于对法条、概念的解释,试图探讨支撑法条背后的社会历史根据,探讨制定法在中国社会中实际运作的状况以及其构成这些状况的诸多社会条件。这一派可以暂且称之为社科学派,尽管我将在后面论及,其中的一些人实际更侧重人文,一些人更侧重社会科学,还有一部分人的研究甚至很容易与诠释法学派相混淆。[25]
>
> 社科法学的核心问题是试图发现法律或具体规则与社会生活诸多因素的相互影响和制约,它不大关心提法的正确与否,甚至不满足于是否当下有用,而是试图发现"背后"或"内在"的道理。它有某种自觉的或不自觉的理论追求、求真意声或称知识霸

权。由于其关心的不是具体的法律概念、体系和法条,它的视野实际势必有某种扩张性,而必须对制约或促成法律运作的各种社会因素有所了解,对与法律有关的某些学科的研究成果有所了解,在这一过程中,甚至不无可能形成某种从法律制度切入的一般社会理论或理论命题。[26]

在上面引用的这两段话中,我们可以发现,苏力用"社科法学"这个词来描述其指称对象时,相比于我们今天很多人对"社科法学"一词的理解都要更为宽广。苏力认为从事社科法学研究的学者里,有些是"更侧重人文"而有些是"更侧重社会科学",他并没有特别强调社科法学研究都一律使用社会科学的理论,而是声明也包括一些侧重人文的进路。

回顾20世纪90年代,可以发现一个非常有趣的学术现象。那就是当时中国的法理学或者说理论法学的研究,有很多资源和灵感都来自法律史。从某种意义上来讲,法律史构成了20世纪90年代中国的法理学或者法学理论研究发展过程当中非常重要的一条线索。20世纪90年代便从事社科法学研究的不少代表性学者,都有接受过法律史学训练的教育背景,其中就包括苏力本人。所以我接下来想和大家讨论的是:如何理解社科法学的理论资源?仅仅只有社会科学吗?还是说除社会科学外,还有人文学科的脉络及影响?

侯猛在2013年发表过一篇文章,对他的老师苏力教授作了一个评论:

> 如果以实证标准衡量苏力的研究,可以认为最好的实证研究,就是他在2000年出版的《送法下乡——中国基层司法制度研

究》。但从这以后,苏力实际上已经很少做田野调查意义上的实证研究。他的替代方案是,以超常的想象力来弥补实证经验的不足。这种想象力通过修辞、文字的张力和感染力,来打动和说服读者。在这个意义上,似乎可以说,苏力的社科法学研究,不论是法律社会学还是法律经济学,也是,或者其实都是"法律与文学"。苏力深深影响了下一代的社科法学者。他更强调问题的重要性,因为,选择什么样的方法,取决于研究什么样的问题。这也让下一代原本就缺乏社会科学专业训练的社科法学者,不太重视实证方法的学习和运用,或执着于文字修辞,或对各种方法都只是浅尝辄止。[27]

苏力后来在一篇文章里面,对侯猛的上述评论或者说批评做了回应:

> 侯猛曾经提到,目前社科法学的一个重要不足是缺乏强有力的实证研究。我认为这个问题不是很真实。[28]
> 一旦理解法学研究的这一特点,那么目前的最大的问题反倒可能是,中国学者如何运用已有的研究成果去具体分析中国的问题,只要运用得多了,中国法律人就一定会遇到并会发现新问题,就会充实、丰富和推进相关的研究成果。[29]

我的理解是,他们的上述讨论,主要涉及应当如何看待田野调查这类实证研究方法在中国社科法学研究中的作用。在这一点上,我跟侯猛的看法有些不大一样。侯猛经常会大力鼓励学生到各个地方去做田野调查,但在我看来,这首先涉及我们该如何去理解所谓的"田野"。

这里所说的"田野"一词，最初来自人类学里讲的"田野工作"（field work）。王启梁老师在前几年写过一篇文章，专门讨论了法学研究中的"田野"。[30] 其中有很多提法，我完全赞成，但也有一些提法，我不完全同意。

当我们理解何谓"田野"以及"经验研究"时，或许应当对它的范围作相对宽广的认定。到法院调研，或者到农村做驻村调查，这在今天通常都会被视作一种田野调查。但是，田野调查仅仅就等于去法院、村庄这些实体的机构和空间吗？我觉得不能狭隘地理解"田野"。以我自己的研究为例，我主要也是做经验研究的，但我的"田野"主要是在历史当中。比如当我看明清时期的地方志时，我会把它当作"田野"，尽管我不能穿越到那个时代，但我从这些地方志的描述中，也可以找到一些在场的感觉。我们当然可以强调法律的经验研究主要指的是通过亲身的实地调研去获取第一手素材，但需要注意的是，第一手素材真的必然能保证其真实性吗？它在学术研究意义上的价值，必定超越一些不是通过实地调研而是通过看文献获得的信息吗？未必。而且，并不是每个人都擅长做实地调研。能否做好实地调研，与个人的天赋和秉性有很大的关系。比如"社牛"型的同学在这方面可能会如鱼得水，但也有些同学不太擅长跟陌生人打交道，甚至"社恐"，那这类同学就不能做经验研究了吗？也未必。至少在我看来，"田野"不仅指当下实地意义上的地点与空间，还包括我们通过阅读历史文献所获得的在场感，甚至我们通过研究某些东西想象未来而获得的在场感。这样的话，我们在做研究时可用的素材，就会变得更加多元化。当然，我并不是说做社科法学研究不需要做田野调查，而是强调这种方法跟每个研究者的个人和禀赋有密切联系。如果我们对"田野"的理解相对宽广一些，那么应该能够使研究路数更多元化一些,也更有可能吸引更多有着不同的禀赋和学术爱好的人投入法律的经验研究中来。

讲了这么多,如果暂时做个归纳总结,那么可以说,无论是美国的"法与社会"运动,还是中国的"社科法学"运动,都有一个学术发展脉络先前不那么被人们注意到,那就是人文学科对法学跨学科研究的参与、启发和助益。

三、"法律与人文"在中国法学界的昙花一现

回顾中国社科法学的学术发展史,会发现有一个令人唏嘘的现象。我把它描述为"花开两朵,如今却只有一朵继续绽放"。

请大家看一下这两篇学术综述:《"法律的社会科学研究"研讨会观点综述》和《"法律与人文"研讨会综述》。[31] 前一篇是2005年5月召开的第一届法律和社会科学研讨会的综述,后一篇是2005年10月召开的法律与人文研讨会的综述。苏力最初在倡导做跨学科法学研究时有两个设想:一是推动法律和社会科学的跨学科研究,二是推动法律与人文的跨学科研究。今天,法律和社会科学研究在中国法学界不断壮大,而法律与人文的路数却在中国法学界几乎湮没无闻。法律和社会科学年会在过去的很多年里面每年都开,而法律与人文的研讨会却只在2005年开了一次。我在2007年上半年收到过第二届法律与人文研讨会的邀请函,上面说本次会议将于2007年10月在浙大召开,主题是"法律与历史"。我把参会论文写完了,但后来获知第二届法律与人文研讨会不开了。我昨天和侯猛聊天,他告诉我说,当初苏力的想法是办两个系列的会议和刊物,一个系列是法律与社会科学,另一个系列是法律与人文。但非常可惜,法律与人文研讨会在

2005 年开过一次后没能继续办下去,法律与人文的刊物更是从来没能办起来。

第一届法律与人文研讨会倒是留下了一本公开出版的论文集。[32] 这本论文集的第一编叫作"为什么'法律与人文'",第二编叫作"法律的人文精神",第三编叫作"法律与文学",第四编叫作"法律与哲学",第五编叫作"法律与史学"。我昨天重新翻看了这本论文集,坦率地说,看完后还是不大明白这本书的书名所称的"法律与人文"到底有什么与众不同的突出特点。这本书中收录的论文给我的总体印象是,把不那么"经验"和"实证"(从社会学意义上讲)的研究都放进"法律与人文"这个看似标新立异的大帽子里面。但是,换个名字就能够叫作"法律与人文"研究吗?比如,我觉得第四编的文章其实还是那种常见的法哲学研究风格。就此而言,"法律与人文"后来在中国法学界偃旗息鼓,也有它自身的内在原因——"法律与人文"研究的特点还没有在中国真正被发现和发掘出来。

"法律与人文"如果能作为一个独立的研究领域,那么它本身必须具备一些与众不同的鲜明特点,这些特点要能够使它区别于"法律和社会科学"以及其他类型的研究。可惜的是,在中国法学界,目前似乎还很难找到有着鲜明特色的"法律与人文"研究。当然不是说没有,在我看来,冯象教授的很多文章就属于比较典型的"法律与人文"研究,而不属于"法律和社会科学"研究。[33] 但有这种特点的学者及作品,目前在中国法学界还非常少。

四、英语学术界的"law and humanities"

一些学员可能会带着困惑问,什么样的研究才能称作"法律与人文"研究呢?我接下来要分享的是,相较于曾作为称呼或者口号在中国法学界昙花一现的"法律与人文",英语学术界中所说的"law and humanities"这一研究领域,又是一番什么样的学术景象?要讨论这个问题,首先得了解英语学术界中所说的"law and humanities"到底指的是何种路数的学术研究?主要有哪些代表性的学者和研究成果?

这方面,我们必须先来看《耶鲁法律与人文杂志》(*Yale Journal of Law & the Humanities*)在 1988 年创刊时,是如何定位"法律与人文"这一研究路数的。《耶鲁法律与人文杂志》创刊号上有一篇类似发刊词的短文,其中有段话说明了这个刊物的办刊宗旨:之所以创办这个刊物,是希望能够为从事法律与文化研究(legal and cultural studies)的学者们提供发表研究成果的平台,选发的论文在研究特点上将更侧重于探讨与法律相关的社会文化。除了这篇类似发刊词的短文,《耶鲁法律与人文杂志》创刊号上还有一篇由当时担任耶鲁法学院院长的卡拉布雷西(Guido Calabresi)所写的、像序或者贺词的短文,篇幅不到一整页纸。卡拉布雷西认为,这个世界并不只被社会科学和自然科学所描述和理解,而是同时也被人文学科所描述和理解。离开人文学科,人们将无法对世界有更深入、更系统的了解。因此,人文学科的视角,构成了法学研究中非常重要的组成部分。这类交叉研究不仅能够推动法学的发展,而且还能够推动人文学科的发展。或许正是卡拉布雷西这番话所透露出来的那种传承理念,使得耶鲁法学院成为美国法学院中人文气息最浓厚的法学院,在那里聚集了许多从事"law and humanities"研究且非常具有代表性的学者。

从1988年《耶鲁法律与人文杂志》创刊到30多年后的今天,"law and humanities"这一领域具体研究的都是些什么内容?具体的研究议题有哪些?代表性人物有哪些?在2009年,奥斯丁·萨拉特(Austin Sarat)与人合编出版了一本法律与人文研究导读性质的专著。[34] 三位编者为这本书合写了一篇导言,认为在过去大概20多年的时间里,跨学科研究获得越来越多的重视,而"law and humanities"正是一个相对而言不那么被关注但同样生机勃勃的领域。那这个研究领域都研究些什么呢?三位编者在那篇导读中问了一些问题:法律与人文这一领域的研究,跟法律与文学有什么区别?跟人类学有什么区别?他们还进一步追问:法律与人文的研究,对法学研究有什么启发或者知识上的增进?对人文学科来讲又有什么意义?

英语世界中"法律与人文"的研究成果,有很多至今都没被翻译成中文,或者即使被翻译成中文,但并没有在中文法学界被打上"法律与人文"的明确标签,以至于我们对"法律与人文"了解得并不多。举个例子来说,耶鲁大学法学院的保罗·卡恩(Paul W. Kahn)教授是美国"法律与人文"研究领域的领军人物之一。卡恩的不少作品已经被翻成中文,如出版过中文译本的书就有《政治神学:新主权概念四论》《当法律遇见爱:解读〈李尔王〉》《摆正自由主义的位置》,还有我自己非常喜欢的《法律的文化研究:重构法学》。我给《法律的文化研究:重构法学》一书的中译本写推荐语时,特别提到它跟我们今天中国法学界通常所说的法律文化研究并不一样。法学研究都必须去推动法律改革和法律实践吗?卡恩认为"法律的文化研究"是一种规范中立的研究。他在这本书中强调"法律的文化研究"跟是否推动法律改革没有关系,而是一种基于人文进路的研究。[35] 换句话来说,卡恩否定了法学研究都必须推动法律改革的冲动,而是强调回归到纯学术的立场。在今天中国(其实全世界都差不多)的法学研究越来越强调经世致用的现实背景下,这提示了我们一些值得深思的情况:很多东西看起来好像短期内没什么用,但从长期来讲却有着非常深刻、深远的影响。法律与人文的很多研究(如图1所示)便是如此。

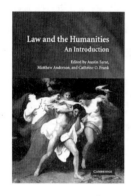

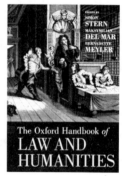

图1 "法律与人文"的相关研究成果

那这是不是说,法律与人文的研究就完全抛弃了对现实的观照,只是沉醉于在自己的书斋里面做一些形而上的、玄思的讨论呢?并非如此。法律与人文研究领域中的具体议题分布,其丰富性程度远远超乎我们许多人的想象。牛津大学出版社2020年出版了一本大部头的英文书,书名叫作《牛津法律与人文手册》(*The Oxford Handbook of Law and Humanities*)。[36] 这本书主要介绍了法律与人文领域的各种研究方法,以及一些代表性的研究成果。从这本书的内容来看,法律与人文的研究领域或者研究对象非常广泛,比如漫画、视频等都可以纳入法律与人文的研究范围。而且,这些研究并不都是与现实问题毫无关系,不是所有的研究都属于书斋式的、学究式的研究。

五、在中国如何做"法律与人文"研究

"法律与人文"作为一种方法,对我们研究中国的问题又有什么启发呢?或者说,我们可以运用"法律与人文"的一些研究方法,来研究哪些中国的问题?我给大家举几个自己思考过的例子。

第一个例子是关于历史的。1792 年,英国政府正式任命马戛尔尼(George Macartney)为使团正使,乔治·司当东(George Stanton)为使团副使,以祝贺乾隆皇帝八十大寿为名出使中国。这是西欧国家的政府首次向中国派出正式使节。1793 年 8 月,马戛尔尼一行人在海上航行了一年左右后,在天津的白河口登陆,然后前往北京。当时由于天气炎热,乾隆皇帝移驾到承德避暑。9 月 2 日,英国使团离开北京,赴承德避暑山庄晋见乾隆皇帝。9 月 13 日,英国使团抵达热河,向清政府代表和珅递交了国书,但双方就觐见乾隆皇帝时的礼仪安排问题发生争执。最终双方达成妥协,英国作为独立的国家,其使节觐见乾隆皇帝时行单膝下跪礼,不必叩头。这起事件看起来似乎跟法律没什么关系,但实际上与后来治外法权在中国的出现有非常微妙的联系,因为自从这起事件发生后,英国的许多普通大众对遥远的帝制中国形成了一种刻板印象。这种刻板印象的传播主要不是靠文字,当时很多英国人都不识字,而是通过图像传播。请大家看一下图 2。

图 2　马戛尔尼觐见乾隆皇帝场景图

这两张图描绘的都是马戛尔尼觐见乾隆皇帝时的场景。马戛尔尼使团自己带的画家因为品级不够,无法去现场觐见乾隆皇帝。左边的画是马戛尔尼使团中的画家威廉·亚历山大(Willam Alexander),根据他那些参加觐见的同事们所做的描述画出来的(现藏于大英图书馆)。右边的画则是另一位英国画家詹姆斯·吉尔雷(James Gilray)凭想象画的漫画(现藏英国国家美术馆)。我们来看一下这两幅图有什么区别。它们的场景布置基本一致,构图的很多特点也都差不多,比如两幅画的左边都是乾隆皇帝跟他的大臣们,右边都是英国使团的人,其中马戛尔尼单膝下跪。两幅画的最主要区别不在于色彩,而是画中不同人物的形象刻画。右边画中的乾隆皇帝和中国官员远比左边画中的要胖。胖往往被与懒惰,甚至腐败无能联系在一起。右边的画把清朝的皇帝和官员们都画成大胖子,想表达的恐怕是:英国这个新兴工业国家不远千里派使节去东方觐见清朝的皇帝,但清朝的皇帝却非常慵懒且傲慢。这种形象刻画对后来英国人的中国印象产生了非常微妙的影响,与学术界所称的"法律东方主义"的生成也有着密切的联系。

再给大家举几个例子。请大家看图3,图3中的四张照片是我在北京朝阳区的东岳庙拍的。东岳庙的瞻岱门上有一副楹联:"阳世奸雄违天害理皆由己,阴司报应古往今来放过谁"。照片中这副楹联展现的报应观念,对人们的法律意识恐怕会有非常微妙的影响。当然,东岳庙里透露这种报应观念的,不是只有这副楹联,还有东岳大帝下辖的地府七十六司的塑像。

图 3　北京东岳庙(尤陈俊摄于 2019 年 4 月)

图 4 中的四张照片,是我在重庆市大足区拍的大足石刻。这些石刻在山崖上,有些是宋代的,有些是明代的,许多都展现了地狱审判的场景。在中国古代,民众识字率很低,他们对法律的感知或者服从意识的塑造,许多时候都并非靠文字,而是通过视觉艺术。这些展现地狱审判场景的石刻,实际上构成了一种"威慑艺术",与法律意识的生成联系紧密。人类学家王铭铭教授曾经写过一篇文章专门讨论法与"威慑艺术"之间的关系[37],中国法学界还很少有人关注过这个问题。

我自己在前几年发表过一篇论文,讨论了报应观念在中国古代社会中的重要影响,其中也谈道:"地狱审判的信仰不仅通过经书而传播,而且还以绢画、卷轴、壁画、插图、石刻造像等其他载体更为形象地展示给世人,那些描绘血腥恐怖的地狱行刑诸相的画面,给人以视觉上的强烈刺激,充分发挥着'威慑艺术'之直击人心的独特作用。"[38]

图4 重庆大足石刻(尤陈俊摄于2014年11月)

有些学员可能会认为我刚才所讲的东西与当下中国法治实践并无关系,只不过是研究者在书斋里自娱自乐而已,没什么现实意义。接下来,我想给大家讲一些比较有现实之"用"的法律与人文研究。

在座的各位应该都对微信表情包很熟悉,但你们都非常清楚和了解每一个表情包具体表达的确切含义吗?有没有误用过?我在网上看到过一张非常有趣的图,说的是有位刚刚考上研究生的同学,发微信联系自己的导师说,"老师好,我是您的学生"。导师随后给他回复了一个看上去像是微笑的表情包。如果你是这位同学,你认为老师给你回的这个表情是什么意思?也许在那位老师看来,这个表情包是打招呼的意思。但许多年轻同学看到这个表情包时,会认为这是"我不想跟你再说下去了"的意思。有人说使用微信表情包时,常常会在不知觉间触碰到某些雷区,比如一些老师觉得是代表微笑和鼓励的表情包,很多年轻同学却认为代表的是尬笑。那么,这跟法律与人文研究又有什么联系呢?它们是有联系的,因为我们对不同表情包的不同理解,有时也可能会成为法律问题,比如,你回复的表情包是否可以在法律意义上视为你表示同意。目前在中国司法实践中,已经出现了不少由于表情包使用不当导致纠纷的案例。这就涉及我们如何理解如今越来越常用的各种表情包在不同文化情境中的含义,以及不同的人对其的不同理解可能引发的法律后果。

最后再给大家举一个例子。不知道大家是否看过一部叫《刮痧》的电影?这部2001年上映的电影所讲述的故事,可以说反映出了全球化背景下文化冲突与法律之间的复杂关系。在这部电影里,一对华人夫妻移民到美国定居,在那里打拼了多年后,终于有了自己成功的事业。在美国与他们住在一起的,有5岁的儿子和这个小男孩的爷爷。有一天小男孩肚子不舒服,看不懂美国药品外包装上的英文说明的爷爷,就自己用在中国民间流传了上千年的刮痧疗法给孙子治病。几天后小男孩因不小心走路摔倒,磕到了脑袋。小男孩被父亲送至医院检查时,医生看到小男孩背上有一片片紫红色的"瘀伤",怀疑小男孩受到了严重虐待,于是报告给了美国当地的儿童福利署。美国当地的儿童福利署不仅对小男孩实行暂时的监护,而且还将小男孩的父母告到法院,指控这对华人夫妻虐待自己的孩子。那对华人夫妻因此被卷入一场非常麻烦和令人痛苦的官司。电影中的这种文化冲突,直指法律与人文研究领域中的一个重要议题——"文化辩护"(Cultural Defense)。

所谓"文化辩护"的争议,通俗来说,是指某种行为在有些文化里完全被视为正常或者是可以容忍的,但在另一种文化中却被认为是违法行为的情况下,能否以被告人的文化背景差异作为主张应当对其减轻乃至免除刑事责任的有效理由。电影《刮痧》就提供了这方面的一个非常有意思的例子。在今天这个全球化的时代,跨国人员流动越来越频繁,伴随着不同文化间越来越频繁地交流与碰撞,文化冲突的问题有时也就会带来法律上的问题。比如中国传统文化认可"子不教,父之过",父母对孩子当然拥有惩戒权,而在现代西方文化里,父母体罚孩子往往会被视为违法行为。再比如一些中国人移民到美国生活后,习惯将自己的内衣内裤晾晒在自家的露天阳台上。这在中国的许多地方是很寻常的事情,但在美国却很可能会被他的邻居给告了。也就是说,某种行为在一个文化里是习以为常的,但在另一个文化里却可能会被认为是违法,甚至是犯罪行为。在这种背景下,对不同文化的理解,也就与诉讼策略和司法裁判有了密切联系,涉及我刚才提到的"文化辩护"问题。有一些中国学者研究过美国刑事司法领域的"文化辩护",但在中国自身的多元文化背景下,如何看待此种理论在我国司法实践中的应用,并获得启发方面,我们还做得远远不够。[39]

通过上面举的这些例子,我们可以看到,法律与人文的研究并不一定只是纯粹书斋里的研究。此方面的不少研究既带有很强的学术性,同时也能够帮助我们应对一些现实的法律问题。

六、一个心愿

最后回到我今天讲的题目上来,如何做法律与人文研究。"法律与人文"这个研究领域其实是非常宽广的。当我们这些人今天在中国法学界不断推动法律和社会科学研究的同时,我一直以来还有另一个心愿,那就是希望中国的法律与人文研究也能够逐渐成长起来。法律与人文的研究不仅能够给传统的法学提供有益的启发,也能够与法律和社会科学的研究形成某种意义上的互补。

对话与问答

孙少石 非常感谢尤老师从一个比较学理性的角度,给我们呈现了法律和社会科学、法律与人文之间的一些问题。这里我想用自己的亲身经验回应刚才尤老师讲演的关键词:社科与人文。

2013年,我当时还在中国人民大学读硕士二年级,在尤老师的推荐下参加了第一届社科法学研习营。当时尤老师其实不是我的导师,正是在那届社科法学研习营里面,我认识了我后来的博士生导师陈柏峰教授,以及同为学员的刘磊和于龙刚。作为一个深度参与的观察者,我也部分见证了社科法学作为知识运动是如何在法学院学生群体当中扩大影响力的。这当中有许多问题值得关注:如何在社会现象层面去把握社科法学?"社科法学连线"并非实体的研究机构,而是散落在各个法学院的松散的学术联盟,这个关系是如何搭建起来的?这种搭建的过程反映了当下知识生产哪些新的特点或要求?支撑它发展的因素是什么？制约因素又是什么？在社科法学之外，知识领域还涌现了哪些新的现象？这些现象无疑也是中国社会的组成部分，它们整体反映了中国社会的哪些变化？等等。怎么切入这些问题，也许绕不开社会学、组织学、管理学等社会科学。但把这个问题提出来，必然也必定建立在对人——这个"人"可能就是我们的老师、同门、同事、学生，包括我们自己——关心的基础之上，关心这些学者的人生经历、思想历程，甚至他们的一些在常人眼里古怪的言谈举止。自觉意识到结构性叙事的背后是一个个具体的人的喜怒哀乐，这难道不是一种人文素养吗？所以，在我看来，社科也好，人文也罢，不管是在它们内部，还是它们相互之间，都谈不上界限分明，而只是在分析具体问题时显露的视角、气质不同。在一个研究里，它们完全可能并存。

相类似的问题，还体现在"田野"上。我对"田野"的理解比尤老师更开放：但凡想让自己的研究言之有物的，都会遭遇"田野"的纠缠。所以，"田野"与哪一个学科无关，而与学者的选择有关。那么，学者的选择究竟是如何塑造"田野"的呢？最直接也是最浅显的，当然是研究的议题。如果我要研究当代基层政府的执法生态，那么很显然，应当直奔一个乡镇的政府部门做一些实地走访。同样的道理，如果我要研究的是中国古代的司法运作，那么司法档案就成为我的"田野"。这种"田野"的重要性不言而喻，特别是对于今天普遍"十指不沾阳春水"的学者来说，这几乎是他们深入触碰现实——古代的现实也是现实——的唯一通道。但一个研究到底是什么，其实又不只是被议题界定的（否则撞车的就太多了），而是在研究过程中，根据掌握信息的情况与研究者思路的发展携手刻画出来的。也就是说，虽然我可能身在派出所与一个辅警访谈，但这不妨碍我理解了《爪牙》一书中描述的衙役[40]，反过来说，尽管我是通过读论文了解到

"官吏分途"这个概念[41],但这个概念却可能帮助我从历史维度更深刻地理解今天依然广泛存在的"临时工"现象。从这一点来说,"田野"也没有明确的形态,它不是具体的场所或过程,而是一种将自己的周围世界在思想上组织、整合的方式。

说这些,集中到一点,重要的是去做研究,赤膊上阵地做研究,而不是在沙盘上推演或复盘做研究的过程。能不能遇到一个让你茶饭不思的问题,或是揭示一个让你激动的发现,这才是做研究有意思的地方。我举一个例子,2010年,北大获赠了一批秦简,随即开始组织展开整理工作。在工作人员中,一个叫孙沛阳的人发现了一件事情——在这些秦简的背后有许多刻痕与墨线,而且都是斜着的。如果对竹简稍微有所了解,那么就知道编连散开竹简整理起来极其麻烦。光是解读上面的字都忙不过来,谁还会关心背后的斜线?但孙沛阳偏偏不走寻常路。他查阅了其他资料,在更多竹简背后发现了同样的现象。这说明上述斜线的存在很可能不是个例,而是当时社会的一种习惯,也就是制度性举措。但这针对的是什么日常问题呢?孙沛阳大胆地提出如下猜测:这个划线相当于今天的页码。因为竹简是用编绳串着的,而时间一长,绳子就坏了,绳子一坏,竹简就乱套了,那怎么读呢?为了有效率地解决这个问题,古人想出的办法是把竹简翻过来,用刀从左上向右下划一道斜线。因为斜率的存在,使得这条线在每一枚竹简上的具体位置都是不同的,这就解决了辨认竹简前后顺序的问题。孙沛阳后来写了一篇文章,题目叫作《简册背划线初探》[42]。这个故事是我在西政的同事秦涛讲给我听的。我当时一听真是头皮发麻,为洞见而战栗。各位觉得这是什么研究?社科的,还是人文的?又是基于什么"田野"?有形的"田野",还是无形的"田野"?这是有意思的研究。

所以,还是先找到自己感兴趣的问题,不在于这个问题应不应当研究,而仅仅是基于你自己的知识偏好,不论社科还是人文,只要你觉得值得研究,先做起来。"草鞋没样,边打边像",从个案开始,从讲好一个故事开始,从表达一个你想明白的观点开始。看看这次研习营"学做法社科"的题眼——"学做",它让我们联想到"学做饭""学做菜""学做工"。做研究也是一门手艺,做多了,手就顺了。

缪因知 作为主持人,我想请侯猛老师谈一下法律与人文研究在国内为什么没有发展起来。

侯 猛 我不仅是法律和社会科学研究发展的亲历者,也是法律与人文研究没有发展起来的见证者。我博士毕业后在中国社会科学杂志社工作。有一次在苏力老师的办公室,他向我提出可以组织两个会议,即"法律和社会科学"年会、"法律与人文"年会。在我的积极推动下,2005年5月、10月,这两个会议都召开了。苏力在当年5月召开的"法律和社会科学"会议上,还进一步提出了办刊物的设想。当年8月30日,《法律和社会科学》正式开始启动,并于第二年的5月出版了创刊号。

"法律与人文"会议没能继续办下去,与我在2006年5月离开中国社会科学杂志社还是有些关系的。这一年我的人事关系转入北大社会学系,从事与人类学有关的博士后研究工作,同时也促成了"法学与人类学的对话——法律和社会科学第二届年会"的召开。而《法律和社会科学》虽然是苏力提议创办并亲自担任主编(这在当时非常重要),但我亲历了所有的过程,这份刊物成为我的热爱和坚持,至今还在办。我的体会是,如果不投入巨大的精力,那么办年会和办刊物是不可能持续下去的。事实就是如此,我去北大做博士后以后,很难拿出更多精力再办另一个会议、另一份刊物，更何况我自己的研究优势也不在法律与人文。没有人张罗，这事也就黄了。我之所以旧事重提，也是希望如果在座的年轻学人有愿意来办"法律与人文"年会、办《法律与人文》杂志的，我乐意给予更多的支持。大家一起把这个事情做起来。

从研究领域来讲，社科法学基本上分成人文、社科和自科（自然科学）三大类，法律跟这三个大类都有交叉。目前社科法学的主体部分是比较强调客观的社会科学，但既往人文方向延伸，也往自然科学方向延伸。也就是说，我们可以运用社会科学研究法律与人文、法律与自然科学的议题。尤陈俊老师提到法律与人文的美国传统更多的是文化研究。法律人类学主要就是做文化研究，比较强调理解，在这个意义上，社科法学将法律人类学纳入其中，也是观照到了法律与人文。当然，从知识分类来讲，分类越细越好。法律与人文能够单独成一块最好，但在目前研究力量不足、规模不够大的形势下，放在社科法学的大旗下进行研究也可以。所以，目前也不必刻意追求让法律与人文从社科法学独立出去。

最后，我看到有同学提问，做法社科到底是回应法学的问题还是社会科学的问题？这个问题我之前想了很久。我们做法社科，首先，甚至更多的是跟法学学者进行对话。你可能会觉得这样格局太小，但目前的研究格局就是如此，其研究总体上还达不到与社会科学学者进行对话的水平。可能大学者，比如苏力老师这样的学者，可以直接跟社会科学的学者对话。

缪因知 我也向尤老师提一个问题。刚才你提到田野调查的问题。我有点赞同你的看法，传统人类学式田野调查方法起源于对没有文字记载的边缘文明社会非主流群体的研究，相关文字资料记载比较少,只能去田野调查。现在有大量文字记载,确实可以用现有文字资料进行研究,特别是一些专业媒体人士或者经过社会学训练的人士提供的材料。除非我的访谈水平比较高,能问出别人问不出的问题,否则二手资料有可能比一手资料更加靠谱一点。包括也有同学提到他自己的亲身经历,两次访谈,干部在或不在时,村民说的就不一样,所以他也不知道该怎么处理访谈资料。

提　问　做田野调查时,怎么识别被访谈人是否在说谎?

尤陈俊　对于识别说谎的问题,我实际上也没有很好的办法,但有个"不是办法的办法"——不妨多问问。人类学意义的田野调查,不是我们今天一些所谓的调查所能够相比的,因为它有时间长度的要求。比如,你找一个陌生人访谈半小时,得到的很有可能只是一些冠冕堂皇的、很空的信息。但是,如果你接下来要跟那个人一起生活半年,我想他就装不下去了,会"原形毕露",很多东西无法再刻意掩饰。因此,时间长度对田野调查能否获取可靠的信息而言是特别重要的。当然,有些人可能天生比较敏锐,或者生活经验比较丰富,能听出哪些话不大靠谱,但有些人可能不大具备这方面的敏感性。调查者的禀赋差异会直接影响到对所获得信息的判断。此外,社会阅历多了之后,也更容易去识别对方说的到底有几分真、几分假。

提　问　怎样看待田野调查所获得的资料的学术价值?

尤陈俊　对于田野资料的学术价值问题,我刚才注意到有同学在研习营学员微信群中说,"文本未必不如田野靠谱"这种说法是一种缺乏生活质感的认知,可能有很多接受过社会学训练的人也会这么认为。但是,最丰富的"经验",难道不就是历史时空中长期沉淀下来的东西吗？而那些沉淀下来的东西，不仅可以通过实地口述的方式呈现，也能够通过文字的方式呈现。从我的经验来说，在文本中获得的信息，确实不能保证其完全真实。有些文本会作假，甚至一些档案的记载也会作假。但是，如果把不同材料放在一起进行对勘，那么就会形成证据法意义上的证据链，就能对不同文本提供的信息真假程度加以判断。

当然，这也跟个人的禀赋有关。有些人看文字材料完全没感觉，但是特别喜欢跟人聊天，对现场人际交流中获得的信息更敏感。有些人看文字材料会很敏锐，不仅能够看出某个文字记述的真假，而且还能看到隐藏在文本背后的一些东西。因此，很难说通过田野调查获得的信息和通过阅读文献获得的信息哪个天然就更靠谱，关键还在于研究者本身的禀赋和研究能力。

提　问　地方志中的素材该怎么去理解？

尤陈俊　我从来不认为仅凭地方志的素材就能够获取对过去事实完全真实的认知。从我的经验来讲，对任何一种类型的材料，都不要完全相信它，而是需要把不同类型的材料放在一起相互对比，看看它们之间有哪些是吻合的，有哪些是相互抵触的。通过对那些相互抵触、相互矛盾的地方进行不断追问，才有可能无限接近真实。因此，从这个意义上讲，做访谈也好，看文字材料也罢，都不可能获得百分百的客观真实，只能是无限接近。

当然，这并不意味着通过田野调查、访谈获取材料的研究路数是不重要的。每一种研究的路数都有自己的优点和缺点，每个人都会有自己的偏好，不能说某种方法就是最正宗、最靠谱的研究方法。你可能惯于使用某一种武器，但你一定要明白，这种武器同样有利有弊，你需要了解它的弊端在什么地方，我们该如何去弥补这种弊端，那样才能够让你在使用自己最习惯采用的研究方法时，获得更好的效果。

提　问　"法律与人文"和"法律和社会科学"之间的差异，是否有必要去强调？

尤陈俊　有的学者会认为没有必要刻意强调"法律与人文"和"法律和社会科学"之间的区分。我觉得还是需要看到二者的区别和进行这种区分的意义。如果我们一味用打太极的方式说不能二分，说要看到统一，那么这很可能会变成一种庸俗的辩证法。我之所以强调两者之间的区别，主要是想提醒各位注意：使用不同的理论资源研究问题时会存在差异，而这种差异会给彼此带来启发。因此，我刚才明确讲"法律和社会科学"跟"法律与人文"存在互补，但互补的前提是两者存在区别。

这种区别体现在什么地方呢？这是一个众说纷纭的话题。有的学者认为"法律与人文"更多是理论面向的，"法律和社会科学"则更多是经验面向的。这种回答，依然不能够令人满意。难道经验面向的东西就不需要有理论吗？当然，你也可以说理论和经验不能够割裂开来看待。但是它们本身的确是两个不同的东西。我这么说主要不是为了批评这种圆滑的说法，而是想提醒：我们做研究时，需要注意到不同的研究方法和进路的区别在什么地方，在这个认识基础之上，才有可能再去谈它们之间互相的启发性。

提　问　如何理解法律与人文中的"人文"，它强调的是否是价值层面？

尤陈俊　从某种意义上来说，这种说法大体成立。人文确实更偏向价值，不过也不完全如此。今天许多中国学者可能把"人文"更多理解为"人文精神",或者把它理解为"人文素养"。但这样的理解可能比较狭隘。我认为应该回归到中国传统对"文化"这个词的理解上去,即"文化"就是"观乎人文,以化成天下"。

因此,法律与人文主要谈的是诸如熏陶、涵化等意义上的影响,这种影响不是那种因果意义上的影响,而是价值层面、认知层面上的影响。它跟法律和社会科学最大的区别或许在于,那些"硬"的社会科学方法,比如定量研究,通常将所有的行为主体都处理成大写的人,处理成没有喜怒哀乐的符号意义上的人。包括法学当中讲的自然人、无民事行为能力人等,也都是大写的人。当然,这在某种意义上讲是一种不得已的类型化处理方式。但是,就我自己的研究兴趣而言,我更希望看到的是这个社会当中的芸芸众生,是每个不同的活生生的人的感受和喜怒哀乐。这是我更加倾向于"法律与人文"这一进路的主要原因。我不是说"法律和社会科学"的进路不重要,而是说"法律和社会科学"的进路也是有缺陷的,它的有些缺陷可以通过"法律与人文"的研究去弥补。

提　问　法律与人文追求的是什么?是现象分析,还是感性描述?

尤陈俊　法律与人文同样也是一面大旗,在这面大旗下有很多分支。有些可能比较偏主观感受,有些比较偏对现象的分析。有一类研究,今天中国法学界还很少有人去做,但蛮有意思。它属于宏观意义上所讲的"法律与人文"。比如 B 站弹幕,也可以构成我们的研究对象,因为它恰恰展示了观看者的即时反应,是比较真实的感受。从某种意义来讲,它比你通过访谈所获得的许多信息都更为真实。比如说 B 站播放一个跟法律相关的视频,用户在匿名状态下,很可能会把自己真实的看法通过弹幕的方式发出来。但如果你去面对面访谈这位用户,他可能只是跟你讲一些在他看来摆到台面上来完全不会给他惹麻烦的话,或者配合你讲一些他认为你希望听到的话,而这恰恰涉及"法律与人文"的研究。同时,电子游戏里面也有很多东西是与法律相关的,但是我们以往的研究很少去关注这些东西。

提　问　文史哲这些学科跟法学、社会科学乃至自然科学有比较大的区别,如何理解文史哲呢?

尤陈俊　文史哲跟法学、社会科学乃至自然科学,的确有比较大的区别,但今天做跨学科研究,恰恰是需要打通这些区隔,打通当下整个教育体制所造成的某种意义上的这种人为障碍,尤其是法学这套教育体制。这几年,中国法学界的很多人都在强调法学的自主性。这没有太大的问题。但是,这会不会也在某种意义上导致了法学和其他学科交流沟通的壁垒越来越高,甚至有相互隔绝的趋势?很多现实问题需要多学科的知识来共同理解。当然,每个人有自己不同的教育背景和知识偏好,切入思考的角度各有不同,但是一定不要认为自己的这种倾向和思考角度才是最正宗,或者是独一无二的正确的。

法学研究不应该是一种完全被科学化的状态。科学化可能满足了法律应用的便利,但同时也可能会造成思考的懒惰。我平时不太愿意去读过于技术化的法学著作,而是更喜欢去读那些能够给我带来启发、加深我对法律现象的认识的作品,包括法学之外其他学科的作品。这是至少一部分法学研究者应该去做的事情,有了比较强的好奇心和求知欲,才能推进法学学科的知识不断创新。如果法学知识变成像麦当劳卖的东西那样,成为完全统一标准化的生产品,那么这个学科的发展就会陷入停滞,很难在整个知识共同体中赢得其他学科足够的尊重。从某种意义上讲,今天的法学似乎正面临这种状况。我们从其他学科获得了很多启发,但是法学对社会学、经济学乃至文学和史学又有什么启发,或者法学能反哺给它们什么理论呢?我们还很难自信地回答这些问题。有人可能会说,法学本身特别注重实践理性,所以主要服务于现实。你当然可以对法学做这样的定位,但是这样的定位跟一门学问是有距离的。技术和学问毕竟不同。法学也需要有些人去做基础性的理论研究,不断地把这个学科最底部的一些东西向外延伸、向深推进,加强跟其他学科的联系,这样才能使它在整个知识共同体里因为相互提供启发而受到真正的尊重。这也是我今天选择讲这个题目最主要的原因。

延伸阅读

1. [美]保罗·卡恩:《法律的文化研究:重构法学》,康向宇译,刘晗校,中国政法大学出版社 2018 年版。

2. 王铭铭:《威慑艺术:形象、仪式与"法"》,载《民间文化论坛》2006 年第 4 期。

3. Calvin Morrill, Lauren B. Edelman, Yan Fang, and Rosann Greenspan, Conversations in Law and Society: Oral Histories of the Emergence and Transformation of the Movement, *Annual Review of Law and Social Science*, Vol. 16, 2020, pp. 1-20.

4. Austin Sarat, Matthew Anderson, Cathrine O. Frank, eds., *Law and the Humanities: An Introduction*, Cambridge University Press, 2009.

5. Simon Stern, Maksymilian Del Mar, Bernadette Meyler, eds., *The Oxford Handbook of Law and Humanities*, Oxford University Press, 2020.

注　释

1. See Lawrence M. Friedman, The Law and Society Movement, *Stanford Law Review*, Vol. 38, 1986, pp. 763-780.

2. See David M. Trubek, Back to the Future: The Short, Happy Life of the Law and Society Movement, *Florida State University Law Review*, Vol. 18, 1990, pp. 1-56.

3. See Richard L. Abel, Law and Society: Project and Practice, *Annual Review of Law and Social Science*, Vol. 6, 2010, pp. 1-23.

4. See Daniel Blocq and Maartje van der Woude, Making Sense of the Law and Society Movement, *Erasmus Law Review*, Vol. 11, 2018, pp. 134-141.

5. 参见季卫东:《从边缘到中心:20 世纪美国的"法与社会"研究运动》,载《北大法律评论》第 2 卷第 2 辑,法律出版社 1999 年版,第 546—578 页。

6. 参见刘思达:《美国"法律与社会运动"的兴起与批判——兼议中国社科法学的未来走向》,载《交大法学》2016 年第 1 期。

7. 同上注。

8. 季卫东:《从边缘到中心:20 世纪美国的"法与社会"研究运动》,载《北大法律评论》第 2 卷第 2 辑,法律出版社 1999 年版,第 546—578 页。

9. See Lawrence M. Friedman, Context and Convergence: Some Remarks on the Law and Society Movement, *Law in Context: A Socio-Legal Journal*, Vol. 36, 2019, pp.12-20.

10. [美]劳伦斯·弗里德曼:《碰撞:法律如何影响人的行为》,邱遥堃译,侯猛校,中国民主法制出版社 2021 年版。

11. [美]劳伦斯·M. 弗里德曼:《法律制度:从社会科学角度观察》,李琼英、林欣译,中国政法大学出版社 2004 年版。

12. 韩铁:《美国法律史研究领域的"赫斯特革命"》,载《史学月刊》2003年第 8 期。

13. See Calvin Morrill, Lauren B. Edelman, Yan Fang, and Rosann Greenspan, Conversations in Law and Society: Oral Histories of the Emergence and Transformation of the Movement, *Annual Review of Law and Social Science,* Vol. 16, 2020, p. 11.

14. See Lawrence M. Friedman, *A History of American Law,* 2nd Edition, New York: Simon & Schuster, 1985, preface, p. 13.

15. 参见[美]劳伦斯·M. 弗里德曼:《美国法律史的过去与现状》,同心译,载《法学译丛》1986 年第 2 期。刘丽君在 1987 年发表于《法学》的一篇文章中,对赫斯特、弗里德曼等人所代表的"威斯康星学派"有非常简要的介绍,参见刘丽君:《美国法律史学家的沉思——威斯康星(Wisconsin School)学派简介》,载《法学》1987 年第 6 期。

16. See Ron Harris, The Encounters of Economic History and Legal History, *Law and History Review,* Vol. 21, 2003, pp. 297-346.

17. See Robert W. Gordon, Introduction: J. Willard Hurst and the Common Law Tradition in American Legal Historiography, *Law and Society Review,* Vol. 10, 1975, pp.10-12.

18. [美]斯图尔特·麦考利:《新老法律现实主义:"今非昔比"》,范愉译,载《政法论坛》2006 年第 4 期。

19. Bryant G. Garth, James Willard Hurst as Entrepreneur for the Field of Law and Social Science, *Law and History Review,* Vol. 18, 2000, pp. 37-58.

20. Calvin Morrill, Lauren B. Edelman, Yan Fang, and Rosann Greenspan, Conversations in Law and Society: Oral Histories of the Emergence and Transformation of the Movement, *Annual Review of Law and Social Science,* Vol. 16, 2020, p. 11. 这篇文章中还提及劳伦斯·M. 弗里德曼在接受访谈时说道,赫斯

特影响了一整代的美国法律史研究者,但或许更重要的是,赫斯特影响了像斯图尔特·麦考利这样对"对法与社会之间的联系感兴趣但当时还不知道该如何称呼它"的许多年轻学者。

21. 陈柏峰:《社科法学及其功用》,载《法商研究》2014年第5期。

22. 侯猛:《社科法学的传统与挑战》,载《法商研究》2014年第5期。

23. 参见尤陈俊:《社科法学的成长与发展》,载《南开法律评论》第10辑,南开大学出版社2015年版,第9—10页。

24. 参见侯猛:《社科法学的传统与挑战》,载《法商研究》2014年第5期。

25. 苏力:《也许正在发生——中国当代法学发展的一个概览》,载《比较法研究》2001年第3期。

26. 同上注。

27. 侯猛:《社科法学的跨界格局与实证前景》,载《法学》2013年第4期。

28. 苏力:《中国法学研究格局中的社科法学——中国法学研究格局的流变》,载《法商研究》2014年第5期。

29. 同上注。

30. 参见王启梁:《法学研究的"田野"——兼对法律理论有效性与实践性的反思》,载《法制与社会发展》2017年第2期。

31. 参见侯猛、胡凌、李晟:《"法律的社会科学研究"研讨会观点综述》,载《法学》2005年第10期;侯猛、杜宣磊:《"法律与人文"研讨会综述》,载《华东政法学院学报》2006年第1期。

32. 参见林来梵主编:《法律与人文》,法律出版社2007年版。

33. 例如,冯象:《政法笔记》(增订版),北京大学出版社2012年版;冯象:《木腿正义》(增订版),北京大学出版社2007年版。

34. Austin Sarat, Matthew Anderson, Cathrine O. Frank, eds., *Law and the Humanities: An Introduction*, Cambridge University Press, 2009.

35. [美]保罗·卡恩:《法律的文化研究:重构法学》,康向宇译,刘晗校,中国政法大学出版社 2018 年版。

36. See Simon Stern, Maksymilian Del Mar, Bernadette Meyler, eds., *The Oxford Handbook of Law and Humanities*, Oxford University Press, 2020.

37. 参见王铭铭:《威慑艺术:形象、仪式与"法"》,载《民间文化论坛》2006 年第 4 期。

38. 尤陈俊:《"讼师恶报"话语模式的力量及其复合功能》,载《学术月刊》2019 年第 3 期。

39. 例如,陈磊:《美国刑法中的文化辩护研究》,载《中国刑事法杂志》2009 年第 9 期;卜亚琼:《文化辩护在刑事司法中适用情况的实证研究——以青海省为例》,载《福建警察学院学报》2014 年第 2 期;卜亚琼:《论文化辩护之提倡——以个案分析为视角》,载《青藏高原论坛》2014 年第 4 期;赖早兴:《美国刑法中的文化辩护及其启示》,载《现代法学》2016 年第 3 期;张剑源:《刑事司法中的"文化抗辩"》,载苏力主编:《法律和社会科学》第 17 卷第 2 辑,法律出版社 2018 年版,第 144—169 页;田艳、江婉:《文化辩护理论在司法审判中的运用》,载《中南民族大学学报(人文社会科学版)》2019 年第 6 期;李亚龙:《"文化辩护"中国化的路径探索》,载《社会科学动态》2021 年第 4 期。

40. 参见[美]白德瑞:《爪牙:清代县衙的书吏与差役》,尤陈俊、赖骏楠译,广西师范大学出版社 2021 年版。

41. 参见周雪光:《从"官吏分途"到"层级分流":帝国逻辑下的中国官僚人事制度》,载《社会》2016 年第 1 期。

42. 参见孙沛阳:《简册背划线初探》,载刘钊主编,复旦大学出土文献与古文字研究中心编:《出土文献与古文字研究(第四辑)》,上海古籍出版社 2011 年版,第 449—462 页。

第二编 方法

LAW AND
SOCIAL SCIENCE

第四章
法律经验研究的过程

陈柏峰

今天我来给大家讲基于田野调研的法律经验研究。之前我写过五六篇这方面的文章,比较细致地总结了这种研究方法。当然,这些文章是不同时期从不同角度写的,处在不同的问题意识之下,关注点也不太相同。就这个主题,我大体讲四个要点。

我们可以讨论田野调研方法,但田野调研的方法也许不是最重要的。去了"田野"以后,就会自然地想办法找需要的材料。毛泽东主席从来没学过社会学,他可以去调查农民、调查农村。我也看过一些讨论田野方法的文章,写得非常哲理化,这不一定可取,越是哲理化,越容易让人怀疑作者有没有掌握田野调研的技巧。

我讨论调研方法的文章是对自己切身研究体会的总结。但是,把它和经典的社会调研方法比较,很多东西有类似之处。比如,跟人类学方法、跟社会学的质性方法,尤其是看扎根理论时,就会觉得很类似。它讲的很多东西,我平常就是那样用的,只不过没有那么理论化。所以说,这些方法是从哪里来的?真不好说。2014年,在我们学校(中南财经政法大学)召开了"社科法学与法教义学的对话"会议[1],为了参加那次会议,我写了一篇文章。后来我的好几篇文章,都是自觉去写的。这个自觉来自哪里?就是法律社会学的方法,其中有来自对苏力的反思。

苏力写过方法,比如"语境论"[2]。但苏力写的语境论,有两个问题:第一,他要借助婚姻制度的案例去说,那如果把案例抽离、不借助任何素材,能不能单独地说方法?这就会有挑战。第二,这个方法是否具有可传承性?前几天侯猛也讲到,苏力有很多特殊的东西,甚至每一代人都有很多特殊的东西,是后一代人很难学习的。那一代人的特质源于上山下乡、源于对周围社区的体会、源于少年时期对世界与人生的深入思考,这些特质,我们这一代人较为缺乏,下一代很多学生更没有。

当然,我们这一代人可能在少年时期还曾经"野"过。小时候对自己的社区会有认识,下一代人连"野"都没有"野"过,这就是现在小孩的成长环境。虽然每一代人都不一样,但总体来说,苏力那代人对社会的环境的理解比我们要好。其实,我想说的是,除了这些有特色的因素,有没有一种方法是可以传承的?这种传承意味着我们只要有中等素养、中等资质的学生,就可以去做研究,把研究做好。如果都指望天才、指望悟性特别高的学生,那传承就很难说了。我们当然希望同学们,也希望自己属于悟性高的,但是悟性高者在人群中的分布肯定是有限的。教育制度、研究方法就是要让人通过努力来实现某种目标、写出论文。这也是我进行田野调研方法总结的一个背景。

从传承来说,还是需要比较严肃地去讨论田野调研方法,这是方法论的自觉。上半年,我把相关的七篇文章又看了一遍,把它们稍微汇成一本小书,大概十三四万字,准备以《法律的经验研究方法》为名出版(社会科学文献出版社2024年版)。这些文章中,《法律经验研究的微观过程和理论创造》是我自己比较满意的作品。不过,很多同学如果没有经验、没有去做过"田野",读的时候不会有这样的体会,这是一个矛盾的地方,也是方法很难通过文字传播的原因吧。总之,如果有体验,那去读就会觉得很有意思;如果没有体验,可能就很难把握方法讨论的内涵。

另外，社科法学没有统一的方法论，这是没有办法的事情，很难统一、也不需要统一。我们在方法不统一的社科法学旗下，有很多特色方法，我们要能讲得清这些方法。以上算一个导语，给大家讲了我对经验研究方法论的思考。接下来准备讲以下四个方面的问题。

一、经验研究的目标

先说经验研究的目标。法学的研究在某种意义上都是现实问题，只是在现实性上有强弱的区分而已。现实问题就是真实世界里发生的问题，比如法院的管理问题、案多人少问题、法院和检察院的关系问题，这些都是现实法治实践中的问题。研究这些问题的前提，是必须知道相关现象。如果连现象本身都不知道，怎么去做研究？

说实话，有一些现实问题的领域，如果我听别人讨论，也能够分析是否靠谱，但让我做相关研究，会觉得很困难，毕竟没有深入做过调研。当然，如果现在没办法去做调研，也可以先接触经验素材，看看能不能从中找到灵感。如果又不能去"田野"、又不接触经验素材，那现实问题就没办法研究。虽然也可以拼凑，但拼凑出来的成果，可能作者自己都不信。

我记得2016年写的《法律经验研究的机制分析方法》[3]，最早是一个演讲的录音，然后在录音的基础上改成了文章。录音之前我也没多想，只理了个提纲就去讲了，后来有同学把它整理出来。当时讲这个题目针对的问题是：很多要做各种挑战杯项目的、要论文开题的同学，他们不知道研究现实问题应该怎么做才能够算是研究，我在这篇文章里讲"最后要完成一个机制分析"。很多人写的文章，列举了一个现象，又列举了一些原因，最后列举了一些他所认为的解决方法。

全部都是列举,没有形成一个比较有逻辑的,尤其是有因果关系的链条。这篇文章就是申明经验研究要寻找因果链条,这就是我们做经验研究的目标。

简单来说,就是要有针对、有价值,要选有学术意义的法律现象或法治现象来研究,然后对现象作出解释,它为什么会是这样的。这里说的学术意义就是指,研究的法治现象在这个学术谱系里是有位置的。举个例子来说,我最近有两篇关于社会诚信建设的文章发表,一篇发在《中国法学》,另一篇发在《中国社会科学》。[4] 这两篇文章研究的现象就是:基层很有动力去运用社会诚信机制。两篇文章都是要解释这个现象。我调研时发现:社会诚信建设讲了那么多,到基层去以后,基层政府很有动力去运用这种制度。那么,这个问题意识就在于:为什么有这个动力?社会诚信制度在基层治理中承担了怎样的功能?《法治社会建设实施纲要(2020—2025年)》专门有一节讲社会诚信建设,那么在法治社会中、在基层治理中,社会诚信建设处于什么位置?综上,首先要找一个这样有学术意义的现象。

当然,找到一个这样的现象需要长期的经验积累,现象的学术意义要靠发现。当时我们师生五六十人去湖北省宜都市做调研,我因为行政事务比较忙,没有跟同学们同步,大概只去了两周。我去了以后就觉得这个现象很有意思,然后就研究这个现象,其实我们学术团队的老师和同学针对这个现象写了多篇相关文章。同样一个现象,不同人把它放的位置不一样,作的解释不一样,整个学术论题所处的位置也不一样,它的学术意义也不一样。这两篇文章能够在比较权威的杂志发表,肯定是这个杂志对我所分析的现象表示认可,认为这个现象与分析是有其学术意义的。

经验研究的目标,实际上是要针对一个有意义的现象,然后要给出一个解释。如果这个现象的学术意义不大,那这个选题就是失败的。如果这个现象有学术意义,但作出的解释很单薄,那也不行。所以还要针对有学术意义的现象作出有深度的解释。当然,在对现象本身解释之前,还有一个环节叫解读。我刚才说的《法律经验研究的机制分析方法》里讲了解读,我把机制分析的构成概括为解读加解释。实际上在社会科学里有两个研究的传统,即解读传统和解释传统。

有一些研究其实偏重于解读,即偏重于意义的阐释、不太重视因果关系的解释。比如人类学中政治人类学的作品,如《弱者的武器》。[5] 因此,这本书也遭到了一些批评,说它只有解读。确实,它解释的方面比较少,主要是对东南亚农民的行为进行解读。很多人类学的作品都是在解读,因为它的重心就是要阐释一个行为的意义。所谓的深描,背后其实是解读社会行为、社会关系,把它放在文化背景中去理解。所以我们看到一个现象,首先要有一个正确解读,如果从解读开始就错了,那后边就很难作出有意义的解释。当然,我今天不再展开"什么是解读",我那篇《法律经验研究的机制分析方法》的文章里对此进行了阐释。

二、"解释"传统

"解释"是我要讲的第二个问题。我们解释一个现象,最主流的方法应该是解释因果关系,而且这个因果关系要构成一个链条。科学研究当然不仅仅是解释因果关系,也会研究很多相关关系。之所以研究相关关系,是因为某些情况下我们不确信其中具有因果关系,只知道它们是相关的。比如假设每当长江水位上涨的时候,黄河的水位总是下降,在这两个现象之间,是不是一个因果关系?黄河的水位下降是不是因为长江的水位上涨了？不一定能找到明确的依据，但是测量能发现两者的相关性。虽然我们不敢说它们之间有因果关系，但至少可以给出个结论：它们具有相关关系，也即负相关，一个水位上涨、另一个水位下降。

因果关系要比相关关系更为复杂，相关关系可以测量，但因果关系要接触到内核。因果关系本身就是机制，要解释它为什么会这样，这是在处理经验问题时最重要的。如果针对一个现象，我们只是罗列了这些要点，列举说：影响因素有五个方面，第一个是政治方面、第二个是社会方面、第三个是文化方面、第四个是宗教方面、第五个是经济方面。如果都列举了的话，不能说这是错的，但是没有对真正起作用的因果关系作出说明。这种说明是非常重要的，如果没有这种说明，这个研究就是个假的研究。大家知道，之所以需要社会科学，就是因为人类希望认识世界、控制世界，这也是社会科学最主要的目标。当然，这个世界不是自然世界，而是人构成的世界。认识社会事件、控制社会事件的发生，这是社会科学的目标。如果我们做一个研究，不能够有助于认识世界的因果关系，以便于控制世界、控制事件的进程，那就意义不大。比如，社会学是要控制社会进程的；经济学是想通过认识经济规律来干预经济。社会科学里始终有一个目标。

讲不清因果关系，就找不到正确的方法去解决问题。所以我们做一个有意义的研究、要达到经验研究的目标，就要作出有效的解释。这个有效的解释，核心就是辨析因果关系。而且，这个因果关系太简单，也不能够叫研究，如果常人都能看到的话，那就不需要研究。所以为什么要有一个因果的链条？就是要深入地去看好几步、好几个环节、做一系列推演，不仅仅要找原因，还要找原因的原因，最好有几个步骤去分析这个问题。如果不能做到这样，那研究就没有深入进去。

我这样讲,显得很空洞,但是看我的文章,每篇文章都会有深入的环节。我在《法律经验研究的微观过程与理论创造》里讲到了写文章要有布局。[6]但是布局的结构和思考的结构不同,思考往往和布局顺序相反。写一篇文章的时候,是要引导大家去想这个问题,所以布局要适合读者去理解这个问题;而自己在思考一个问题的时候,是先看到现象和问题,然后再顺藤摸瓜去找原因。

例如,《社会诚信建设与基层治理能力的再造》这篇文章,它是很符合经验研究的写作方式的,思路非常清晰简单:第一部分是问题与进路,把问题指出来、把背景讲出来,然后把理论工具摆出来,后边讲因果关系;第二部分是基层治理的事务与难题;第三部分是社会诚信机制对基层治理难题的化解;第四部分是基层治权的流变与重建;第五部分是基层话语权的流变与对接;后面就是结论与讨论。这个逻辑线条非常简单,就像我刚才讲的,首先是看到基层治理当中"运用了社会诚信机制(制度)",然后我要去解释"它是为了什么的",实际上它是为了解决基层治理的难题的,那么"它为什么要这样去(以及可以)解决难题",我通过治权和话语权去解释。所以这里是有逻辑纵深的,至少有几个步骤,然后到第二个步骤还分了一个叉,有并列的分析,最后还有一个总结。这个论证的过程其实就是:A、B、C1、C2、D。

但是我写作时呈现出来的,首先是基层治理的事务与难题,基层治理有哪些事儿、它有什么困难解决不了,这是现象层面的呈现。我在呈现这个现象的时候,不是直接讲社会诚信制度(虽然去调研的时候看到的是社会诚信制度),而是先写基层治理的事务与难题,然后再去讲社会诚信机制对基层治理难题的化解,这实际上讲的就是社会诚信机制在基层治理当中所承担的功能,然后再去解释为什么要用社会诚信机制去克服基层治理的难题。我是从理论上解析它的，将它分成两个要点：一个是治权、一个是话语权。对于一个经验问题，它的背后有没有理论？治权本身是理论、话语权本身也是理论，把治权和话语权并列，也是理论。没有理论思维，怎么能看到、想到这些呢？

所以我在治权层面解释基层治权在历史流变中是怎么样越来越被弱化的，然后再讲社会诚信机制是怎么样重建了基层治权的，这样，内部也是一个完整的、有逻辑的链条；然后在话语权层面，也是讲话语权在历史的流变当中是怎么变化的。这篇文章处理的跨度非常大，可以说是处理了两千年的时间跨度。在一页里，从传统中国处理到新中国、到改革开放、再到今天，跨度非常大。要讲的是今天的话语权面临什么问题，然后再讲社会诚信机制是怎么样去克服这些问题的。所以这样就从治权和话语权层面解释了社会诚信机制的运用。最后在结论部分，又反过来有一个总结：它的本质是国家能力在不同维度的重组。这篇文章在发表时，这一块被压缩了，可能删了两千字左右。主要是编辑觉得讲这么多显得很庞杂，所以建议简单提一点。其实我讲这个，内部也是有逻辑关系的。

从我发现到布局的这一过程，是一个典型的经验研究。它要解决的问题是完成一个解释，而且是通过因果链条去完成的。它不是一个简单的罗列，而是应遵循"从什么方面是什么样的、从另外一方面是什么样的"的逻辑，是有直接的针对性的解释。这是我通过举例来给大家讲的一种因果链条。实际上，我推荐大家读的那篇《法律经验研究的机制分析方法》的文章里讲到，因果链条还有很多种。

三、田野工作的意义

第三个问题是田野工作的意义。沿着最开始讲的,年轻的学生其实对社会不了解,其实很多老师对社会也不了解。我们每个人只了解自己生活、工作当中的那一小块。那要研究一个现实问题,不调研怎么能行?对于我们不了解的领域,其实获取信息的渠道非常有限,一定要去做"田野",才能把一个问题理解得更深、吃得更透。所以研究肯定要去了解与这个问题相关的所有经验现象、去做田野调研。当然,这是从研究的具体现实问题去说的。

延展一步说,做"田野"对于提高我们的经验质感和理解能力,也是非常有锻炼意义的。我们很多人同时去一个地方做调研,就会发现大家的学术能力是不一样的。我在调研的时候从来都是跟同学们说,"我们调研当中讨论的话题、所说的话都是没有知识产权的,而且必须放开说,不能藏着、掖着。"大家交流的时候,从来不藏着、掖着,有什么想法都讲。而且说,"我的想法,你们有本事拿去写成文章,写出来是你们的,我绝不主张知识产权,你写你的,我写我的。你写出来的和我写出来的肯定不一样。我们的理论储备不一样,写出来的文章不可能一样。这是一个基本的规律"。当然也有水平差不多的,写出来的文章有点类似;或者是自己提出的一个观点被别人写到文章里了,看了以后,心里不舒服的。其实别人写了,你再写也不影响,写出来也不可能完全一样。每天成千上万的文章发表,观点都不一样吗?好多都是别人说过的话。别人说过的话,和你基于自己的调研、在经验当中的思考、用自己获取的材料重新说一遍的话,还是不一样的。尤其在学习阶段,重新说一遍也是很有意义的。

分享了一个点子,无论是谁,把它写出来了,那都是很有意义的,因为要把点子组织起来、表达出来也很不容易。《经验研究的微观过程与理论创造》一文中专门写了表达、写了研究的物化,从一个观念层次,把它(点子)变成一篇文章,这中间还要付出艰苦努力。当然,重点是:"田野"对我们提高质性感受能力非常关键。还是拿《社会诚信建设与基层治理能力的再造》一文说,我刚才给大家提到:我去调研,只调研了不过两周;我们的同学在那里蹲了一个月。但是我写出来的文章,发表在最权威的杂志;他们写出来的文章苦苦挣扎在C刊上,到现在还有没发表的。话题都是社会诚信建设,但因为经验质感不一样,提问的层次就会不一样。而且,我调研的时间比他们短、掌握的素材还没有他们丰富,为什么我提问的层次会更高?很简单,因为我做调研积累的时间长,经验积累的多,所以我去实地一看就比他们更快地明白现象和事理。当然,这背后有很多原因,也包括理论积累。

这种从经验调研获取的质感,还可以提高人对社会的理解能力。这种理解能力的提高不是仅仅就某一个问题的研究而言的,在这个研究当中提高的理解能力,也可以迁移到别的研究当中去。所以一旦有了理解能力,可能甚至不需要亲自去田野做调研,读几篇二手材料,也能写文章,这就是苏力所讲的"田野",他在书斋里也能写文章。他去西藏一趟,虽然是支教,在那里待的时间长,但是他没有去做真正的"田野"。他就是观察思考,然后在大学里面碰到同事随便聊一下,那也是一种调研,加上他的经验质感比较好,所以也能增进对问题的理解,也能写文章。当然,他写的那些文章,包括一些经验处理的文章,有些可能有错讹。比如我印象特别深刻的,《送法下乡》里面有这样一段,他讲:早上八九点钟的时候去乡政府,发现乡政府就没人了,然后说这是法律的不毛之地、国家权力的不毛之地。这明显有理解偏差,因为那个时候(20世纪90年代)的乡镇干部,主要工作就是推动计划生育、收取农业税费。他们的工作模式就是:早上大家到乡政府碰个头,然后就各自下村去收粮或是做别的事情,所以早上八九点去乡政府,连看门的人都不一定能找到。这就是一个很简单的经验层面的真与假,他没做调研、靠自己想象去弥补调研的缺乏。所以很多时候,包括一个出色的研究者也很难避免这一点。有时候材料不够、"想象"来补,但是如果没有自觉的话,不会意识到这是"想象"。这个填充的想象其实好多时候是我们已经接受的那些经验或者理论,例如,去找农民访谈的时候问他为什么会这样?他实际上接受了媒体传输给他的很多理论,一个著名的理论就是"经济发展了,社会就会怎么样",所以这些解释,都是他想象的。人人都会想象,所以要有辨析能力。

总之,田野工作至少可以让我们去接近真实。很多人说:你怎么知道别人跟你讲的是真的还是假的?那我就赤裸裸回一句:"那就看水平了!"这也是个经验质感的问题。有时候访谈过程中,就明显感觉到对方说了半真半假的话。时间长了,没有一个人可以时时刻刻完全说假话,因为说假话总会前后矛盾。而且尤其当你就住在他们家,或者每天去那个村里,看着他跟群众打交道,看着他怎么样去调解一个纠纷、怎么去开展工作,他能骗得了你吗?调研真正地深入了以后,很难系统性地作假。如果经验质感比较强的话,没有那么容易被忽悠。

四、田野中的学术发现

第四个问题是田野工作时学术上的发现。学术的发现有很多种渠道,它是一个综合性的:有时确实是在阅读文献的时候受启发而发现的;有时候就是看别人的文章,因为有不同的感受和想法而发现的;有时候可能就是聊天当中发现的。我的博士学位论文《乡村混混与农村社会灰色化——两湖平原,1980—2008》是导师给我命的题,我最开始调研时并没有打算以这个题去做,我只是把它当一个搞笑的事情去讲。所以某种意义上,这个学术问题不是我发现的,是我导师发现的。他让我去做,我就把这么一个话题分解成很多小的话题,后来每一章都发表了。每一篇都是相对独立的文章,都有独立的论证,然后把这些所有的章节加在一起,又构成了一个总体论证。它总体上回应的是乡村社会性质的变迁,然后每一个部分的论证是从不同的侧面去讲乡村"混混"群体或者乡村社会变迁。所以一个大的问题意识,是由很多小的问题意识组成的。

我们发现一个学术问题,有很多途径,需要有经验的积累。写博士学位论文时也是这样,它不是单线条的,其中有一个线条跟我的个人成长经历有关:我们那个县城有一座山,里面都被挖成了防空洞,特别凉快,我们上初中时喜欢去里面"探险",经常遇到"混混"在那堵截勒索。每次遇到"混混"堵截,我们拔腿就跑。这些跟"混混"打交道的经历真是刻骨铭心,这也引发了我对作为学术问题的"混混"研究的兴趣。

当然,在研究的过程中我也看了一些历史文献。后来黄宗智先生看了这个文章,还给我提了一些宝贵意见。因为他是学历史出身的,所以希望我把"混混"群体与古代的各种看起来相关的群体做一些比较,等等。不过,尽管学术发现可以有很多渠道,但是"田野"肯定是一个最重要的渠道,也是一个最容易出成果的渠道,尤其是为了毕业写好一篇论文。如果我们要以学术为业、要研究现实问题的话,经常去做田野调研,是非常有必要的。昨天我也听到有同学讲缺乏"田野"的资源,你们这个阶段确实会面临这样的问题,但是总体而言,今天"田野"的资源还是非常多的,而且整个社会对调研也相当认可,进入"田野"比较容易。当然,进入一个陌生的环境、碰到不熟悉的东西确实会带来一些困难,但是对于不了解的东西,想去知道,难免就会用自己所掌握的理论与方法去解释这个新现象。一旦去解释,其实就是在做理论研究,如果发现了所研究的现象在学术上有意义的话,就可以做出成果了。

这个学术意义,通常是需要建构的,不一定需要预设性地对接某一成熟理论。如果看我发表过的 100 多篇 C 刊论文,我敢这样给大家说:应景之作(命题作文)可能也就数篇,其他的都是在"田野"里的发现。不少论文中的发现不一定很大,但往往有一个有趣的现象。我对一个问题的理解增进了,我就很开心,并不只是在权威期刊发表才很开心。在"田野"当中,会有很多学术发现,只要看到一些不理解的现象,就会去想它为什么这样,而且只要能讲出一个比较合适的因果链条,就不用担心它有没有理论意义。即使没有通常的那种理论意义,也可以自己来对接建构理论意义。我的大部分文章中,文献梳理与研究发现并没有直接关系,就是因为写文章需要有文献,所以我在梳理出学术发现的内容后,会在前面补充一些看起来相关的文献。

在现实当中发现一个问题,把它解释清楚了,这就是有贡献的。因为现实本身就是新的,文献都是旧的,我们为什么要去迁就文献呢?

我还是以《社会诚信建设与基层治理能力的再造》[7]这篇文章为例,我之前并不研究社会诚信"制度",后来我就去找了一些社会诚信的研究,引用的文献作者包括:社会学学者翟学伟,法学学者罗培新、王瑞雪,还有戴昕,还有跟我一起做调研的小伙子孙冲。就这么几篇文献,还都是后面找的,我只是引用了他们对社会诚信的看法。我的研究在他们的话语体系里是不怎么适配的。除了戴昕,因为他虽然不去做"田野",但是也在思考社会信用制度在中国社会的意义;像罗培新,因为他干过实务工作,所以保持了开放的心态,认为这个空间可以去探索;其他老师,尤其是行政法老师,他们的思维就比较直接,始终考虑的是社会诚信建设如何对接既定法治标准的问题。而我的研究,其实面对的是一个基层治理的问题。我如果要和他们对话,也很容易:你们那么讲的,我的讲法跟你们不一样,所以我的学术有创新。我的研究不是从文献阅读里来的,而是先有了学术发现,然后去解释它,再拿我的解释去对话既有文献。别人去读这个文章,并不会觉得这种对话是违和的。

所以说要进入实践的场域,可以发现很多这样的问题。只要把运行的逻辑关系、因果链条讲出来,再找到别人以前看这个问题的视角,就构成了对话,就是有理论创新的,而且这种创新会非常多。我每次去调研的时候,只要有渠道,都会找政法委的同志聊一聊。今年我们去某县政法委,有个干部特别能讲,她讲得很细,把他们工作讲得很清楚。虽然我不能立马用这些经验素材写论文,但这种积累十分重要。一起调研的龚春霞老师就说,"今天给我们讲的素材,至少以后上课时可以给学生讲清楚政法委干哪些工作,而且可以讲得非常生动,都是教科书上从来不会讲的"。所以说,如果有很多新的经验素材,就容易有新的学术发现,也就很容易有学术产出。

对话与问答

于龙刚 陈老师长期从事法律经验研究,关注了基层执法、基层司法、乡村社会治理等方面的问题。在长期的研究实践中,他提炼和总结出一系列关于法律经验研究的方法。我听了以后很有启发,就从以下几方面谈一下自己的想法。

首先,他所讲的是"方法"还是"方向"? 陈老师刚才讲了很多内容,包括如何分析因果关系、如何写作、文章如何布局,等等。我们在写作时会碰到很多问题,例如,在写作前如何确定主题和大纲,在写作时如何谋篇布局、遣词造句,等等。陈老师刚才所讲的内容对于大家解决这些问题一定会有帮助。不过,陈老师所讲的内容实际是"方向"而非"方法"。很多时候同学们会把研究方法误认为研究的操作准则,似乎认为按照研究方法来做,一切问题都能迎刃而解。其实不是这样的,真正好的研究方法是给大家提供了研究的"方向",而非"方法"。大家需要在"方向"的指引下自己去琢磨、体悟和实践,进而找到适合自己的研究方法,包括在田野调研时如何访谈,写作时如何谋篇布局,等等。所以,大家需要对经验研究方法有一个准确的认识,不要把它教条化。

其次,"田野"为什么重要? 陈老师刚才讲道,田野调研能够让我们更加了解超出自己生活工作范围之外的领域。这个论述精准阐释了"田野"的意义。为什么这样讲呢? 同学们平时阅读文献,可以发现有一些文章的理论水平很高,研究者的理论功底也很深厚,但是文章对于实践的分析并不全面,研究者对于实践的认识也比较欠缺。这是因为,要充分了解实践,需要掌握方方面面的信息,而只有进入"田野",我们才能掌握这些信息,进而对于实践的认识才能逐步全面和深入。所以说,田野调研对于学术研究十分重要。对于各位同学来说,更是如此。有时候大家投稿不顺,没被刊物录用,可能会反思是不是自己书读得不够多,对于问题的理解是不是有欠缺?但除此之外,还有一个很可能的重要的原因,就是大家对于研究议题所涉及的现象了解得不够全面和深入。如果大家通过田野调研弥补了这方面的缺陷,那么研究能力一定会有很大的提升,文章发表也会变得顺利。

最后,开展研究要走向"田野"。刚才陈老师讲到,在田野中是可以有学术发现的,这一点也特别重要。当下不少研究的学术发现主要来自书本和理论,很多理论又主要以西方的经验为背景,这个时候就很容易陷入经验与理论的"两张皮"困境。要走出这个困境,只有真正进入田野。我们要把论文写在祖国的大地上,我们的研究要跟中国的现实结合起来。要做到这一点,也需要进入"田野",从"田野"中进行学术发现。当下中国正处在大转型、大改革的时代,这都为我们开展研究提供了丰富的素材。只有通过田野调研,这些素材才可能被激活,成为学术研究的源头活水。

刘 杨 "田野"这个词,其实有两个层面的含义:第一个层面是学术训练方法,是训练学生的场域;第二个层面是研究方法。从第一个层面来讲,它的意义就是陈老师开篇讲的那个问题:我们想要寻求一种关于法律社会科学或者法律经验研究的可传承的方法。因为不可能人人都像苏力那代学者,他们在自己早年就有丰富的人生阅历。我们可能没有太多机会去接触社会的一些现实问题,没有办法积累社会感,对一些基本的社会问题没有太多的深刻认识,也没有办法展开对现实问题的研究。从第一层意义上来讲"田野"的话,"田野"其实是一种训练方式。

对于做我们这方面的学术研究,刚才陈老师讲到了一个词叫天分或悟性,我认为可能悟性不是最重要的,心性才是最重要的。因为我们相信:这种研究方法是可以通过比较科学的途径传承下去的。对同学们来讲,你可以用一种比较合理的方式来习得这一系列技能,成为合格的学者。我们不能指望所有做现实问题研究的人都是苏力,但是我们有可能寻找到这样的一套方式,把同学们带到可以做经验训练的场域中,通过合理训练,一点一点地去教他们。其实针对我们这样的经验研究,陈老师在很多篇文章里已经讲得很清楚了,不过,如果你没有做过田野调研或者没有相应的实际操作感受的话,你可能没有办法完全理解陈老师文章里的一些话。田野方法有一个很重要的特点,就是只能身教不能言传。要问研究方法的话,可能只有一句话:如果确实有兴趣的话,有机会就把他带到"田野"里去,手把手地教一遍,他就什么都清楚了。当你有具体的田野研究经历时,再回头看陈老师的文章,可能会有更深刻、更完整的体会。

至于我们为什么去村里,也要解释一下。因为农村很适合做经验研究的训练。你去法院研究法院的问题、去律所研究律师问题,如果贸然跑去,法官或律师不会有心思跟你好好聊天。如果你没有很好的权力资源,是下不去的。但是如果你在农村,农民的闲暇时间比较长,他可能愿意跟你聊天。这样的话,你就可以通过一个特别的场域去慢慢开展训练,去学习怎样跟访谈对象聊天,去学习怎样在研究过程中把握具体的社会关系,去学习怎样在具体场域里挖掘经验、挖掘资料、寻找案例。

还有一个很重要的原因,农村是一个比较完整的社会结构。在村庄中,经济、政治、文化各方面因素的联系比较紧密,而且它的整合程度是比较高的。前几天有老师说:研究现实问题要有整体论的视野。在村庄当中你很容易发现整体视野的重要性,因为村里面的每一个事情都跟其他方面的事情有一定关系。这是城市社区或其他特定经验领域里不具有的特点。所以,在这种情况下进行经验训练,你对社会因果关系与社会整体结构的把握会更加便利一些。

再从第二个层面来讲作为研究方法的"田野",这也是陈老师和于老师刚才重点讲的问题。如果去"田野"做现实问题的研究,那肯定要进入具体的经验场域中,因为问题是发生在这些场所当中的。如果要做法官相关的研究,那只能去法院;要做诉讼研究,肯定也要去法院;要做执法研究,那肯定要去执法部门。在这个过程中,去发现一些具体的、现实的问题。如果我们坐在办公室里、书斋里,肯定是不可能想象得到社会当中有什么样的具体问题,也就不可能发现真问题。其中有一个很玄乎的词,可能大家会觉得比较奇怪,或者是说听起来不太好理解——"质感(经验质感)"。

质感与经验,两者所表达的意思看起来是矛盾的。但是,质感其实是研究者透过现象看本质的能力。这个本质可能有很多方面,它决定了很多学术问题的问题意识产生。一个问题、一个经验现象产生了,它背后有没有具体的社会机制?它的原因是什么?就这个现象,你要去解释它,那么你就需要调动生活经验或者田野调研时获得的素材。

其实,有基本生活常识的人进入"田野"中,所发现的绝大部分问题都可以自行解释。这些问题出现后,你可以调动朴素的生活经验去理解。但是随着调研的越来越深入,就会发现有一些问题与现象是没有办法理解的——基于现有的常识或者理论,没有办法理解这个事情为什么是这样,会觉得它很奇怪。这样的话,怎么样去开展解释、解答疑惑呢?最简单的方法就是去问访谈对象,问这个村庄里面的人,他们会给你一个解释。至于他们的解释能不能够说服你,或者是这个事情的背后是不是像访谈对象讲得那么简单——逻辑链条单一、因果关系简单,事后再检验。如果你发现在这个过程中,你动用了各种各样的方式都没有办法对这个问题进行解释时,包括找了既有研究与文献也没办法解释时,那么恭喜你,你发现了一个极具价值的经验研究问题。你对这个问题进行的进一步的解读和解释,可能就会形成一个比较好的研究成果。

上面说的这种不理解的认识状态或观察对象,可以概括为"悖论",这也是陈老师在文章里面讲到的问题。就是说,你在生活或调研的场域中,如果发现了没有办法解释的东西,悖论就产生了,而悖论往往会直接带来问题意识,也就是经验的意外。通过长期在"田野"中的浸淫,这种训练方式会使你通过现象看本质的能力越来越强,因此发现问题意识的能力也越来越强。这两个层面,是具有相关性的。

所以,陈老师讲为什么同样一个问题,他去的时间短,别的同学去的时间长,但是他发现的问题更有学术意义?其实这就是能力的差别,但是这种能力只取决于"田野"的积累,我们看到的是这一次他在调研时只去了一个星期,但可能忽略了他长期的学习生涯中所积累的深厚调研经验。所以说,其实做"田野"也不复杂,去了之后你就知道怎么做了。换句话说,在"田野"中发现问题的能力,跟你在"田野"当中的时间直接相关。大部分同学在"田野"中待个几次后,就基本具有了做现实问题研究的能力。至于这个问题意识有多大价值,或者它在宏观意义上的理论性有多强,那就要看这个问题本身以及你对这个问题的把握,或者是你之前所做的研究准备和理论积累。

但无论如何,只要是有经验和素材,这种方法可以让研究者在不同的问题领域开展研究。往大一点说,社会本身的运转是有规律的、人与人之间的关系互动是有规律的、一个部门机关的运作是有规律的,归根结底还是人在里面。这些东西都可以在不同的问题、不同的主题中去迁移,这是一个非常重要的方面。朴素一点讲还是通过"田野"获得一种社会感,获得处理不同社会经验的能力,然后在其他场域里为我所用。内化之后的这种能力一生都忘不掉。很多硕士同学跟着我们做暑期调研,尽管之后他们可能不会继续从事研究,但他们在田野调研过程中所形成的能力,即使不做学者、不做学术,在其他工作场域中也是非常有用的。

我本人也是通过陈老师刚才讲的这样一套训练方法慢慢地进入这个研究传统的。由于我们都是坚持这种方法做研究,侯老师把我们三位放在一组,与谈反而可能会缺乏对话感。

侯　猛　刘杨老师说,他们三个人的同质性太强,的确如此。我在和柏峰老师商量讲授安排时,一开始是按照团队定专题。特别是在定性研究中,中南财经政法大学已经形成了专门的研究团队。另外,香港大学刘思达教授、贺欣教授也是做定性的田野调查研究,但他俩都是比较个体化的。原本是想让这三位老师相互评论,这样能看出他们有什么一样和不一样的地方,但时间不好协调只好作罢。

再回到法律经验研究的讨论。其实不光是定性研究需要做"田野",定量研究也是需要做一些"田野"工作的(虽然不是大规模的),比如,在进行定量设计之前要进行预调查。而在定量分析结果出来后,还需要做小范围的验证。不管怎么样,"田野"是本届社科法学研习营一个非常重要的主题。柏峰将法律经验研究分为三种进路:法律社会学研究传统、社会人类学研究传统、华中村治研究传统。[8] 但我们要思考,我们做的不仅仅是社会学意义上的经验研究,而且还要做"法律"的经验研究。在这个意义上,我会批评柏峰所做的经验研究更偏向社会学,而忽视了法律规范面向的经验研究。

相应地,我一直有个疑惑,为什么一定要下到农村调研?刘杨说,因为村里面不需要权力资源,我们直接进去就可以了。如果说去法院都得靠权力关系,没有权力关系就要到村里面,那都一窝蜂去村里了,其他的那些地方,包括大城市里的各种组织、制度,谁去研究?柏峰说,去村里调研是基本功,但我们做法律社会学,必须研究很多个单位,不能只去村里。如果很多单位都需要很强的权力资源,那策略应该是去找权力资源。只要能带进去,就能去做研究。把这个问题解决了,不挺好吗?为什么持续不断地要把几十人带到村里调研?而且,在村里面做的那些法律问题,虽然说它是来自实际,但法学研究主流还是要跟规范联系在一起。尤其是要在法学核心期刊上发文章,法律的经验研究需要与法律的规范研究进行对话。

陈柏峰 训练肯定是一个很重要的方面。你如果没有对基层社会的感受,那法院的案卷你都看不懂。即使看了以后,也不知道它为什么这样。比如说,你去村里了解婚姻的状况,你在法院里面再看到离婚案件,把两者结合起来,理解就会更完整;你在村里看到土地纠纷,你再在法院里看到土地纠纷,把两者结合起来,你看到的关于土地纠纷的图景也就更全面。因为所有的事情,最后都会落实在基层,这是一个原因。

第二个原因确实有成本的考虑。你让我带五六十个人去法院,那法院不瘫痪了吗?事实上我们每次集体调研时,都会有一些延伸,也会去政府的各个部门,包括去法院。每次都去了,但是没有办法容纳所有人。但到写博士学位论文阶段,你选定了一个题目,肯定是要做相关研究的。其实我们做法院研究的人还挺多的,还有一些其他专题性研究。相应地,非毕业年级的低年级硕士同学,如果他们自己有渠道、有时间去做相关研究,我也不会反对,甚至还给他们提供一些帮助。

然后,再说说社会的"质感"。确实在基层社会,尤其是在农村里,这种训练还是比较综合的。你说的发文章的问题,不是因为他老在村子里,所以他不好发文章,而是因为我们的低年级同学没有完全打开视野,所以不好发文章。

我们其实有很多研究,它们会往法学那里延伸,比如,过去我们的法律社会学也不太会去做社会诚信建设研究,那现在有学生以社会诚信建设来做博士学位论文;还有土地也可以做;很多方面都可以做。比如法治政府评估,现在还没有人做法律社会学研究,成果都没有,将来这也可以做。当我们有了一定经验后,再去做别的,还是很有发挥空间的。当然,年轻老师要做到在法学核心期刊发文章,确实还是要付出很大努力,对谁来说都是如此。即便是基础比较好的同学,也没有那么容易做到。

侯　猛　对大部分的人来说,集体调研是基本功,必须得去。我不太建议第一次单独去,但到了博士阶段,应该让他独立去做调研。让他去选一个,不一定是农村,基层应该是到地级市了。写博士学位论文的话,自己调研的时间要足够长,但常常也会面临一个问题:下去调研时,对已有文献的把握其实并不够。有的人说"你不要带着什么东西(前见)下去",也有的人说"要先做足功课"。我赞同后者,如果说你不事先在这个议题的文献上做足功课,那你下去也不会有什么感觉。

掌握现有文献可以让我们知道哪些问题是大家已经讨论过的,这样再去做的话,可以留意一些新现象,所以针对调研的理论储备很重要。不过,对于国内做法律社会学的研究者(包括我在内),直接的理论来源,并不是法律社会学而是社会学。法律社会学的经验研究传统主要在美国,但我慢慢才发现我们这一代和下一代年轻学者,不少人都不读美国法律社会学研究,不论是经典文献还是前沿文献,大多是从社会学那边学习理论,而且还是不那么前沿的理论。虽然那也很重要,但对建立法律社会学经验研究传统来说,缺了很重要的一环。我指的是理论储备,问题意识那是另外一回事。

缺乏的原因主要不是学生不主动学,而是我们没有教好。可以留意一下,哪些大学开法律社会学课时,会比较系统地讲授美国的法律社会学理论和经验?我在读书时,其实也没人让我去读弗里德曼的文献,更不用说,更为陌生的麦考利、摩尔、西尔贝等学者的文献。除非学生去美国留学做法律社会学,否则大部分学生是没有读过这些的。我也是最近几年才意识到这一问题,也开始组织翻译。美国的那些海量的相关文献,对于我们做研究是很重要的。但试问现在在场的同学们,读过多少?别说原文了,不少人可能连译文都没读过。简言之,就知识储备来说,不要直接跳到社会学,要先梳理检读一下法律社会学的基本的经典文献和前沿文献。

陈柏峰 他们做博士学位论文已经比较少在村子里做了,他们的研究范围还是比较广的。此外,你说的功课问题,我比较认可。完全没有准备的话,在这些领域确实会没有收获。但这跟农村还不一样,在农村你搞不懂可以去问。而政法委的话,提两个问题很外行,别人就没兴趣跟你聊了。所以你去政法委这样的地方还是要做好准备:一是要读既有研究;二是要有往复过程,边做调研边读文献,这有一个互相的对话。

关于英语世界的理论,它也不一定就那么高明,你又不需要跟它对话,为什么要必须读它呢?那些大家,像弗里德曼的研究,什么框架可以拿来直接用?像布莱克的研究,读的时候还是觉得挺有意思的,但也没有办法直接用。这些研究只能增长我们的知识和理论,但我从来不会觉得哪一个理论就一定可以用来解释某个现象,也不觉得有非读不可的理论。但是读社会理论感觉不一样,像我熟悉的吉登斯,我的很多文章里都用了吉登斯的理论,因为确实可以用来理解我们的现实。所以说,如果读了有的学者的研究后,还不知道谱系在哪里,你说我读不读?我带学生,也跟他们说多读当代的社会理论,我们是有这种倾向的。但我也主张他们读一些法律社会理论,你刚才说的这些,他们的研究也都蛮有特色。还有一些具体的研究,确实可以对话,比如你说的研究合同的学者麦考利,但英语世界里好的研究文献也是淹没在文献的汪洋大海里。

提 问 访谈者因为担忧他说的话会造成不利影响,不愿意深入去谈怎么办?

陈柏峰 这种情况肯定是有的。我们访谈时,不是对一个人访谈,而是会跟很多人谈。这个人讲的是假话,另外一个人可能讲的是真话。而且就我的感受来说,访谈一些干部,即使你跟他没有任何交情,去找他时,他只要愿意接受访谈,一般是不会说假话的,很少有人专门说假话来误导你。或许有一些人讲到某个地方时,可能不愿意再深入去讲了。他觉得比较敏感,这种情况比较常见。专门说个假的来忽悠你,我也碰到过,但真的很少。大多数人还是愿意讲的,尤其是泛泛地去讲,不讲具体的人和事,只讲现象。

因为对他们很多人来说,访谈也是情绪的出口。有很多人跟我们聊的过程中,他自己就掉眼泪了,把他聊得动感情了。他平常没有这样的机会去表达,很多人就讲工作的苦衷,能跟你诉苦一下午。当然,如果你碰到绕圈圈的人,你就跟他绕两下,回头你再去找别的人再谈。我们聊一个事情,不是只聊一个人就要达到绝对真理,而是要把很多人聊的东西,不断互相印证、不断增进我们对这个问题的理解,所以不可能只有一个访谈对象。当然,有时候比较特殊,只有那么一两个人掌握的信息最全,他不跟你讲实话,你在这个点上要推进就可能有困难。碰到这种情况,那也没办法。但是,大多数现象是开放性的,这个人不愿意谈,总可以找到愿意谈的;在这个地方调研没有办法深入,还可以考虑换地方。

提　问　怎么看待田野调查的隐私伦理?

陈柏峰　我先介绍一下处理"田野"资料的方式。在田野调查时,我们一般不会录音。从学术伦理上来讲,录音得告诉别人,悄悄录音不太好。但是,一旦告诉访谈对象要录音,对访谈对象可能就会有影响。我们会拿本子记,但访谈对象有时也会说"这个你别记"。

田野调查的隐私伦理,这不是太大的问题,给人解释清楚就好:我们的调研不会给你造成麻烦,也不会对你起到什么帮助。因为我们写文章,最后都会匿名处理,我不会告诉别人在哪里调研取得的材料,当然,如果对别人有积极意义的话,可能会把真实地方写出来。例如,我们有时会帮当地总结经验,有时会做客观中性的描述或展示,这不是什么坏事情。凡是不太好的事情,都会匿名化处理,这是个基本的学术伦理。

此外,相关的讨论有很多,比如,"如果说你看到很悲惨的事情,或者很不公平、很不正义的事情,你要不要介入?"我们不主张去介入。比如,你看到家庭暴力,那你怎么办,你要去报警吗?我没报过警。比如,你碰到虐待老人的事件,你要不要去报警?我们也碰到过,但是没有报过警。当然,如果是正在发生的人身伤害行为,又没有其他人可以立即处理的,我想还是应该介入,不过我们没有遇到过。隐私问题不是什么问题,只要给调研的对象讲清楚就好。

提　问　从"田野"点回来后,如何对"田野"资料进行整理和取舍?

陈柏峰　没有必要特别看重资料,我们调研时记了很多本子,回来以后,有的资料也没用着。有时从别人那里搞了一大堆资料来,也没有用。这种时候其实是比较多的,能用上的资料还是少的。但是,在调研时,还是会有意识地去收集一些资料,因为有可能会用得着。对资料的整理,可能每个人的方式不太一样。我是不主张大家去整理资料的,没有必要把访谈的那些细节全部整理出来。我们白天记了笔记,晚上会去看这些笔记,然后去想:这一天的调研访谈,有什么样的点可以在学术上深入研究。一般是这样来做的,在这个过程当中,如果发现资料不够,第二天再去想办法收集相关的资料。

调研回来以后,就开始写东西,这也是一个资料的留存方式。我对同学们有个要求:凡是低年级的同学,或者说进入"田野"时间不长的同学,要按照类似于民族志的那种写法,把接触的资料方方面面都记下来,最好能够有一定的逻辑关系,我们叫作"村治模式"。我们每年会把同学们的这些资料,全部合成一个集子,基本上每年都有两三百万字。这些资料其实没有什么用,没有人会用这个资料去做自己的研究,这个资料主要是个纪念。对个人来说,把自己调研当中的一些体会记录下来了,有的同学会在这个基础上去写论文;但是低年级同学可能也就是资料记录,没有能力再去写论文。不过这种资料的积累肯定有意义,因为你把它记下来以后,时间长了即使对这个地方的印象慢慢淡漠,再去翻自己写的东西,也能慢慢地想起来,你下一次再研究什么相关的问题时,就可能去翻以前的资料。

总体而言,我们对资料的处理方式是比较粗糙的。这种处理方式也跟我的导师贺雪峰教授带学生的方式有关。他不太重视资料留存,他重视的是对"田野"的感觉,要求在"田野"里提问题。至于资料,如果你需要还可以去问,你跟人建立联系了以后,还可以打电话等。比如,我在写社会诚信建设这篇文章时,中途就多次问当地的政法委副书记,看有没有更新的资料。你跟人家建立了联系后,你要更新材料或者是之前哪个环节的调研不够,再去追问都是可以的,没有必要把别人说的每一句话,像做历史研究那样整理出来,比如,历史学家研究南满洲铁道株式会社(以下简称"满铁")的资料。当然针对满铁的调研是规划性比较强的,它的那些材料也值得运用得那么细。但我们的调研资料不是这样去用的,不是这种风格,不要当作史料去用。我们重要的是在调研的过程当中去思考所谓的因果链条,提高自己对经验的质感。这是我们对资料的态度。

提　问　一个人调研应当注意什么事项?

陈柏峰　一个人调研,独学无友,容易走偏。有时你认为很重要的问题,自己想得激情澎湃,结果一讲出来,人家说你这是个什么。有的同学经常会有这样的情况。所以你即使去做一年调研,我也建议你不要一年老待在那里。你可以调研两个月,有什么想法后到我们这里做个学术报告,我们给你出出主意、大家交流一下,这会有纠偏作用。别人冷不丁地跟你说一句话,可能是无心的,但你正在琢磨相关问题,就可能会受到启发。有的人类学家有时候甚至达到迂腐的程度,他们在那里非要待一年,这实在是太无聊了,他这样有可能会有收获,但是现在资讯这么发达,还坚守一年的调查期限的教条,到底有没有必要？你能不能出来开个一周的学术会议,然后你再回去？可能在人类学家看,这样违背了他们的调研方法。

有很多人会把调研方法变成条条框框。我过去调研时,如果想不通一个问题,就会反复追问调研对象为什么会这样？他如果也说不清楚,我就会逼着他问,就想让他动脑筋帮我把学术问题解决。已故在美国任教的史天健教授,因为他也研究中国农村,十几年前我曾经就和他交流过这个事。他说:你不能这么干,这样违背学术伦理,你不能为难你的调研对象,你不能提他回答不了的问题。我觉得他有一点教条了,到现在也不太认可他这一看法。因为你可以向他提问,让他为难、让他去帮你琢磨这个问题,他会调动很多你没想到的因素。如果一个人始终处在舒适区,你问他什么东西,他调动不起更多东西,而你又想不到那些因素,那你的问题就没有办法获得突破。学术伦理是相对的,我们中国人做学问也不一定非得尊重美国社会科学的伦理,所谓法无定法。他说的那些伦理是他们在他们那个社会总结出来的,我们可以参考,也只是参考。

其实,很多很聪明的调研对象真的能帮你解决学术问题。毛主席讲群众路线就是集群众的智慧。说实话,我们做调研也是占很大的便宜,例如,跟那些官员谈,只要他们真的愿意跟你谈,多数情况下都有很多收获。这些人都是绝顶聪明的,他们能在竞争那么激烈的环境下当上科长、局长,脑子肯定是好使的。他们可以帮你出出主意,或许不能用学术的方式表达出来,但他也许可以帮你考虑问题的因果关系,然后你再把他说的用学术语言表达出来。这不算抄袭的,很多文章就是这样写出来的,不是我们的脑瓜子好用,而是善于向别人学习、善于把群众的智慧变成自己的学术成果、善于贯彻毛主席说的群众路线。而且,你跟学者聊,从他那里学了一点东西,他还要说你抄袭他的,你从一个镇长、政法委书记那里学了东西,他绝不会说你抄袭他的。你把他的智慧传播出去,他还要感谢你,你们想想,这占了多大的便宜?

提　问　当地总想让我们解决问题、出对策,而我们只是想收集资料,如何协调?另外,对于访谈对象的提问,如果回答不好,会不会影响访谈者的积极性?

陈柏峰　至于调研对象提问题,你们也帮他们想一想。虽然你们只是想收集资料,但实际上互相要妥协,他肯定有他的想法。而且你去调研他,他还想调研你。这里是有一个互动的,不要把社会科学的工作弄成自然科学的工作。自然科学的工作就是:你的客体不会对你的观察活动产生影响,当然量子力学是另外一回事,在牛顿力学的范畴之内,你的观察对象不会影响你;但社会科学不是这样的,它具有反身性,你介入了,你去调研,你就会对整个场域产生影响。因为他也想反向调研,你想从他那里获得信息,他也可能想借这个机会从你这里获得一点好处。如果不影响原则,你就被他利用一下,没有问题。他们找你,想让你出出主意,你能出主意就帮忙出,出不了主意,你表达同情、对他的诉苦表达认可,他也能在另一个层面获得收益。所以说,身段要柔软一点。你如果一门心思只想去收集资料,就是把人家就当作客体了。

我们在与人互动的过程中,是互为主体的。如果你只想收集资料,人家当然不爽。如果你跟他聊天时,摆出朋友似的姿态,这样你也好进一步访谈。好多时候聊天,实际上都有这种预设。你看现在,我们见了谁,聊了一下都会加个微信,大家想的是,说不定日后有什么事情还可以问问你。比如他的小孩要上学报志愿,你在学校里当老师的,能帮他出出主意,人家有这种隐藏的想法在里面。但你能帮到的时候也是可以去帮一下的,这样就互为主体了。因为他有这种预期,他愿意交一个知识水平比较高的朋友,所以他也愿意按照你的需求去给你提供一些资料。所以,我们中国人处理问题(包括调研在内)始终和西方不太一样。这也是为什么在西方做质性访谈还是挺难的,反而是量性的方法比较发达。"你填一张问卷多少钱"就是把人客体化,这种互动模式反倒在他们那里吃得开。在我们这里就不一定了。你想,你见到一个人说:"给你10块钱,你帮我花10分钟填份问卷。"别人一定会对你起疑心的,还不如我们这种方式。

遇到访谈对象向你提问,你首先态度要谦虚,别人是想你能不能给他出点主意。你们知道我最为难的是什么吗?我是法学院院长,经常想跟人搞合作,人家一听说我是全国杰出青年法学家,就想让我去给他讲个课。而且,讲课还不是你讲什么就是什么,还会给你提要求,让你结合他们的工作,谈一谈如何贯彻习近平法治思想等。我又不是全能的,我咋能啥都知道、啥都能结合呢!所以像这样的事情,有时候我也很为难。

我们调研当中碰到这样的问题,都是同质的。有时候有一些事情先应下来再说。如果你没做到,他也没办法。我也是很谦虚地去跟他讲:"你们的具体工作,我也不懂,我其实是来做学生的、是向你们学习的。我们学的那些理论对你们也不一定有多大的用。"你不要觉得我是博士,我就应该把他的问题解决了。如果你有这种心态的话,这个事就不好办了。事实上,对策是挺难出的。最好出的对策是你们写论文最后一节的那个对策,因为那是不用负责任的对策,是最简单的。你要出一个真正有用的对策,可太难了。他们这些人都不比你们傻,经验比你们丰富,他们都搞不定的事情,指望你们能搞定?我到现在为止,跟他们打了那么多交道,从来也没有自信给他们出过有效的对策。

提　问　经验研究、实证研究如何处理成果代表性问题？

陈柏峰　这个问题经常被提到，社会学里讲"个案研究的代表性"的研究，有很多讲得很细。这个代表性并不来源于量的代表性，而是来源于质的典型性。北大社会学系卢晖临有篇文章讲得非常清楚。[9]你揭示的机制在质上面有没有典型性，这个机制是不是针对个别现象、是不是在个案里的主导性机制。这是我通俗地用"量"和"质"去讲的，大致是这个意思。

昨天还有同学私下加我微信，给我提了一个类似的问题："如果别人给你一个他们的典型乡镇，你怎么去研究？"别人问我要去研究什么样的乡镇，我从来都说随便，你给我哪个乡镇，我就研究哪个乡镇。你给一个城郊镇，我就研究城郊镇；你给一个山区，我就研究山区；你给个典型村，我就研究典型村；你给一个没有特色的村，我就研究没有特色的村。我们研究的始终不是在量上的代表性，而是其中质性的机制。比如说研究社会诚信建设，你给一个做得不好的村，我可以研究，我就会去研究它为什么做不好；你给一个做得好的村，我也可以研究，我就会研究它为什么做得好。所以去哪里，给你什么素材，都能够研究。

提　问　初学者作机制解释时，会不自觉增加不同影响因素的讨论，让解释显得冗杂，如何在解释过程中"剪枝"，是否可以借用社会理论？

陈柏峰　确实。有时候你会感觉到几个方面都会有影响，但是写文章时，还是要有个重心。这个重心怎么来确定？肯定有很多不同的方式，有时是从事实出发，有时还有策略问题。别人都讲过的，可能不需要我去讲，那你就在那方面少讲；别人讲过的，你就作为对话的对象去讲,比如他讲政治因素有作用,你不否定别人的研究,但是可以说社会因素在某个场景下起更大作用,然后重点聚焦社会因素。有一些是我们的理解不深入,觉得都有作用。所以,你可能还要进一步把事实层面、经验层面的东西搞清楚,这也是一个应对的方向。

当然,这样去说都是比较抽象的,还是要针对具体问题。我也会从经验出发,和博士、硕士同学一起去讨论某个问题。我有时也会和他们讲:首先你不要讲那么多高深的东西,你先想想经验层面的东西在实践当中最直接的反映是什么,先把这些讲清楚;然后再去探讨进一步的东西。所以这里边各种情形都有,有时我们觉得各个因素都起作用,是因为对问题本身的理解还没有到位。有一些因素,只是一个背景性东西,它不是直接起作用的,或者说它是比较边缘化的。

提　问　我喜欢看那些具体的中国问题研究,但现在好多论文往往需要用西方理论包装。老师怎么看这个矛盾?

陈柏峰　我们当代法律社会学研究的传统可以说是从苏力这里开始的。之前有人做研究,那些人是先驱者,他们没有形成传统,包括费孝通的研究也好、瞿同祖的研究也好,民国时期也有学者研究过北京的监狱,但这些研究都是零星的,在中国存在的时间比较短。那么你说,西方国家所有的社会科学对我们肯定都有启发,但我们的传统肯定不是直接来源于美国社会学,因此如果我们将来建立传统的话,用"章"来描述,可能第一章讲传统的萌芽,第二章讲传统的初步形成,就直接讲苏力了。

就你说的这个理论问题,我知道有很多人写这方面的文章,理论说白了都是用来装点的。要追求对现实的实质性理解,研究要有解释力,而不是用一些看起来很酷炫的理论词汇。当然,我的文章里面也会引用一些理论。但你们仔细去看这些理论,我不看那些词也可以用口语解释出来。而且我写的都是自己懂的,是确实对解释问题有帮助的,不是为了装得我有理论修养。这不需要装,即使你写的全是大白话,行家看你的文章,也能知道你有没有理论修养。

延伸阅读

1. 陈柏峰:《社科法学及其功用》,载《法商研究》2014 年第 5 期。

2. 陈柏峰:《法律经验研究的机制分析方法》,载《法商研究》2016 年第 4 期。

3. 陈柏峰:《法律经验研究的微观过程与理论创造》,载《法制与社会发展》2021 年第 2 期。

4. 陈柏峰:《法律经验研究的主要渊源与典型进路》,载《中国法律评论》2021 年第 5 期。

5. 赵鼎新:《论机制解释在社会学中的地位及其局限》,载《社会学研究》2020 年第 2 期。

6. 赵鼎新:《什么是社会学》,生活·读书·新知三联书店 2021 年版。

注　释

1. 龚春霞:《竞争与合作:超越学科内部的藩篱——"社科法学与法教义学的对话"研讨会综述》,载《光明日报》2014年6月18日,第16版。

2. 苏力:《语境论———种法律制度研究的进路和方法》,载《中外法学》2000年第1期。

3. 陈柏峰:《法律经验研究的机制分析方法》,载《法商研究》2016年第4期。

4. 陈柏峰:《社会诚信机制基层运用的实践逻辑》,载《中国法学》2022年第3期;陈柏峰:《社会诚信建设与基层治理能力的再造》,载《中国社会科学》2022年第5期。

5. [美]詹姆斯·C.斯科特:《弱者的武器:农民反抗的日常形式》,郑广怀、张敏、何江穗译,译林出版社2007年版。

6. 陈柏峰:《法律经验研究的微观过程与理论创造》,载《法制与社会发展》2021年第2期。

7. 陈柏峰:《社会诚信建设与基层治理能力的再造》,载《中国社会科学》2022年第5期。

8. 陈柏峰:《法律经验研究的主要渊源与典型进路》,载《中国法律评论》2021年第5期。

9. 卢晖临、李雪:《如何走出个案——从个案研究到扩展个案研究》,载《中国社会科学》2007年第1期。

第五章
法律定量研究的过程

刘　庄　吴雨豪

第一部分　法律定量研究方法(刘庄)

今天的主题是"做法律数据科学",也就是怎么样做法律定量研究。我和吴雨豪做了分工:我主要讲方法,以及各种方法的典型或前沿研究;吴雨豪讲如何选题,即如何把定量方法应用到法学研究。

我的内容分为以下三个部分:首先,举一个经典研究的例子;然后,讲三类研究方法,每类研究方法也会讲例子;最后,介绍学习法律数据科学的路径,尤其是没有接触过数据科学的情况下如何开始相关研究。

一、关于美国保释法官决策的经典研究

我首先讲一个例子,让大家感受法律数据科学和定量研究在做什么、发展到了什么程度。这个例子是我在芝加哥大学参加法律经济学研讨会(Law and Economic Workshop)时看到的一篇论文。比较熟悉法律经济学传统的人,应该知道法律经济学研讨会是芝加哥大学比较知名的研讨会。科斯曾在此讲述了《社会成本问题》的初稿,后来大家纷纷参与,逐渐形成了一直召开研讨会的传统。

2015年的一个下午,我到教室参加研讨会。在场有很多著名法

学教授,比如老波斯纳(Richard Posner)、小波斯纳(Eric Posner)、伊斯特布鲁克(Frank H. Easterbrook)。一位公共政策学院的老师在讲他和几个同事合作的一篇论文。这篇论文是和法律相关的,或者说就是一个法律问题,但作者团队里没有搞法律的人。几位合作者要么是经济学家,要么是做计算机科学和算法的,文章的题目是《人类决策和机器预测》(*Human Decisions and Machine Predictions*)。以往,演讲者讲完论文之后,会有很多质疑,甚至不会让演讲者讲完。但这天令人惊奇的是,演讲者完完整整地把论文讲了一遍,并且讲完之后,台下的教授都有些惊愕。

这篇论文是典型的将法律数据科学或者说人工智能应用到法学中的研究,它的主题是美国保释法官的决策。在美国,犯罪嫌疑人被抓后,他会被带到保释法官面前。保释法官不是庭审法官,他唯一的任务就是判断是否释放犯罪嫌疑人:如果释放他,他只需在正式开庭那天再来接受审判;如果不释放他,那他就会被收监。这是非常简单的决策场景,保释法官要做数量非常庞大的保释决策,美国司法系统积累形成了大量数据。对研究者来说,这些决策很有趣,因为这是典型的预测问题,可以很容易确定法官的选择正确与否:如果法官释放了犯罪嫌疑人,犯罪嫌疑人在保释期间内进行了其他犯罪活动,或者犯罪嫌疑人在正式开庭当天没有出现,那么就可以说保释法官的决策错了。

由于有大量决策数据,我们可以用机器学习来检验这个场景下法官的决策。我们都知道,机器学习,特别是目前的人工智能算法,比较擅长预测。这几个学者就研究了这个问题:如果用机器替代法官,保释决策会不会更优?在分析了大概15万个案件之后,他们发现,如果用机器学习算法替代所有保释法官,那么在犯罪率不变的情况下,可以减少25%的看守所关押人员;或者说,在关押人员不变的情况下,可以减少大概20%的犯罪率。这个情况为什么会发生?唯一的原因就是算法比法官决策要更准。法官有些决策错了,把本来该关押的犯罪嫌疑人放出去了,这些犯罪嫌疑人有再犯行为或者没有出庭,就导致整体犯罪率较高或者关押人员比较多。

这个研究第一次用严格的方法证明了机器或算法在某一具体场景下,可以作出替代法官的决策。可以想象,这样的场景会越来越多而不是越来越少。当我们找到更多这类场景、积累更大的数据量、有更好的数据科学方法的时候,这种情况会越来越普遍。这也是我们学习法律数据科学的意义所在。

这篇文章还分析了法官为什么会出错。大家可能会想起对算法的各种批评,特别是算法歧视。文章很重要的一个发现是:之所以机器决策可以超过法官,不是因为机器过多运用了某些歧视性信息;恰恰相反,是因为法官过多地依赖于长相、种族等信息,导致了决策失误。机器之所以能够提高预测的准确性,是因为机器避免了过多使用本来不应该使用的信息。

把上述两个发现结合在一起,会得到有趣的结论:第一,机器预测比法官预测更准;第二,机器比法官更公平。如果大胆一点,结论就是现在用算法替代所有美国基层保释法官的话,整个社会会变得更好。一是司法效率提高,机器不需要太多时间进行决策。二是节省了很多人力。这篇文章也说,如果使用他们的算法,等于给这几个州增加了两万名警察。当然,如果把法官都炒掉,还会省更多人力。三是机器比法官更公正,提升了整个社会的公平性。如果把算法调试得很好,加上算法公开,可以避免算法的偏见。而相对于算法的偏见,法官的偏见更难被识别。正是在这几方面,这篇文章震撼了所有听众。总体来说,2015

年,整个机器学习方法在法律中的应用还比较少。大家都没有想到它发展得这么快,而且在真实场景下已经被证明完全可以替代法官、法律人。

那么,如果我们自己要做这样的研究,需要掌握哪些基本知识?怎样学习这个学科?这个学科的前沿在哪里?这是我今天想讲的内容。

二、法律数据科学之一:相关性分析

我们要学的内容是算法如何做预测,特别是算法学习的具体原理。要说清楚这些,需要从头讲数据科学的发展。

先讲相关性。目前,相关性分析仍然是法律数据科学的主要研究方法。它早在20世纪80年代就发展起来了,被大量应用在法学、政治学和经济学研究中。什么是相关性?相关性就是两组数据共同变动的趋势。它不具有任何统计学以外的意义,只是两组数据的共同变动。你可以想象年龄和收入可能会有相关性,但它不意味着年龄导致收入上升或者收入导致年龄的上升;年龄的增加或者受教育程度和健康状况有相关性;男性的身高和体重有相关性,等等。我们都知道,相关性不等于因果关系,不能轻易地从相关性推导出因果关系。比如说,身高和体重有正相关关系,但很难就数据本身推断是身高导致体重的增加还是体重导致身高的增加。

相关性分析也是很多预测的前提。在法学界,从20世纪80年代以来,就有大量用相关性分析做研究的学术论文,比较典型的是用美国最高法院法官的意识形态预测其判决结果的一系列研究。有一批法学学者和政治学学者认为,美国最高法院法官的决策方法是屁股决定脑袋:大法官是哪个党派的,就更倾向于投票支持符合该党派的政治主张或者意识形态的判决,他们的政治态度决定了他们在判决中的投票。在很早的研究中,他们就证明了法官的意识形态与判决结果有相关关系。[1] 研究中,自变量是法官的意识形态。怎么确定法官的意识形态?他们用了很巧妙的方法。他们找了四份报纸,两家保守派和两家自由派,把这些报纸中针对法官的评论员文章摘出来,用语言分析方法看这些报纸认为法官是保守派还是自由派。然后,综合这四份报纸的数据给法官的意识形态打分,从 -1 到 1:其中,1 是最倾向为自由派的法官,比如布伦南(William Brennan); -1 就是最倾向为保守派的法官,比如斯卡利亚(Antonin Scalia)。结果变量是 18 位大法官在民权案件中支持民权投票的比例:比如布林顿投票支持民权案件的比例有 78%,而斯卡利亚只有 34%—35%。把这些数据绘制成图 5,可以看到,不同法官的意识形态和投票分布在一条线周围,法官的意识形态和法官的投票呈现正相关。

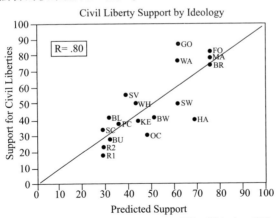

Note: WA = Warren, HA = Harlan, BR = Brennan, WH = Whittaker, SW = Stewart, BW = White, GO = Goldberg, FO = Fortas, MA = Marshall, BU = Burger, BL = Blackmun, PO = Powell, R1 = Rehnquist (1971), SV = Stevens, OC = O'Connor, R2 = Rehnquist (1986), SC = Scalia, KE = Kennedy.

图 5　不同意识形态法官对民权案件的支持率

后来人们管这个数据图叫法官的态度模型（Attitudinal Model），论证方法是把法官的意识形态和判决的倾向数据化。当然，数据化不是自动的，而是手动的——找学生助理读判决，然后标记支持自由派的判决或者支持保守派的判决，之后进行相关性分析。这类研究文献数量非常大，我们今天已经能够很精准地预测每一个美国最高法院法官的投票情况，精度能够达到90%以上。比如，在2022年再次成为热点的女性堕胎权案件中，每一个法官的判决结果都能够非常好地被预测到。

我想用这个例子来讲从20世纪80年代以来，在法律中做相关性分析的情况。原理和方法的根基在这里：把从理论生发出来的概念数据化，然后研究两个因素之间的相关性。包康赟同学在研习营中报告了哪些因素影响中国的老年诉讼，可以看到他的方法来源于这里，是一种回归分析：把老年诉讼的数量放在左手边作为结果变量，把一系列因素作为自变量放在右手边，看哪些因素跟老年诉讼的数量有相关性。当然，我们不仅可以分析两个变量之间的相关，如果扩展到多元回归分析，就可以分析一系列因素的相关性。也就是说，在技术层面我们可以用回归分析来代替相关性分析，回归分析是更便利的一种分析相关性的渠道。

这是我想讲的第一类研究。由于我国的法律数据科学分析的应用还比较少，有大量的新问题、没有人研究过的问题。所以，任何一个相关性分析，即指出哪些因素可能和结果变量是相关的，都是很好的学术贡献，是继续做其他种类研究的基础。

三、法律数据科学之二：算法与预测

我们这个时代是大数据的时代、人工智能的时代，由于人工智能的发展，我们又反过来重新关注法律定量研究。但是如果仔细想的话，目前很多法律数据科学的研究、人工智能研究，它的根基仍然在于相关性的分析。人工智能、算法或者机器学习的目标是什么？实际上，机器学习和人工智能的唯一目标是做预测。当然，这属于监督学习的目标，无监督学习的目标可能是做分类，但做分类也是为了做预测。为了做预测，人工智能会需要模型或者算法。这是今天讲的第二类法律数据科学的方法。

（一）什么是算法与预测

如果不把算法想得过分复杂，那么模型到底是什么？实际上，模型就是模式（patterns）、规律，是在数据中找出的一系列规律，它可以表现为系数，或者说算法找到的指数或者参数（parameters）。更直观地说，它找到的是一组关系，或者是对所有关系的总结。

表2　保释人员信息表

姓名	银行存款（万元）	年龄（岁）	是否逃逸
Mike	12.3	50	否
Mary	5.11	40	是
Bill	6.8	55	否
Jim	7.4	46	是
Dave	23	44	否
Anne	10	50	否

举一个最简单的例子。我们在表2中可以看到一些数据,有六个人和他们的银行存款、年龄,还有他们在保释中是否逃逸了的记录。第一个人Mike,他有12.3万元的存款,年龄是50岁,他没有在保释决策之后逃跑;第二个人Mary,她有5.11万元的存款,年龄是40岁,她逃跑了……这些是真实记录下来的数据。那么什么是模型?前面讲过,模型就是找规律或者关系。从这个数据里面,不用任何机器,用人类的智能挖掘可能得到的规律是:如果一个人的银行存款大于5万元,同时他的年龄大于45岁,那他很可能不会逃跑;其他的情况下,这个人可能会逃跑。这是通过人类学习数据得出的模型。当然,第四个人存款在5万元以上,年龄在45岁以上,但是逃跑了。这好像不符合我的模型,但这个模型是我能找到的最符合数据的模型了。如果它再精细化一点,比如条件是年龄在47岁以上,就优化了原来的模型。无论如何,从数据中找模型就是这样的过程。

那么,什么是做预测?什么是通过模型来做预测?我们常说的人工智能方法到底是什么?其实很简单,就是通过已有数据建模,这个模型完全是通过已经观察到的数据建立起来的。通过这个模型,可以把规律或者关系应用在新数据中,这样就可以做预测。比如说,从上面的数据中我发现了一个规律,现在把这个规律应用在新的数据集上。我可以预测第七个人Henry可能会逃跑,因为他在45岁以下;第八个人Amy可能不会逃跑,因为她的存款在5万元以上、年龄在45岁以上。人工智能大概也是这样的思考过程:通过现有的数据,找到一定的规律,把现有规律应用在未来数据上进行预测。

比如,我们已经有很多监狱的数据,想预测某一个犯人在出狱以后会不会再犯。我可以使用完全一样的方法——从已知的人中找到了一定规律,然后把规律运用到想要预测的人身上。同样的,预测法官判决是一样的道理。大家更加耳熟能详的领域,比如图像识别或者汽车的自动驾驶。自动驾驶使用的人工智能,它的所有任务都是预测性的。比如,车前面出现了红绿灯,它对这个灯是红是绿的判断,其实是在"预测"和识别这个灯是红还是绿,或者它"学习"出了这个灯是红是绿。预测和识别,对机器来说是同一个过程。

可以说,大部分人工智能都是在通过已有的数据进行学习,进而对情况进行预测或者判断。我们刚才的模型是通过我们直接观察这些数据找到的,机器无法依靠人类智能去找规律,否则它就不叫人工智能。机器会使用什么样的方法去找规律?这些方法就是我们称为算法的东西。最基本的算法就是回归分析,业界在做分析的时候用得很多的方法或者说最基础的方法仍然是回归分析。

(二)回归分析及其应用

什么是线性回归?线性回归的方法就是用数据、变量或者线性模型去做预测。在今天,回归分析也是很多因果关系推导任务的基础,但当达尔文的表弟高尔顿(Francis Galton)发明回归分析的时候,初衷是用它来做预测,而不是分析因果关系。线性回归可以做什么工作?可以拿它预测法官在一个案件中会判多少赔偿额,可以拿它预测在刑事案件中法官的量刑会是多少,等等。如下面的公式,线性回归的模型很简单。

$$y = \beta_0 + \beta_1 x + e$$

想象一下我们有 5 个观察值,分别是五个犯罪嫌疑人,他们偷盗的金额和判处的刑期大概如下:第一个人是 12.3 万元,他被判的年数假设为 10 年;第二个人偷盗的金额是这些,他被判的年限是这些年……现在我们就有了一个数据集,我们希望用数据形成一个模型。

如果大家还记得的话,模型就是找规律。但这里的规律不用人去找,是用线性回归方法找它的数据规律。在有这些数据的情况下,找它们的规律无非就是在找上述公式右侧的两个参数 β_0 和 β_1。

在这里有一个很强的预设:结果变量和自变量呈线性相关,他们有一个共同的线性变化规律。只有在这个预设下,才可以用线性模型去做预测。当然,所有的模型都有自己的假设和前提条件,这里我就不展开讲了。

在线性模型中,如果有很多数据,那么可以把这些数据标在一张图的横轴和纵轴上。简单的线性模型的目标就是找到一条线,这条线代表了上述公式右侧的参数。我们需要让这条线能够最好地拟合这些数据。那么什么叫拟合?在简单的线性回归中,拟合的定义就是实际数据点到这条线的距离(的平方)的加总是最短的。线性回归就是要找到一个使加总值最小的参数,这是整个算法的核心。这个算法的基本原理是最小二乘法。当然,人工算也可以算出加总的最小值,从而得到参数,但计算机会更方便地得到结果。上述例子只有一个因变量和一个自变量,我们看到的是一个平面图。如果放很多自变量在里面,那它就变成了多维拟合问题,这就是一个(或多个)面而非一条线的问题。

回过头来,法官保释决策的研究也是用这种方法做出来的。我们有一系列保释案件中关于法官的信息,也有一系列的保释案件中关于犯罪嫌疑人的信息,可以通过算法来学习这样的信息、数据,通过算法找它们的规律,这样就形成了模型。把模型用在结果变量未知的数据中,就可以做出预测,这些预测可能会比法官的判断更准,也可能更不准。如果它比现有法官的判断更准的话,可以说这是数据科学或者法学的重要突破。

当然,我用了最简单的例子,其实我们使用的方法有很多。比如,在关于法官保释决策的这篇文章中,它使用了随机森林方法。随机森林方法是决策树方法的一个变种。今天,人工智能最核心的方法是深度学习,深度学习的大概含义是用一系列的人工的神经元网络模型来做预测。每一个神经元在本质上都是一个逻辑回归模型或者其他模型。我们还有其他的方法,这些方法的核心也是从数据中找规律,这一点我已经反复讲过了。当然,这些规律有的好理解,有的不好理解。不好理解的规律(参数),就是我们常说的算法黑箱问题。

在法律实践中,人工智能模型已经有很多的具体应用,我举几个例子。一个是美国广泛使用的再犯预测模型。它在1998年被开发出来,到现在已经积累了非常多的刑事案件数据,以及这些刑事案件的被告人有没有再犯的情况。美国很多州使用了这个模型,比如在纽约州、威斯康星州、加州,等等。法官会先将被告人的信息输入系统,系统会打两个分:一个是一般性的再犯评分,另一个是暴力再犯评分。这两个分是怎么来的?我们不知道,开发公司把它作为一个商业秘密。但如果你比较了解数据科学的话,浏览开发公司对这个系统的介绍,很容易理解这个系统是什么。开发公司介绍,它的一般性的再犯评分有137个特征,而暴力再犯评分是从以下几个方面汇总的:过去的非法行为评分、教育评分、现在的年龄、第一次犯罪的年龄以及过去的暴力犯罪史,等等。上述每一项评分都会有权重。每一项评分首先要和实际数据中观察到的罪犯实际再犯情况相联系,然后加总评分,形成一个最终的暴力再犯评分。

这个评分的计算公式是什么?其实就是我们前面讲的回归模型。当然,我们之前讲的是一个简单的一元的回归模型,如果把它扩展到多元的回归模型,会是一个有很多自变量的模型,就会变成这个开发公司作为商业秘密加以保护的再犯预测模型。实际上,模型并不神秘,开发公司的主要优势是积累了大量数据。

在我国的学术研究中,真正用人工智能算法做法学研究的还比较少。但在产业中,特别是在一些国家项目中,人工智能方法的应用已经比较多了。法官在司法审判中存在同案同判和类案检索的需求,所以很多法律科技企业已经基于算法类案检索。什么是类案检索?类案检索在数据中的呈现是什么样子?我们知道某一些案子和其他案子是类案,它们有一些共同的特征。这种类案可能是人工标注的,比如找100个人标注1万个案子,这1万个案子就是已知的类案。但由于案件很多,人工标注上亿份裁判文书不现实。这时就要通过机器学习人工标注的裁判文书,发现规律和模型,把模型应用在还没有标注的案件中。

这些方法在现实中,特别是针对业界和政府的需求,已经有很多应用,只是法律人还不太熟悉这些应用,因为法律人不是技术出身,对这些场景不是特别了解。我们已经看到大量的科技部发布的科技类国家重点研发计划,有很多关于法律人工智能或者法律数据科学的项目。比如,有关于法律知识图谱的建立、关于类案检索方法、监狱风险预警等项目。再比如,我和吴雨豪的团队正在研究行政执法合法性的审查、行政执法合法与否的预测和判断。在行政执法中会出现大量问题,比如市场监督管理部门检查小商户,检查这个行为是不是异常或者合规的?由于这样的任务很多(比如,深圳市政府每年大概有一千万个执法行为),不可能人工审查每一个执法行为的合法性,只能通过数据科学方法去判断某一个具体的行政执法是否存在异常。

我想到的一个题外话是,传统上研究法律的人习惯把眼光集中在司法过程上,但如果从法律科技的视角来看的话,法律领域有更广阔的空间。整个法律领域还涉及大量立法问题和执法问题,我们对这些问题的研究都比较少。

四、法律数据科学之三:因果关系推断

(一)什么是因果关系推断

下面我们讲第三个方法——因果关系推断。科学研究中大概有两类问题。第一类问题是预测问题,比如,天边飘来一片乌云,我要不要带伞?这类问题做预测就够了。第二类问题是因果关系问题,天边飘来一片乌云,我要不要跳舞祈雨?这显然更复杂一些,涉及下雨到底是什么因素导致,这就是一个因果关系问题。这时,我们需要的不只是做预测,而且还要研究下雨的原因。

在法律或者公共政策研究中,我们需要判断因果关系。例如,微观地说,我们想知道一部法律会带来怎样的后果;更宏大的问题是,什么因素会导致制度的变更。马克思的研究就是在研究什么因素导致人类社会制度的变更。当然,大部分时候,法律科学不研究宏大问题,但我们确实需要研究法律是否真能带来变化。比如,民事案件繁简分流以后,法官的判决时间会不会缩短,从而提高司法效率;法院人、财物省级统管之后,会不会减少法院的地方保护主义,等等。这些都需要对法律和政策的后果进行研究。这是一个因果关系问题,而不是预测问题,研究相关性不足以得到答案。

在这个领域,有两类问题需要关注:一类是去验证理论;另一类与问题和测量有关。定量研究和数据科学之所以有用,在于它们能够很精确地回答上述两个问题。

如何验证一个理论正确与否？回溯以往的科学史，那当然是要用实验或者是用实证的方法。大家比较熟悉的可能是伽利略的自由落体实验。亚里士多德在理论上判断重的小球会先落地，伽利略就去做了这样的实验，发现两个小球同时落地，证伪了亚里士多德的理论。在法学领域也是一样。比如，知识产权法教材可能会说，专利制度有利于促进知识生产或者科技进步。这是一个理论，但是它正确吗？这需要用合理的方法去测验。如果专利法对促进知识生产没有作用，那为什么要制定专利法？再比如，我国把限制民事行为能力人的年龄从10周岁降到了8周岁。作为法律研究者，应该思考的是降到8周岁的实际后果是什么？这需要严谨的实证研究去测试理论的正确性。

关于测量同样有很多相关问题。比如，每增加一个警察可能会减少一定的犯罪率，但是减少多少？当你作为一个决策者，你要在不同政府部门之间分配资源的时候，你要多安排100个警察，还是多给教育投入经费，还是多给科技发展投入经费？这就需要测量不同的资源分配之间的效益。这样的场景也需要用数据科学的方法，这个时候我们面临的问题就不仅是预测的问题，也不仅是相关性的问题，而是要回应很多的因果关系问题。

（二）相关性不等于因果关系

研究因果关系，最首要、最核心的是，相关性不等于因果关系。不能仅仅发现两个因素具有相关性，就推论两个因素之间存在因果关系。这句话对于理解目前很多社会现象和科学现象会有很大的帮助，是一个核心知识。

我举个例子，是我们自己做的全国各地的合同案件胜诉率情况（表3）。第一列是地区，包括北京、上海、云南，等等。第二列是原告的平均胜诉率,可以看到,各地的原告胜诉率都很高。第三列是有多少案件聘用了律师,在北京有 62.7% 的合同案件的原告聘用了律师,在安徽有 52.1% 的原告聘用了律师。最后一列是聘用了律师的原告的胜诉率,当原告聘用了律师的时候,在北京胜诉率是 98.4%,在上海胜诉率是 97.9%。可以发现一个很奇怪的事情,当聘用了律师后,胜诉率下降了。在北京,平均胜诉率是 98.6%,聘了律师之后胜诉率只有 98.4%,下降了 0.2%。由于案件量很大,所以这个 0.2% 在统计上是显著的。同样在上海,聘了律师之后,胜诉率降低了 0.3%。

表3 不同地区合同案件胜诉率情况

地区	原告的平均胜诉率	聘请律师的比率	聘请律师原告的胜诉率
北京	98.6%	62.7%	98.4%(-0.2%)
上海	98.2%	62.1%	97.9%(-0.3%)
云南	97.2%	61.3%	97.1%(-0.1%)
湖北	97.4%	57.3%	97.4%(+0.0%)
四川	97.7%	56.1%	97.3%(-0.4%)
安徽	97.8%	52.1%	97.2%(-0.6%)
……			

这是一个典型的相关关系。这是什么意思?这就是说,聘律师和案件胜诉率之间有一个负相关的关系,聘用律师和更难胜诉在数据上表现出共同变动的趋势。但是,这能说明律师使得案件败诉了吗?当然不能说明这个问题。直接从相关性推导出因果关系是很危险的。为什么不能?因为有很多遗漏变量,这里的遗漏变量是什么?可能是在那些更难取胜的案件中,原告才会倾向于聘用律师。不是聘用律师降低了胜诉率,而是因为这些案件本身更难胜诉,原告才选择聘用律师。因此,这里的相关性没有带给我们太多有效信息,只能说我们仍

然不知道律师跟胜诉、败诉有什么关系。

还有个很有意思的故事留给大家想一想。伦敦爆发黑死病的时候,人们都觉得黑死病可能是由某些动物导致的。有一些统计学家就去统计伦敦各个楼的猫的数量和该楼黑死病病死人数的关系。他们发现这两者呈严格的正相关,也就是猫越多的楼里面黑死病的发病数和死亡数都越多。基于这样的统计分析,伦敦市下达了一个法令,把所有的猫都杀了,把狗也杀了。结果,把猫杀了之后,黑死病的数量不降反升。这是一个真实的历史事件,这里面有相关性和因果关系的问题。实际上的因果关系是什么样的?实际上的因果关系是病毒是由老鼠携带的,而不是由猫携带的。猫是老鼠的捕猎者,老鼠的数量更多的时候,猫的数量也会更多,当然黑死病的发病数也会更多,但猫并不是造成黑死病的原因,反而是一个抑制因素。如果仅仅从猫的数量和病死数的正相关关系去制定公共政策,很可能适得其反。学习数据科学的一个目标是,不要随意杀那些无辜的猫。就像前面这个例子,难道我们发现律师跟胜诉率有负相关的话,以后就不让律师进行辩护了吗?这显然是一个错误判断。

(三)判断因果关系的方法

那么,在数据科学上怎么判断因果问题?如果回想一下人类的认知过程,在实证上判断因果关系只有一种方法——实验。目前推导因果关系的方法,核心思路都是实验,没有其他的方法。

实验有几个变种。一种是随机实验,包括实验室里的实验、田野实验,也包括一部分政策实验。但很多情况我们没有办法做实验,那怎么办?这时可能要用一些历史数据或观察性数据,这些观察性数据可能满足随机特征,进而能够推导两个因素之间的因果关系。在实验方法中,实验室实验是标杆,方法也很简单,就是随机分配:把一定的实验对象随机分配到处理组,一定的实验对象随机分配到控制组,然后把刺激物施加到处理组身上,进而观察处理组和控制组在结果上是否不同。这是典型的实验室实验,它的核心是有外界刺激、有随机分配,同时也需要比较大的样本量。李学尧老师对实验室实验讲得比较多也比较全面了,这里我就不再讲了。

除了实验室实验,还有现场实验。现场实验是在真实世界中推行的一种实验。比如,最近我和唐应茂老师在做庭审直播的实验:我们找一家法院,在一个月的时间内,随机分配一半案件去直播,另一半案件不直播,记录法官在庭审中的表达、当事人在庭审中的表现,等等,研究庭审直播会对法官、对当事人产生什么样的影响。这是一个现场实验,它不是一个特定设计出来的场景,而是在真实场景中做出来的。现场实验有助于更好地提高实验的外部有效性,即实证研究中获取的结论在多大程度上可以推广到真实世界中,也可以叫结论的可推广性。

如果没有机会做实验的话,应该如何推断因果关系?20世纪90年代以来,经济学家研究了一系列方法,希望能够通过真实世界的数据获取因果关系,也就是在没有特定的人工干预的情形下,把某些历史事件视为一个外部刺激,研究这个外部刺激的影响。方法有很多,鉴于时间原因,我只能讲一个比较典型的方法——双重差分法。

在双重差分的研究中,数据被分成了四份——不是人为分了四份,而是把它视为四套数据。四套数据是怎么来的?举个例子,我们知道,法律、政策、制度都有施行期间,2005年我们施行了《物权法》(现已失效)、2020年民事案件繁简分流在18个城市进行了试点,这些都是刺激。这样的话,这些制度或者法律的施行就把这些城市在概念上分成了两组:一组是接受了刺激的组或者叫处理组,即进行了制度实验的 18 个城市;一组是控制组,即没有进行制度实验的城市。同时,制度有施行日期,那么就有施行前的阶段和施行后的阶段。这种情况下是一个比较理想的情境,它使得我们可以比较在处理组中,制度施行前和施行后结果变量的变化,以及在控制组中制度施行前和施行后结果变量的变化。再把这些变化进行横向对比,就可以得到一个双重差分的结果。

为什么要进行双重差分?像民事案件繁简分流这样的制度变化,当然可以只在处理组的前后进行对比:比如,此前法官的效率是 0.36,此后法官的效率是 0.74——不管这个效率意味着什么,可以说在民事案件繁简分流改革之前和之后,法官的效率提高了 0.38。只进行处理组的前后对比,是政策研究中经常用的直观方法。但如果只进行这种对比,仍然不知道法官效率的变化是由时间导致的还是由制度变化导致的,这是很严重的遗漏变量问题。为什么不能只比较处理组和控制组在制度施行后的区别?因为处理组和控制组的城市,在其他方面本身就不一致,如果你只比较施行后的效率差距,同样会产生遗漏变量问题。整个双重差分的思路就是,在第一阶段,在二者都没受到干预的情况下,先进行基准比较;然后,把第二阶段的变化与第一阶段的基准进行比较,得出一个变化的变化,即"差分",就能够更好地衡量政策变化对法官效率的影响。

最后一点,双重差分本身不能保证因果关系,双重差分结合制度变化的外生性才能够保证因果关系。也就是说,制度变化必须是外生的,此处我就不展开讲了。

五、法律数据科学的学习路径

最后一个问题,也可能是大家比较关注的问题——如何学习法律数据科学、如何开始做法律数据科学。其实,学习数据科学的门槛比大家想象的要低,不要把编程和数据分析想成很难的事情。只要方法得当,是比较容易上手的。当然,数据科学要精进到比较深的程度,需要大量的努力。

在这里,我推荐一些具体方法还有教科书。首先比较推荐的是2021年诺贝尔经济学奖得主乔舒亚·安格里斯特(Joshua D. Angrist)的《精通计量:因果之道》,内容是关于计量经济学数据处理方法的。安格里斯特的核心贡献就是研究经济学怎么进行因果推断,这本书写得简单易懂,甚至没有多少数学问题,相信法律人很容易读懂。另一本也适合没有太多数据科学基础的学生:*Data-Science for Business: What you need to know about data mining and data-analytic thinking*。这本书用很清晰的语言讲人工智能的各种方法到底是什么、数据是怎么回事、人工智能怎么从数据中找规律等问题。

如果大家想掌握一定的数据研究能力,我建议先开始自己的小项目。不管多么小的项目,只要开始后感受到其中的乐趣,就会比较容易学习。怎样开展一个项目?首先,可以下载、学习一些数据处理软件(比如R和Stata,这都是最容易入手的数据处理软件)。然后,使用已有的典型数据去研究一些小问题。我最推荐的是北大的中国家庭追踪调查(CFPS)。你可以使用任何一年的数据,分析任何一个小问题。比如说,CFPS记录了每一个受访者的智商、受教育水平、每天上网时间、每天阅读时长,我们可以简单地研究智商和上网时间的相关性。

做过小研究后,可以反过来继续系统地学习统计学和计量经济学。当然,在高校的正规教育中,是要先系统地学习统计学和计量经济学,再学习数据分析、编程和处理,然后再研究问题。但我觉得这个过程过于学院派。比较好玩的是反过来:先自己玩一玩,然后回过头学正规的统计学、计量经济学和数据科学。学会统计学和编程以后,很容易就能自学机器学习和人工智能了。

如果想研究一些法律数据科学,同学们可以去我们团队做的网站(court-ai.com)看一看。网站上有一些裁判文书的数据,有一些数据已经结构化,比如说各地的司法透明度、各地的司法效率,同学们可以下载这些数据,做一些相关性分析。

第二部分　法律定量研究的选题(吴雨豪)

刘老师讲了数据科学所用的各种方法,我接着刘老师的内容往下说。我现在想讨论的是,怎么才能把各种方法与理论假设结合起来,实现一个验证理论的法律定量研究。首先,我们分析法律定量研究的几种类型,以及定量研究有没有普遍的研究套路。然后,我从三个角度探讨,如何将理论与数据研究方法结合起来。我归纳为三个方面:从部门法角度选题、从社科法学的角度选题,以及从政策评估的角度选题。

我的理论背景是刑事法学:博士在国内读的是刑法教义学;在美国读的是犯罪学,也是围绕刑事法的社会科学。所以,我今天举的大多数例子都围绕刑事法学展开,但这种理论与数据的碰撞结合,是可以扩展到别的学科和领域的。

一、法律定量研究的类型

如果关注近 20 年来国内外的法律实证研究,尤其是定量研究,可以发现,按照研究目的,法律定量研究可以分为三类:描述性研究、解释性研究和预测性研究。

我国早期很多法学期刊上的实证研究多半都是描述性的统计分析。比如,一定范围内,被先行羁押的被告人比例,18 岁以上被告人的比例,等等。描述性研究也很有意义,它能帮助我们发现问题。比如,针对前段时间重要的社会话题——拐卖妇女儿童,西南财经大学夏一巍老师做过一个描述性研究。他通过研究裁判文书发现,我国拐卖妇女儿童的起点(被拐卖走的地方)相对分散,包括珠三角、西南地区以及中原地区;终点(被拐卖到的地方)相对来说非常集中,集中在这几个省的交界处。[2] 此外,政府也会做很多描述性的统计。比如,有本官方的《中国法律年鉴》,该年鉴最后的法律统计会公布与我国司法、立法实践相关的描述性数据。这些数据可以提供非常多有用的信息,法院的立案率、再审率、上诉率,公安机关的立案,检察院的逮捕,等等。

在描述性研究之后,整个社会科学最主流的研究是解释性研究。正如刘老师所说,解释性研究的一个核心是因果推断。实际上,用经济学术语讲,因果推断要解决的最重要问题是内生性。内生性包括三个方面的内容:反向因果、遗漏变量和选择偏误。由于存在这些原因,相关性和因果关系之间存在很大差异,刚刚刘老师也给大家举了很多的例子。相关性不能推导出因果性,这不光是一种研究思维,还能影响我们的世界观和价值观。当我们面对很多宣传以及选择生活方式时,都要对从相关性推导出因果性保持足够的警惕。例如,保健品公司经常宣传,食用了它的保健品,病一定会好。这其中的遗漏变量是,绝大多数的疾病是自愈性的:服用一种保健品,病的确好了,但保健品并不是康复的原因。

刘老师提到,因果推断的方法都可以归结为实验的方法。对社会科学来说,有两个原因使得我们很难能做严格意义上的实验。一个重要是社会科学实验的成本非常高,郭春镇老师也提到,做实验的老师往往都是经费非常充足的,这体现了实验的高成本;另一个重要原因是社会科学领域实验需要受伦理性审查。最典型的例子,在刑事司法领域,死刑的威慑效力是很多刑事司法学者都需要探讨的问题。在这个问题上,最好的因果推断方法是,把我国的所有城市随机分成对照组和实验组,在三到五年内,实验组的城市适用死刑,对照组的城市不适用死刑。抛弃这种方法的成本不谈,这种方法是明显违背伦理的实验。在人类社会中不可能实施这种实验。因此,社会科学家退而求其次采取准实验的方法,就是利用已有的政策变动探讨因果关系。在具体的计量方法上,准实验的方法包括很多种,比如刘老师刚刚讲的双重差分法,还有经济学上的工具变量、倾向得分匹配,等等。这些方法都是退而求其次的方法,它们在随机性、排除内生性上不可能像实验做得那么好。

在研究因果关系之后,最后一种研究是预测性的研究。在刑事司法领域,一个重要主题就是怎样预测犯罪。成功预测犯罪,意味着可以把有限的资源投入最集中、最需要的地方去预防犯罪,这是预测带来的社会效益。一般来说,预测犯罪会包括两个方面:对犯罪高危地区的预测和对犯罪高危人群的预测。比如,美国犯罪学界对犯罪热点地区的预测的主要方法,就是通过对数据的相关性进行分析,做出犯罪热点地图,然后在更可能产生犯罪的地区增加警力;还有种预测是对犯罪高危人群的预测,需要用到在社会科学领域和计算社会学领域用得非常多的方法——社交网络分析;通过对各种人群的社交网络分析,定位出那些处在高危社交网络中的人群,专门关注他们的行动,让他们在没有实施犯罪之前被控制住。

二、选题的两种方式

在论文写作中,结构是非常重要的,论文需要以一定的呈现方式来把读者引入研究问题之中,然后逐步解决问题,这样读者读完才会感到酣畅淋漓。但是,有时候我们会自嘲,定量研究的论文结构像八股文。所有论文都呈现出类似的篇章布局:确立研究课题、构建理论模型、建立理论假设、确定研究方法和得出研究结论。因此,它在结构上并不需要研究者花太多的精力。为什么会这样?实际上,论文的呈现结构对应实证研究的步骤。一定程度上,每个实证研究也是这样进行的。

确立研究课题对定量实证研究非常重要。对法学实证研究来说,存在两种确定研究主题的方法。

第一种符合直觉,根据法律运行的立法、司法、执法等不同阶段确定研究主题。以刑事法为例,立法阶段存在刚刚提到的死刑存废问题,我国也已经废除了很多罪名的死刑。《刑法修正案八》废止了盗窃罪的死刑,那么这对犯罪率会有什么影响?这就是一个立法问题,在广义上说是公共政策的评估性问题。

此外,也有很多学者做司法领域的实证研究。比如,在刑事司法领域,很多学者有研究审前羁押的影响因素、量刑情节对量刑结果的影响、法官偏见对司法裁量的影响这些话题。在美国,有很多学者研究法庭内的社会关系对裁判结果的影响。美国大概有95%的案件以辩诉交易的方式结案,那么法庭内的社会关系包括检察官与法官之间的关系、检察官和律师之间的关系会不会影响裁判结果,这是值得研究的问题。

在执法领域的研究,有刘老师提到的行政执法行为;刑事法领域也有太多关于执法的问题,我们最关注的是警察的执法行为。比如,犯罪学有种理论叫破窗理论:一个街道本来没有犯罪,如果不小心打破了一扇窗户,并且长时间没有修缮窗户,这就会使社会公众认为这块地域是不受人关注的,自然而然会认为这里是法外之地。这里的犯罪活动会逐渐升级、越来越猖獗,最后引发一系列恶性刑事案件。警察的破窗执法指的是:警察在遏制犯罪的过程中,不一定只采取逮捕这样的极端措施,也可以关注社区的微观环境。比如,警察看到有破窗,把窗户修好;看到有流浪汉、醉汉,开着警车把他护送回家。但是,遏制轻微的违法行为到底能不能对犯罪治理起到作用,这就需要实证研究。当然,执法不只是警察行为,在刑事司法领域还有减刑和假释。比如,可以研究监狱的犯人被提前放出来对他的改造会有什么影响;还可以研究累犯从重处罚到底是提高了犯罪率,还是降低了犯罪率,等等。

第二种方法是从理论的角度去选择研究主题。对法学来说,我们的理论来源包括两个方面。一是部门法学的理论,如比例原则就是公法的帝王理论。二是社会科学的理论,包括经济学、社会学、认知心理学,等等。这些理论只要与我们的法律运作相关,就会产生很多的研究主题。

乍看起来,这种方法没有通过法律运行的阶段选择的研究问题直观,为什么我会隆重地推荐这种确定研究主题的方法?从刚刚的研究步骤来看,理论起到了承上启下的作用。只要确定了一个理论,自然而然地就确定了研究主题。理论相对研究主题而言是一个更加具体的存在。比如,探讨比例原则的时候,很自然地就会关心立法或者执法中的具体问题。同时,理论也联系着我们的研究假设。刚刚刘老师举了自由落体理论的例子,伽利略和亚里士多德就有两个不同的理论:亚里士多德认为物体下落的速度的快慢是与物体的重量相关的;伽利略的理论模型认为物体下落的速度与它的重量是不相关的。理论的不同,研究假设就不一样。按照亚里士多德的理论,重的球体应该先落地;而按照伽利略的理论,两个球体应该同时落地。所以,我经常强调,一个好的实证问题常常连接着一个好的理论问题。只要找到了一个好的理论,并且在研究方法和因果界定上做到符合学术规范,就能得到非常漂亮的实证研究论文。

三、从部门法学的角度选题

接下来我想从自身经历出发,给大家介绍一些我学习到的经典法律实证研究。以这些文献为基础,我想和大家探讨怎么样从选择理论入手,选择一个好的法律实证研究问题。那么,首先是从部门法学的角度选题。

这是一个非常敏感的话题,规范法学、法教义学与社科法学之间是否存在根本性的对立?教义概念来自神学和宗教学,它指向的是不可更改的文本,比如宗教教义。法教义学要研究的就是在文本不可变更的情况下,怎么对文本进行解释,产生司法解决方案。比如,刑法只是简单规定了故意杀人罪,但哪种行为属于故意杀人?典型例子就是不作为的故意杀人:饿死不到1岁的孩子,这种行为应当被认定为故意杀人;但不给一个12岁的孩子吃东西,这种行为不构成故意杀人罪,而是构成了遗弃罪。这是在同一解释模型上对两种不同的事实进行处理。选择特定的法教义学理论就意味着法官选择了特定的司法解决方案。我们研究司法问题时,研究的对象是法官,这些法官绝大多数通过了司法考试,接受了法学院的教义学训练。李学尧和刘庄老师在论文中提道,这些训练可能不会对法官的决策产生根本性影响,但法教义学理论会成为法官说理的工具。所以,实证研究很多时候不能脱离教义学的基础理论。

部门法学理论对定量研究的作用有多方面的方式,一是可以帮助我们类型化理解司法决策的模式,二是让研究者以更加细致的方式理解司法决策的机制,三是可以解释一些看似矛盾的实证结果。首先,我以对认罪认罚从宽的研究为例说明第一点作用。[3]

2018年,我国《刑事诉讼法》通过了一项新制度——认罪认罚从宽。长期以来,我国也有认罪后量刑从宽的传统:新中国成立初就有"坦白从宽,抗拒从严"的口号;《刑法》颁布后,又有自首、坦白等规定;相关量刑指导意见之中也有当庭认罪的规定。但是,很大程度上,认罪认罚从宽也受到了美国辩诉交易的影响,当然二者也有一定的区别。在辩诉交易中,被告人和检察官不但能够就量刑进行交易,还可以就罪名进行交易;但在认罪认罚从宽中,不能针对罪名进行交易,只能围绕量刑展开。那么,已有的认罪从宽和新的认罪认罚从宽制度到底是什么样的关系?

学者们有不同的看法。一种观点认为,认罪认罚从宽制度是将已有的认罪从宽因素确定化,在制度上确定了认罪、自首和坦白的行为,因此它是一种宏观的、抽象的刑事政策。在确定认罪情节之后,签署确认协议并不重要,协议不能带来额外的从宽。另一种观点认为,签订认罪认罚协议使得被告人和检察官之间形成合意,法官在庭审时不需要对案件进行详尽的实质性审查。简单来说,认罪认罚的决策本身帮助节约了司法资源,国家有理由做出让步,因此认罪认罚本身是一种额外的从宽。

两种观点实际上有不同的部门法理论支撑。第一种观点比较符合我们内心的道德感和秩序感:刑法是神圣的,不容许公民和国家之间进行任意的谈判。在这种情况下,决定刑罚严重程度的因素只有两个:一是犯罪的严重程度,二是人身危险性。从这种理论模型出发,认罪认罚协议不能在既有认罪、自首、坦白的基础上带来额外的从宽,它并不影响犯罪的严重程度和人身危险性。第二种观点采用实践性导向的观点,这份协议本身具有节约司法资源的意义。

两种理论模式建立了两个不同的假设。采用第一种理论,那么法官在选择认罪认罚从宽的时候,应当依附于对被告人人身危险性的判断。只有那些真正认罪、自首和坦白才能够适用认罪认罚。相应的假设是,如果控制人身危险性的相关变量,那么认罪认罚协议本身不会产生额外的刑罚减免。采用第二种理论,那么认罪认罚更像被告人对自己权利的处分,相应的假设就是,这种处分行为将会对刑期产生很大的影响。

基于这两种假设,我做了一些验证。比如,在认罪认罚和不认罪认罚的两组案件之间,在犯罪的严重程度、自首和坦白情节上有没有很大的差异?一方面,如表4所示,我发现第一种理论的适用有一定体现,在适用认罪认罚从宽的案件中,相对来说自首、坦白的比例更高;另一方面,如表5所示,控制了其他的情节之后,在很多地区,这个协议会导致明显的刑罚减轻。

表 4　不同地区认罪认罚案件与不认罪认罚案件中的自首、坦白比例

城市	适用认罪认罚从宽中自首、坦白的比例(%)	不适用认罪认罚从宽中自首、坦白的比例(%)	卡方检验值
北京	94.6	87.2	<0.01
上海	99.8	99.9	0.27
杭州	96.2	50.2	<0.01
福州	99.1	94.4	<0.01
厦门	98.9	98.9	0.92
青岛	99.9	100	0.45

表 5　控制其他情节后认罪认罚从宽的幅度

城市	认罪认罚的被告人实际执行拘役刑均值(月)	匹配后的对照组实际执行拘役刑均值(月)	独立样本检验值	幅度
总样本	1.23	1.31	<0.01	−5.81%
北京	2.00	2.07	<0.01	−3.48%
上海	0.73	0.86	<0.01	−17.65%
杭州	1.10	0.96	<0.01	−14.03%
福州	0.70	0.89	<0.01	−21.34%
厦门	0.62	1.20	<0.01	−48.53%
青岛	0.46	1.53	<0.01	−69.85%

当然，这里使用的数据是 2020 年之前的，现在认罪认罚从宽在我国的适用更加广泛，已经逼近美国的辩诉交易的使用比例。那么，从宽的幅度在不同地区之间也可能有很大的差异。比如，有的地方认罪认罚从宽比例接近 70%，有的地方就只有 34% 左右，差异非常大。

除了类型化理解司法决策模式，部门法学可以帮助我们用更加细致的方式理解司法决策的机制。由于大多数规范理论都力图帮助法官进行周延的司法审查,因此对司法决策中的考虑因素会有更详细的罗列,这有助于研究者形成颗粒度更细的经验假设。

比如,我和刘庄老师做过一篇关于民意对量刑的影响的论文。[4] 我们在司法决策领域,发现了一种二分理解:在决策的时候,法官是听从民意,还是不听从民意?他在不听从民意的时候,就根据自己的独立判断;他听从民意的时候,那么民意让他重罚,他就重罚。这是一种简单的二分理解,但如果纳入刑法教义学模型,就会有另一种二分理解。我们会发现法官在量刑时会考虑到一般预防问题。一般预防又可以分为消极的一般预防和积极的一般预防。在消极的一般预防中,考虑的是刑罚的威慑效力,也即能否通过量刑威慑潜在的犯罪人;在积极的一般预防中,考虑的是量刑能否使被害人和社会公众认为法律是坚不可摧、牢不可破的。

如果采用不考虑量刑教义学的模型,我们就会把法官决策分成回应型司法和自治型司法:如果法官在量刑的时候秉承的是回应型司法理念,那么当地民意认为特定案件应当重判的时候,法官就会重判;如果法官秉承的是自治型司法理念,那么量刑结果和当地民意就不存在显著关联。把法教义学的理论纳入对民意和司法关系的研究,就还有一种情况:民众对特定行为的刑法惩罚态度越强硬,比如民众认为醉酒的危险驾驶一定要重罚,那么法官考虑到当地民众已经具有非常强烈的否定型评价,反而在一般预防角度不需要在刑法中做更加严厉的惩罚,法官反而会从轻量刑。这虽然也是法官考虑民意的体现,但这种考虑和回应型司法中法官对民意的顺从恰恰相反。这种"民意是一般预防必要性晴雨表"的观点,恰恰是从部门法学的量刑模型中引申出来的假设。

此外，部门法理论在某种程度上可以解释一些看似矛盾的实证结果。我最近正在研究各地量刑的差异，发现在人均地区收入越高的地区，盗窃、诈骗、抢劫等财产犯罪的量刑更轻。这比较符合预期，因为偷同样的钱，在北京、上海等一线城市和在经济欠发达地区的危害性是不同的。但是，我还发现了另一个问题，居民收入越高的地区，故意伤害罪的量刑更重，为什么会出现这种情况？从量刑指导意见上来看，根本找不到依据。实际上，原因在于人身损害赔偿数额和经济发展水平存在正相关：在经济越发达的地区，误工费、交通费更高。很多年之前就有些极端案例，探讨城市和农村的"同命不同价"问题。民事领域的问题对刑事领域的量刑或多或少地产生了影响。从应然的角度来讲，这种影响是否合乎刑罚的目的，本身是值得讨论的。

四、从社科法学选题

接下来讲从社会科学领域选题对法学实证研究的影响。由于理论背景，我研究的很多问题集中在犯罪学。犯罪学是一门典型的社会科学。

前段时间，法学界都在关注收买被拐卖妇女儿童的刑罚，也就是针对《刑法》第 241 条"收买被拐卖的妇女、儿童的，处三年以下有期徒刑、拘役或者管制"的讨论。大家最熟知的就是罗翔和车浩两位老师之间的争论，他们主要关注的就是应不应当提高收买被拐卖妇女儿童的刑罚。

车老师的一个思路是，是否提高刑罚，要从一般预防的角度看目前的刑罚能不能够阻碍潜在的收买被拐卖妇女儿童的行为，这涉及刑罚威慑理论。从直觉来看,一个刑罚产生威慑效力需要一系列步骤,并不是说提高收买被拐卖妇女儿童的刑罚,就能立即抑制犯罪。比如,潜在的犯罪人需要知道刑罚的变化:收买被拐卖妇女儿童的犯罪人可能生活在大山里,从来不关注法制节目,也不会看报纸,就算把收买被拐卖妇女儿童的刑罚提高到死刑,也不会对他们的主观感知产生任何影响。只有刑罚的客观变化对潜在犯罪人的主观感知产生了影响,潜在犯罪人基于害怕不再实施犯罪行为,我们才可以说刑罚的威慑生效了。这就是刑罚威慑的最简单的机制。

关于刑罚威慑理论的论述可谓汗牛充栋。一般来说,现在有两个理论分支,一个是社会学视角,一个是经济学视角。

我将以最简单的方式呈现这些视角。社会学视角就是我刚说的,当然,这个过程需要考虑更多的社会环境、社会因素的影响,尤其是社交网络的影响。比如,当一个人处于犯罪团伙中,犯罪团伙的成员都在实施犯罪,这时刑法的威慑效力怎样?尤其是当你看到周围很多人都实施犯罪行为,但没有被发现时,这会不会影响犯罪决策?社会学视角就是这样,从社会环境的视角去解释刑罚威慑理论。

经济学视角会把每一次犯罪决策看作一次理性人的利弊权衡。一个人实施犯罪决策,就是他预期的犯罪收益大于他的犯罪成本。犯罪成本主要包括两个方面:一个是刑罚威慑的成本,二是法外的成本。刑罚威慑的成本就是各种羁押、罚款等刑罚;法外成本是因为犯罪受到污名化,比如犯罪记录、社会声誉等。从犯罪决策函数来看,实施犯罪,那么你肯定会认为你的犯罪收益会大于你的各项成本。刑罚威慑理论解决的就是刑罚成本问题。经济学上也有一个公式,这个公式认为刑罚威慑的成本由几个方面决定:犯罪被发现的概率、刑罚的严厉程度、犯罪与刑罚之间的间隔时间。这个间隔时间是很重要的变量。比如，犯罪后要被处以 10 年的有期徒刑，但如果有期徒刑要 50 年后才真正执行的话，很多人就不会在乎刑罚了。这个公式可以复杂很多。比如，从经济学视角看，犯罪人不一定是风险中立的，他可能对某些犯罪有风险偏好，而对另一些犯罪是风险厌恶的，这都会影响到犯罪决策函数。

再次回到关于收买被拐卖妇女儿童的争论，提高刑罚到底能不能对这种行为产生威慑效应？我和刘老师认为，本质上这是一个实证问题，需要用数据来进行检验，用逻辑推理是不可能说清楚的。我以美国的"三振出局法"为例进一步说明。[5]

美国产生过一个制度，叫作"三振出局法"：一个实施了两次"重罪"的人，第三次实施"重罪"的时候，无论犯的什么罪，刑期都会大幅度增加，下限是 25 年有期徒刑，上限是无期徒刑，并且不得假释。注意，美国的"重罪"对应的是我们国家的犯罪，"轻罪"对应的是我国《治安管理处罚条例》涉及的行为。盗窃、伤害在美国都是"重罪"。这种对累犯的处置违反了刑法上说的罪刑均衡原则。也有过很多极端案例，前面犯了两个重罪，第三次仅仅是敲破人家里的窗户偷了一片面包，构成了入户盗窃，就被判处终身监禁。

三振出局法案在 20 世纪 90 年代极为盛行，全美 27 个州都颁布了此类法案。加州在 1994 年颁布了三振出局的法案，受到了很多学者关注。这种法案的首要目的是实现对犯罪的威慑，问题在于，这种刑事政策能否起到犯罪预防的作用？在刑事司法领域，有很多论文讨论"三振出局法"对犯罪率的影响。先说一个前提背景：加州官方的数据告诉我们，"三振出局法"出台以后，犯罪率整体下降了。这里存在着重要的遗漏变量：也许在这段时间内，即使没有"三振出局法",犯罪率本身也会下降。事实上,美国在 20 世纪 90 年代犯罪率整体下降,很多州、很多种犯罪类型的犯罪率都在断崖式下降。

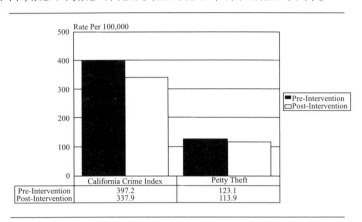

图 6　干预前后的加州犯罪指数和小偷率的平均值

为了防止遗漏变量,有学者找了对照组。如图 6 所示,在第一组中,加州的犯罪指数的确呈现出下降的趋势;而对照组是一些不受"三振出局法"影响的犯罪,比如小数额的盗窃,这组犯罪的犯罪率也发生了下降。如图 7 所示,论文中画了两组犯罪的图表,这个图说明了很多问题:早在"三振出局法"颁布之前,已经出现了犯罪率下降的趋势。这种方法叫作时间序列分析。从时间序列分析上看,很难得出"三振出局法"的颁布和犯罪率下降存在因果关系。他们的结论是:虽然在引入"三振出局法"之后,严重犯罪的犯罪率下降了 15%,但那些不适用"三振出局法"的轻微犯罪的犯罪率也下降了 7%;犯罪率的后续下降仅仅是之前犯罪率下降趋势的延续,"三振出局法"对整体犯罪率不存在重要影响。从实证研究角度来看,我们或许应该得出严厉刑罚并不能很好地遏制犯罪的结论。

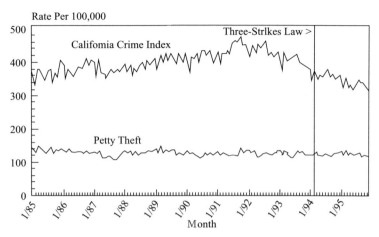

图 7 加州犯罪指数和小偷率的平均值的时间序列

但如果针对"三振出局法"对犯罪人个体决策的影响进行研究会有不同结论。如果犯罪人已经实施过两个重罪，由于"三振出局法"，犯罪人第三次犯罪会被判处一个严重不匹配的刑罚，那么犯罪人会不会因为惧怕而不实施第三个犯罪？"三振出局法"的威慑效力针对的是再犯的人，而再犯的人可以分为两个组别：犯罪一次的人，再次实施第二次犯罪；以及实施两次犯罪后，又实施第三次犯罪的人。我们很容易知道再次实施犯罪的人中有多少比例是实施两次犯罪后又实施第三次犯罪的。如果这一比例很高，就说明"三振出局法"的威慑是失败的。但是，这里有一个内生性问题——可以说是遗漏变量，也可以说是选择偏误。这两组犯罪人是一样的吗？已经实施了两次犯罪的人，往往是更加不思悔改的老手，他继续犯罪的可能性远高于那些仅仅犯罪了一次的人。这两组犯罪人根本就不是一类人，不能比较这两组人犯罪决策的差异。

怎么办？可以用刑事诉讼当中的不确定性来分析"三振出局

法"对决策的影响。由于各种原因,犯罪没有得到认定是非常普遍的,比如大家熟悉的辛普森案。那么,可以这样操作:对照组的犯罪人,事实上实施了两次犯罪,并且经历过两次审判,但由于证据不足或者辩诉交易等案外原因,只有一次被认定为犯罪;而实验组的犯罪人两次犯罪都得到了认定。在这种情形下,对照组和实验组的犯罪人的人身危险性是一样的,但对照组的人下次犯罪不会被三振出局。

这篇论文发现,如果是按照事实上第一次犯罪和第二次犯罪分组,两组在种族、逮捕经历等问题上具有显著差异。但是,如果是按照被司法认定为一次犯罪还是两次犯罪分组,就不存在上述这些显著差异,因为都是事实上的两次犯罪。在这种情况下就可以进一步比较两组犯罪人的再犯率。这篇论文发现,按照前一种分组,第一次犯罪的犯罪人的"没被再逮捕的概率"(Survival Rate)显著高于第二次犯罪的犯罪人,也就是说初次犯罪的人的再犯率比较低。这种比较和"三振出局法"的威慑力也没有关系。但是,在司法上被认定为一次犯罪和司法上被认定为两次犯罪这两组的结果恰恰反了过来:被认定为两次犯罪的人的没有重新逮捕的概率(Survival Rate)反而是更高的。也就是说,被认定为两次犯罪的人的再犯可能更低,而那些只被认定为一次犯罪的人会更加肆无忌惮地实施犯罪。他们通过数据分析发现,被认定为两振的犯罪人相比被认定为一振的犯罪人在出狱一年之后重新被逮捕的比率下降了12%,在第二年、第三年下降了4%。从个体决策的角度来看,"三振出局法"使得再犯率下降了8.3%。

五、从政策评估的角度选题

最后,我简单介绍一下从政策评估的角度选题。这个角度也非常有意义。在美国,一项司法政策在出台之后,会有很多经济学、政治学和社会学学者用严格方法评估该项司法政策。我国近几年有很多司法改革的举措,它们的成效需要用数据科学来证明,这也是实证研究学者的历史使命!

前段时间,美国最高法院推翻了罗伊诉韦德案。罗伊诉韦德案有一个意想不到但很重要的影响——保障堕胎权导致了犯罪率的降低。90年代之前,美国的犯罪率不但非常高,而且连年上升。犯罪率的居高不下影响了美国的刑事政策,美国开始大量对未成年犯罪人实施终身监禁。但从90年代开始,犯罪率开始下降。有学者认为下降原因是警察的破窗执法;还有人认为是无铅汽油的使用使得青少年的大脑发育比上一代人好。有学者认为,美国的堕胎率从1973年开始不断上升,与之相对应的是美国的犯罪率从20世纪90年代开始断崖式下降,这里就会讲到堕胎案与犯罪率下降之间的关系。这篇论文非常经典,发表在 *The Quarterly Journal of Economics* 上。[6]

作者首先在理论上说明了堕胎合法化为什么能够影响犯罪率。犯罪学上认为,由于生理和社会原因,从年龄上看,犯罪高峰出现在15—20岁。因此堕胎对犯罪率的影响不是立竿见影的,一般有15年以上的间隔,因为一个人要长到13—15岁才有犯罪能力。堕胎合法化能够减少潜在的犯罪人群,从而减少了犯罪人口的基数。其原因在于,选择堕胎的母亲的经济文化水平一般比较低,可能是单亲妈妈或者青少年未婚先孕,她们生下孩子也无法提供良好的成长环境,那么从犯罪学理论来说,这些孩子长大后成为潜在犯罪人的可能性也更大。

这篇论文基于这个理论进行了很多分析。首先是最基础、最简单的相关性分析,作者发现堕胎率越高的地区的犯罪率相对下降的也越多,二者呈现负相关的关系。当然,这种相关性研究对因果推断是远远不够的,作者从几个方面进行了论证。第一,作者发现,较早实施堕胎合法化的地区,犯罪率下降得更早;而罗伊诉韦德案之后才堕胎合法化的地区,犯罪率下降得也比较晚。并且,两类地区刚开始还有明显差异,但1994年之后,二者之间的差异逐渐缩减。第二,在堕胎合法化产生影响之前,也就是大约1973—1985年,小孩当时也就12岁,堕胎合法化与犯罪率之间不存在显著关系:堕胎率低的地方犯罪率为31.8%,堕胎率高的地方犯罪率为32.2%;但一旦堕胎合法化产生影响之后,也就是大约1985—1997年,小孩在12岁到25岁之间的时候,堕胎率和犯罪率之间的差异性就在不同的州之间体现出来。第三,作者发现,25岁以上的人在那个节点的犯罪率不受堕胎合法化的影响,但25岁以下的人中犯罪率与堕胎率的关系非常显著。

之前我和于晓虹老师参加过一个对谈,于老师提到的一个观点对我非常有启发。在实证研究中,寻找问题或者构建研究设计时,最重要的是找到差异。这篇QJE的论文实际上就是通过不同差异的比较,一步一步探寻事情的真相。

当然,这种政策评估论文在我国还是很少。非常经典的是陈天昊老师发表在《中外法学》上的《检察行政公益诉讼制度的效果检验与完善路径——基于双重差分法的实证分析》[7]。陈老师这篇论文采用的是刚说的双重差分模型,比较公益诉讼的试点地区和其他地区,进而讨论公益诉讼能否督促政府加强对生态环境的公益保护。在后面,陈老师也发现了很多有意思的结论,比如对废水排放的影响,对二氧化硫的影响,等等。我印象中,这应该是发表在国内期刊的法学实证研究第一次使用双重差分模型,陈老师在论文中也用了很多稳健性检验,回应了很多潜在问题,对因果推断在法学实证研究中的发展起到了非常大的推动作用。

很多政府机构会促进各种各样的政策报告,但这些政策报告或多或少,甚至是大多数都存在统计学上的问题,尤其是遗漏变量。比如,这些报告仅仅比较前后两个阶段的差异,类似于加州在颁布"三振出局法"之后犯罪率显著下降的观点。这时需要学者有一定社会担当,去做政策评估。评估结果有时跟政府的预测是一样的,有时是不一样的。但很多时候,结果不一样的政策评估恰恰最有价值。

对话与问答

侯　猛　我比较关心的是学和做的问题。拿陈天昊老师来讲,天昊在法国拿的是规范法学的博士,结果他现在两把刷子都要用,尽管定量这把刷子刚刚用起来。所以想让你们和即将进入学界的学员们讲一讲你们的心路历程。刘庄以前在国内是国际经济法的博士,他从做实验到现在做数据,不知道是怎样一步步转过去的。雨豪原来是做刑法教义学,同时也做犯罪学。我比较好奇,做教义的人往往比较拒绝学犯罪学。到底是什么样的原因让你去学了犯罪学,而且还能转回法学来,并与刘庄合作研究?

刘　庄　我做实证研究主要还是兴趣爱好,就是觉得这个有意思。让我研究教义学(神学),我不太搞得来。教义学是在特定的规范体系内作解释和合理化。神学在中世纪兴盛,后来衰落,今天没有哪个大学的神学院还特别发达,只有法学界搞神学搞得还是很好的,欣欣向荣,自得其乐。我不太适应,慢慢就转向实证研究。这样心里踏实一点,感觉能够做一些有趣的东西出来。

我接触实证研究是研究生的时候,也是从基础学起,后来慢慢自己去摸索着做些研究。比较幸运的是,芝大很多老师和学生都在做比较精确的实证研究。社会科学的定量方法主要是经济学发展出来的,我也想在经济系先锻炼一下自己,训练一下方法并且看一看经济学的前沿。毕业后我先是在经济系工作,实证研究也是对自己的一个要求。这就是我从法教义学向实证研究转向的大体道路。总的来说,还是兴趣爱好导向。

吴雨豪 我也受到了多方面的影响。侯老师也是影响人之一,我硕士时曾经和您一对一面谈。您当时问我的规划,我说去德国学教义学。您当时表情稍微凝固了一下,然后和我讲了一些全球化的学术生态。我当时动摇了,但没有完全脱离教义学的学习路径。在我们刑法领域,包括劳东燕老师、车浩老师在内的很多老师,虽然在用教义学方法解决司法问题,但他们背后的很多论证都是社科法学的论证,我也是受到了这方面影响。相对来说,刑法学和社会科学是现成地联系在一起的,而犯罪学最早是从刑法学中诞生的。开始有刑法学的新派和旧派之争,后来新派变成了一个独立的学科,就是犯罪学。但北大的刑法学科内部是有刑事一体化的传统。

硕博连读期间,我在陈明楼里思考这个问题,突然就觉得找不到这样一个问题点。于是我觉得应该去做一个新的学科方向上的尝试,也就是犯罪学。到美国之后,犯罪学和我想象的完全不一样,至少我在宾大的犯罪学的训练基本上是按照公共政策,甚至经济学的训练方法。犯罪学理论可能加起来也就两三门课,其他大量课程是跟着沃顿商学院、计量经济学、统计学和机器学习，还学了犯罪预测、地理制图。我在定量研究上被虐了一两年，奠定了用定量研究方法研究刑事司法问题的学术方向。这就是我的心路历程。

另外，说到与刘老师怎么合作的。很长时间，我认识刘老师，但是刘老师不认识我。合作其实很简单，我爱人和刘老师曾经是同事，都在港中文的经济系，方向也非常一致。

陈天昊　我转型的最直接原因就是我进了公共管理学院，不是法学院。我当时回国要是进了法学院，就不会走这条路。法国也算是大陆法系的母国之一、行政法的母国之一，神学我是研究得比较好的。后来到了公共管理学院才发现都是经验研究，要么定量、要么定性。我就受到了刺激，他们的东西我看不懂，我的东西他们也看不懂，这样没办法活下去，所以也得学着他们的东西来做。当然，做研究也要有自己的比较优势，就选了跟法学相关的一些议题来做研究，这是最直接的原因。另外，清华的理工科比较强，对计量、对实证的方法比较青睐。在这个学校，也有很多的合作者，这让我做计量研究、做定量研究有工具支撑。

中国的法治和法律改革很多来源于对西方的借鉴和参考，但确实存在中国本土的特殊性，二者之间存在着张力。来自西方的法律制度在多大程度上取得了好的效果、能不能取得好的效果是天然的实证问题，需要去检验。正好我有条件，也有工具，那我就试试看。前面吴老师也提到检验公益诉讼的文章，最近，我有了一些新感慨，检验中国的法律制度有没有效果，这类研究只能判断这个东西有效果或者没效果、这个东西能走多远，可推广性其实很窄。

这就是吴雨豪老师提到的两种分析路径、两种提问题的方法。一个是从立法、司法和执法的实践角度提问题，另一种则是从理论角度提问题。我现在更想尝试从理论角度提问题。我们现在正在尝试用中国的实证案例为全球的治理理论做贡献,这是更有意思的问题。这意味着需要读很多社会学、经济学包括工商管理学的相关理论,基于理论推导假设,再用中国的案例检验或者发展假设,实现理论的发展。

我觉得侯老师心里也在犯嘀咕,说天昊又搞规范又搞经验。规范法学和经验法学同时做,这就是我想给年轻同学分享的。在学界有口饭吃其实挺不容易的,多一门手艺不是坏事。某个时候文章出不来,还有另外一条路说不定可以出点东西。两条腿走路当然会辛苦一些,但会有更多腾挪的空间。归根结底就是年轻人要活下去不容易,这就是我转型的原因。

侯 猛 我还记得与雨豪的那次谈话。谈话是学院要求的,班主任得和学生一对一面谈。但当时我觉得说了也没啥用,因为雨豪在北大师出教义名门,不太可能去开辟一个新领域。但现在你两边都做得不错,不是说以教义为主,然后掺一些社会科学,而是能把两者很好地结合起来。也许部分原因是刑法学兼容犯罪学的知识传统,所以能够平衡。而刘庄就很决绝,完全告别了教义学。

在这里,我还是提醒在座的各位,绝大部分同学将来还是会在国内发展,就会面临专业槽或者学科槽的问题。法学的专业槽或者学科槽是以部门法为主的,在这个意义上,天昊和雨豪的选择是务实的选择。刘庄很决绝,是因为香港大学法学院跟内地法学院还是不太一样。他们三位都是非常好的经验参照。

延伸阅读

1. Jon Kleinberg et al., Human Decisions and Machine Predictions, The Quarterly Journal of Economics, Vol. 133, 2018, pp. 237-293.

2. Foster Provost & Tom Fawcett, Data Science for Business: What you need to know about data mining and data-analytic thinking, O'Reilly Media, 2013.

3. Joshua D. Angrist & Jörn-Steffen Pischke, Mastering Metrics: The Poth From Cause to Effect, Princeton University Press, 2014.

4. Lee Epstein et al., The Behavior of Federal Judges: A Theoretical and Empirical Study of Rational Choice, Harvard University Press, 2013.

5. 刘庄:《法学中的实验方法》,载《中国法律评论》2018年第6期。

6. 李学尧、刘庄:《矫饰的技术:司法说理与判决中的偏见》,载《中国法律评论》2022年第2期。

7. 唐应茂、刘庄:《庭审直播是否影响公正审判?——基于西部某法院的实验研究》,载《清华法学》2021年第5期。

注 释

1. See Jeffrey A. Segal & Albert D. Cover, Ideological Values and the Votes of U. S. Supreme Court Justices, *The American Political Science Review*, Vol. 83, No. 2, 1989, pp. 557-565.(编者注:关于司法政治学的中文综述,可以参见张翔宇:《对话中的司法实证研究——以美国司法政治学的早期发展为例》,载侯猛、程金华主编:《法律和社会科学》第 19 卷第 1 辑,法律出版社 2021 年版。)

2. See Yiwei Xia et al., Mapping Trafficking of Women in China: Evidence from Court Sentences, *Journal of Contemporary China*, Vol. 29, 2019, pp. 228-252.

3. 详细说明,参见吴雨豪:《认罪认罚"从宽"裁量模式实证研究——基于部分城市醉酒型危险驾驶罪的定量研究》,载《中外法学》2020 年第 5 期。

4. 参见吴雨豪、刘庄:《民意如何影响量刑?——以醉酒型危险驾驶罪为切入》,载《中国法律评论》2023 年第 1 期。

5. 这一事例,可以参见吴雨豪:《论终身监禁的刑罚威慑效力——基于美国"三振出局"制度之考察》,载《中国应用法学》2019 年第 3 期。以及 Lisa Stolzenberg et al.,"Three Strikes and You're Out": The Impact of California's New Mandatory Sentencing Law on Serious Crime Rates, *Crime & Delinquency*, Vol. 43, 1997, pp. 457-469。

6. See John J. Donohue Ⅲ & Steven D. Levitt, The Impact of Legalized Abortion on Crime, *The Quarterly Journal of Economics*, Vol. 116, 2001, pp. 379-420.

7. 陈天昊、邵建树、王雪纯:《检察行政公益诉讼制度的效果检验与完善路径——基于双重差分法的实证分析》,载《中外法学》2020 年第 5 期。

第六章
法律的社会理论分析

杨　帆　彭小龙

第一部分　社会理论对法律研究的意义（杨帆）

我今天分享的主题是社会理论对法律研究的意义。侯猛老师建议我用法律研究而不是法学研究的提法，这样可以避免一些不必要的争论，但其实今天会触及社会理论在法学研究中可以做到何种程度的问题。我的个人背景如下：我的本硕都是法学专业，硕士读的是宪法、行政法；在此之后，可能也是出于对理论的兴趣，我先在哲学系读法哲学，之后又在法国一个主要研究法律社会学的研究所读社会学，偏向社会理论。现在又在一所有着深厚法理传统的法学院教授法理学。如果套用本届研习营的主题"做××"的话，我今天聊的就是"Doing law and social theory"，重点讨论为什么要做法律和社会理论的研究，社会理论如何对法律（法学）研究有帮助。

一、社会理论在法律社会学研究中意味着什么

第一个问题是，什么是法律社会学研究中的社会理论？法律社会学通常被人理解为一种对法律现象的实证或经验研究。那么理论对于它意味着什么？现在社会学领域的杂志，至少顶刊，都要求实证和理论兼具，并且理论必须做得很扎实。没有理论的文章比较难发

表,会被质疑是一篇报告(report)而非论文(thesis)。还有些人,拿到大量经验材料后感到无从下手,不知道如何去整合、分析这些材料。上面这些常见的问题,使我产生了"在法社会学研究中,理论扮演什么角色"的疑问。

这个问题里绕不过去的一篇文章就是彭小龙老师的《法实证研究中的"理论"问题》[1]。我们先从这篇文章谈起。彭老师认为法实证研究中的理论指向"分析框架"。这个定义符合我们通常的判断。没有分析框架,多数实证研究就只能是一些松散的资料的堆砌。我们一般认为,如果实证研究回应了既有的研究、理论,这个研究就是对既有理论的进一步发展。比如贺欣老师在《嵌入式的法院》中用了"嵌入式"这个概念[2],如果继续跟他的研究对话,就是对他"嵌入式"理论的一种回应。

不过,这里的问题是,彭老师文章中用的是"法实证研究中的理论",而不是"法律社会学研究中的理论"。实证研究中对理论的看法不一定代表了所有法律社会学,或者说法与社会(law and society)的范式对理论的看法和运用。所以,作为实证资料分析框架的理论只是法律社会学中理论问题的一个面向,我们还需要考虑其他的理论视角。

二、另外两种理论视角

除分析框架以外,我们还可以想象,是否可能有一种"理论导向型的经验研究"?比如针对卢曼的法律系统论就可以进行这样的实证研究,可以用实证来证明或者证伪:法律是不是一个封闭的系统?有没有分化到他说的程度?以及是否真的能做到自创生?这时,卢曼的理论就不是分析框架,而是我们去证明或证伪的对象。因此,这也是一种理论研究的视角。另外,是否有可能有人在读过某种社会理论之后,会对传统的法哲学问题进行不一样的思考。他可以用社会理论去反思重构传统法学的一些常见主题,也就是说重新研究一些他不满意的教义或通说,给出一种新的说法。这是一种直接从社会理论到法律概念的研究过程,连实证研究都省了。据我所知,在我们通常认为比较保守的德国法教义学研究中,其实就有人采取这样的研究路径。

以上两种路径,我个人觉得都是无法用"分析框架"来概括的。虽然这两种研究进路在我们的日常阅读中,或是在美国法与社会研究范式中,确实少见,但在欧洲社会学和法律社会学中却能经常见到。欧洲的社会学(包括法律社会学)极端重视理论。一位目前在法国做社会学的华人教授,当年读社会学博士时,博士学位论文研究的是宗教中的时间概念,在我们看来这可能是只有哲学系才会讨论的问题。我的博士学位论文研究的是哈贝马斯和福柯对法律商谈问题的概念争议。我在后面用了两章左右的内容,把它放在中国的历史和实践中进行实证考察。所以我的博士学位论文是有实证资料的,但它并不占据主要章节,整体来说还是一项(法律社会学的)理论研究。

当然了,肯定有人会说:你的"理论"与彭老师说的"理论"并不是一种理论。因为彭老师的理论是指比较微观的东西,而你说的则是追求普遍性的宏大理论。同学们如果意识到这儿,其实就抓住问题的核心了,也即美国和欧洲学界对于"什么是理论"的问题有不太一样的认识。我有位在法国读社会学的同学作过一个总结:美国的社会学研究大多从经验材料入手,寻求的理论也是正如彭老师所概括的那种分析框架。"中层理论"是近半个世纪以来,统合美国社会学研究的最主流范式,也就是说,只须对微观实践具有解释力,而不去寻求具有普遍性规律的东西。但法国的很多研究是从很深的理论问题,甚至是哲学问题出发,再通过实践去探索,比如,列维-施特劳斯就是从结构主义(或反结构主义)的预设出发,进入人类学田野,发展出自己的一套结构主义理论。欧洲(法国)的很多社会学大家,都是哲学出身,比如涂尔干、布迪厄。他们从事社会学研究的同时一直没有放弃自己的哲学抱负。这可能跟法国的中学教育中,哲学跟其他社会科学没有分家有关。当然,这并不是说欧洲就没有人做实证研究,或者美国就没有人做大的社会理论研究。总体上说,这种分歧虽然不是绝对的,但是确实存在。

涂尔干作为社会学这一学科的创始人之一,在早期曾提到类似社会测量这种比较科学主义的概念。[3] 但我个人认为,这种方法并未在涂尔干的研究中得到贯彻。一方面,因为那时的方法还没有发展到特别科学的地步,只能做相对简单的田野调查,得出相对宏观的结论;另一方面,涂尔干毕竟是一位哲学出身的法国知识分子,他更多的是从社会学认识论角度进行阐发,而没有将之贯彻到自己的所有研究中(事实上也很难)。一种说法是:美国继承了涂尔干和韦伯社会学思想中的科学主义,欧洲则是发展了他们的理论性思维。此外,默顿也算是美国社会学发展的一个重要节点,在他之后,大多数研究对大理论就不是很感兴趣了。当然并不是完全没有,比如米尔斯等人对这个问题就进行过反思:米尔斯既不赞同回到帕森斯的大理论,也不赞同完全的小理论或者经验实证主义,而是提到了"社会学的想象力"这个概念[4],总之将社会视为一个有灵性的整体或有机的统一体(涂尔干以来的欧洲社会学)。许多人认为,这或许才是社会学的本来面目。社会学是研究社会的逻辑,也即 Sociology 这样一个词的本义,而不仅是一个对社会进行"测量"的科学。今天,欧洲的主流社会理论跟社会哲学之间的关系依然非常紧密,甚至可以说是同构的(一个有趣的对比就是,美国人更喜欢用"政治哲学"这个词,尤其是罗尔斯之后,但是他们很少说"社会哲学",两者关注的对象不甚相同)。

所以,问题在此就转变成了(欧洲式的)"大理论"对法学研究的意义是什么?对于这个问题,让我们先从举例说明开始。

我这里为大家列举了几本书。首先是高鸿钧老师的《社会理论之法:解读与评析》[5],这本书深刻地讨论了马克思、哈贝马斯、韦伯等人(在理论上)对法律的见解。顺带说一句,我在研究生阶段就是受到这本书的深刻影响,进而走上了这条研究道路。另一本书是 *Law and Social Theory* [6],里面也讨论了许多社会理论。除此之外在欧洲也有类似的期刊,比如法文版的法律与社会(*Droit et Société*)。另外还有《福柯,卢曼,哈贝马斯,布迪厄——思考法律的一代》[7],这本书是一位在法国工作过的葡萄牙学者用法语写的。这本书所属的系列丛书中有许多讨论"大理论"对于法律的意义的书籍。以上这些都可以作为例子,说明欧洲与美国法律社会学研究风格的不同。

除法国外,欧洲还有许多人从这个角度进行研究,尤其是西班牙 Oñati International Institute for the Sociology of Law 这个机构,他们出版的 *Oñati International Series in Law and Society* 系列丛书,大多数是用英语写的,比如 *European Ways of Law: Towards a European Sociology of Law* 这本书就有很强的理论面向;[8] 斯堪的纳维亚的传统也跟这个有点类似,Reza Banakar 和他的老师 Hakan Hyden 专门开了一门关于"法律社会学的理论面向"的课;德国的传统稍微特殊一点,社会理论研究跟法学研究之间还有一定的距离(但也要看具体的研究者)。阅读材料中,托依布纳的那篇文章对此的解释是:因为德国的教义学传统比较强,所以社会理论需要经过一定程度的转译才能进入法学。[9]

接下来我想讨论一下,这些宏大的社会理论对于法学研究的作用点在哪里。

三、在社会理论与法学之间

首先想跟各位分享的是,社会理论向法学介入的过程是怎样的。依卢曼所言,法律系统是运作封闭但认知开放的系统。我认为法学要接纳社会理论的原因在于,不能以社会法律系统运作的封闭性来代替认知的开放性。

在这两者之间,还是那个问题:为什么我们要将社会理论引入法学研究中呢?一个大背景是,自然法和实证主义这两种传统法学中最重要的范式,它们之间的争论其实是法学从中世纪向近代过渡过程中必然产生的范式之争。自然法传统是超验的,认为在实在法之外存在永恒正义的源泉。实证主义则认为将实在法作为构建法律体系出发点才是最重要的。于是就有了两者之争,某种程度上是超验和"实在的"(positive)之间的争论,也是"有神"和"无神"的争论。

我们可以把法律社会学这种在欧洲近代兴起的法学研究进路,理解为第三种法学研究的范式。之所以把它称为范式(Paradigm)而非方法,是因为我觉得它可以同实证主义、自然法相提并论。如前所说,如果我们认为社会是一个有灵性的、有机的整体,这个实在的(Positive)社会就必然可以成为法之规范性的重要源泉之一。当然,可能有人会觉得这样将社会过于神圣化了。这可能也是社会学建立之初就有的一个认识论上的可争议之处,不同的人(尤其是在欧洲和美国之间)对这个问题有不同看法,但是这是另一个话题了。

如何理解社会是社会学存在的基础,也是法律社会学得以存在的基础?有这样一本书,是一会儿我想讲的,叫作《重新整合社会》[10]。大家看了这一系列的书后会对"什么是社会""社会为什么是一个有机体"有更深入的和新的理解。在这一派(欧陆)学者看来,社会并不仅是一个需要人去测量的客体,而是需要去研究的有机体。其实讲到这,我觉得这个答案已经呼之欲出了。有三位前辈老师在汉语学界曾做过这样的论述:

> 高鸿钧(2006):"社会理论之法"是从社会整体的视域研究法律,它"观察法律与社会的复杂关系,分析法律与社会的关联互动,追问法律的正当性基础,探求法律发展的未来趋势及其终极命运",并且,与经验主义不同,社会理论法学的研究者们都"有先知般的救世情怀和终极关怀的使命感。"[11]
>
> 於兴中(2009):"在现代、后现代之交,全球化、后全球化并存的今天,社会理论将会像中世纪的神学和现代的自然科学一样,承担起引领法律发展的重任。"[12]
>
> 季卫东:"在自然法学与实证法学之间的张力因整体化而减弱乃至消失之后,法与社会之间的张力势必逐渐凸显出来,其结果,各种社会理论以及来自外部的观察和批判势必长驱直入,使得西方法哲学中的各种思想潜流和异端空前活跃。"[13]

於兴中老师所言的"引领法律发展",在我看来就是"为法律提供正义属性和规范性"。季老师这句话则是从功能替代角度解释问题,也即实证主义范式和自然法范式可能都有自己的问题。自然法现在很难让人通过某种"信仰"去相信正义。实证主义的问题在于通过合法性而实现正当性的进路,它无法从社会中吸取正义的属性(以上也是哈贝马斯《在事实与规范之间:关于法律和民主法治国的商谈理论》一书设定的前提)。因此从功能替代角度来说,社会理论可以一定程度上替代传统自然法和实证法学,有其功能性价值所在。我觉得这就是社会理论对于今天的法学研究来说的意义所在。

我们可以进一步讨论社会理论与"经验"以及"规范"之间的关系。我的观点是,社会理论是经验和规范的杂糅,它体现了从经验向规范进行拔擢和提升的过程,是一个综合性的呈现。在传统法学院接受教育的同学,可能会认为这违反了休谟命题,即事实与价值的二分。不过近代以来,很多研究对休谟命题都发起了猛烈的挑战,尤其是从语言哲学和主体间性的角度。我觉得这些挑战基本上是成功的。大家可以看普特南的《事实与价值二分法的崩溃》[14] 这本书,他从语言哲学角度解构了这个问题,是最通俗易懂的一个读本。哈贝马斯也认为休谟命题已经被解决了,他在《在事实与规范之间:关于法律和民主法治国的商谈理论》曾经说过:"在弗雷格和皮尔士引领的语言转向之后,观念与可感知的事实之间的对立已经被克服了。"[15] 他把这一判断作为自己立论的基础。事实上,跟哈贝马斯类似,在社会理论领域,可以说很多人已经不关心这个命题(休谟命题)了。

接着我们来思考这四个人:哈贝马斯、福柯、布迪厄和卢曼。他们可以说是当今世界上最重要的四位社会理论家。他们每个人的理论都是一种经验和规范的杂糅。哈贝马斯和布迪厄相对好理解。但有些卢曼研究者可能不会同意,因为卢曼曾经说过自己是在描述意义上做研究。福柯研究者们也不一定同意"规范"这个词。这一点,如果后续有机会,我们可以详细讨论一下福柯或卢曼,来说明他们为什么以及如何把自己的规范性隐藏起来。如果简短概括的话,我觉得卢曼的系统论实际上已经从"描述的"走向了"规范的",后续很多系统论法学者(比如托伊布纳)就是在这个意义上使用的;至于福柯,暂且不论他晚年似乎没有完成的"伦理转向",他一生中绝大多数时间所从事的知识考古学或者谱系学意义上的权力批判,也有学者将其概括为"否定的规范性"(刘擎教授语,系刘老师向我本人口述,并在我博士答辩时得到其他法国学者的认同)。

　　我大约是在几年前形成了这种对社会理论的看法和认识,但我当时并不是特别确定,直到2020年,我读到了 *The Natural Law Foundations of Modern Social Theory*[16] 这本书,才发现它写的就是我想说的。这本书从黑格尔开始,写了大约10位社会理论领域公认的大师。作者认为这些社会理论家最后都会要寻求一种规范普遍性,所以它的副标题叫 "*A Quest for Universalism*"。社会理论因此可以像自然法一样,提出某种(超越的)规范性。曾经人们生活在有神的、绝对精神的世界中,对规范性的追求可以诉诸神,而今天我们生活在世俗化社会中,因此不如把规范性的要求诉诸(作为有机体的)社会,至少把社会作为规范性来源之一。这样一来,社会理论对于法律规范性的研究来说,就比较重要了。

　　同时,我也认为没有必要拘泥于法律社会学(法社科)的"科学"(science)属性(认为它只能"描述",不能"阐释")。因为在英语世界中,科学一词强调主客二分,但在拉丁语系中还有学科的意思(比如法语里的"sciences humaines",人文学科)。所以非常有必要将社会理论纳入法律社会学(法社科)研究的范围,它可以丰富、补充法律社会学研究范式,使其不再局限于"主—客"二分之下的实证科学,能打破壁垒,让法律社会学作为第三种重要的法学研究范式,更融洽地参与(规范属性的)法学研究。社会理论可以作为法之规范性的重要研究进路。

甚至在有些社会理论看来,所谓"科学"也不一定是纯客观的或者是建立在主客二分基础之上的,而是被社会所建构的。拉图尔的《科学在行动:怎样在社会中跟随科学家和工程师》一书从社会学的视角解释了科学是如何被建构起来的。[17]我想,这样一种解构也有助于打开社会理论进入法(社会)学研究的通路。事实上,虽然很多研究并没有像我一样构建这么一个前提,但早就有非常多的人从事这个进路的研究了。前面我已经举了几个例子,后面会继续举例。

四、作为法学研究路径之一的"社会—法律理论"研究

构建了社会理论可以作为法律规范性研究的路径之一这个前提,那如何将其纳入法社会学的研究体系中呢?有两条进路,就是前面提到的两种"非分析框架"的研究进路,我们可以分别对他们进行解释和举例。其实已经有很多人从事这两方面的研究了,我只是对这些研究做一个总结。

(一)第一个进路:从理论导向实践的研究

从理论导向实践的研究,即从理论出发,再用实践去证明或者证伪理论,这样的研究其实不少,以下四个例子就是针对刚刚提到的四个人。第一本书是关于布迪厄的,叫 *Quantifying Theory: Pierre Bourdieu*[18],其中讲了如何把布迪厄的理论经验化。第二本书是 *Luhmann on Law and Politics: Critical Appraisals and Applications*[19],其中一章专门介绍如何把卢曼经验化。第三本书是关于哈贝马斯的,叫 *Deliberative Politics in Action: Analyzing Parliamentary Discourse*[20],可以

翻译成《行动中的商谈政治》,主要研究议会的民主商谈过程。作者借助哈贝马斯的"商谈理论"构建标准,将"商谈理论"的要素进行赋值并制作量表,用量表去打分评判议会中协商的理性水平。第四个是福柯式话语分析(Foucauldian Discourse Analysis, FDA),是一种话语分析的主流进路,是把福柯的权力话语理论实证化的主要进路,近20年来发展迅速。这类研究越来越多,我只是各举了一个典型例子。

再举一个相关的例子,协商民主领域非常有名的斯坦福大学詹姆斯·菲什金(James Fishkin)教授,从20世纪90年代开始做了很多协商民主实验,目的之一就是挑战哈贝马斯。桑斯坦也做过一些实验去挑战哈贝马斯。例如,在《信息乌托邦:众人如何生产知识》[21]这本书中,桑斯坦认为哈贝马斯的理论过于理想化,在实践中存在很多无法克服的障碍。我就这个问题写过两篇文章,都是说如何从福柯和哈贝马斯的理论出发去做话语分析等实证研究。[22]在此就不再多举例子了。

(二)第二个进路:社会理论直接作用于法律研究领域

更重要的是第二个面向,即从社会理论出发,重塑法学领域中一些关键概念[23],包括为法律寻找或者构建新的规范性根基。如果把作为有机体的社会作为法之规范性的重要源泉之一,社会理论就是对这种规范性的抽象和概括,因此我们有必要去研究它。至于从社会理论中提炼出的规范性,与法律的规范性之间是什么关系?系统论学者一般认为不能直接画上等号,需要进行"符码转译"。陆宇峰在《社会理论法学:定位、功能与前景》一文中认为两者之间是结构性的关系[24],也即系统论意义上的系统与环境的关系。由于法律系统的封闭性,社会理论必须经过耦合和转译才能对法律系统形成激扰,从而传递规范性。我对这个观点部分同意,也部分不同意。在系统论之外,我可能会倾向于用重叠共识(overlapping consensus)这个词来描述它们之间的关系。这是政治哲学中经常会说的一个概念,但是如何区别结构耦合跟重叠共识,目前我还没想好。分析法学方面,拉兹一直也在讨论这个问题(法律规范性的来源),他在 The Roots of Normativity 一书中集中进行了论述。[25] 这一问题其实在社会理论中也都讨论过。只不过拉兹没有把规范性的源泉跟社会联结起来,他更像是一种"元伦理学"的研究进路,跟社会理论有很大差异;而社会理论又不太注重与法哲学进行对话,因此就需要一些像彭老师和我这样的"中间商"。

总之,在设置了"社会是法之规范性的重要源泉之一"这个前提之后,我们就要沿着这个进路走了。这种进路,我只想举一个例子,就是拉图尔的研究。他所处理的问题其实就是传统法哲学中最核心的问题,即法律的本体论问题(法律是什么?)。只是作为社会理论家,拉图尔完全没有跟既有的法哲学进行对话,他几乎是从无到有自己建构了一套法律本体论。一般来说,社会理论家都不会从法律命题出发去研究法律,而是先构建一套宏大的社会理论,再把法律放置其中。哈贝马斯的《在事实与规范之间:关于法律和民主法治国的商谈理论》可能是个例外,他在书中与既有法哲学进行了深入的对话,但这也是建立在他之前《交往行动理论》所构建的宏大理论基础之上的。社会理论家通常会将法律作为一种重要的社会现象,顺带着统合到宏大社会理论中去。

拉图尔也是如此。拉图尔宏大的社会理论被称为行动者网络理论(Actor Network Theory, ANT)。他认为现代社会及其所包括的科学、法律、宗教等其实都是被建构出来的。建构者就是"actor",但它并不重要。后来,拉图尔甚至不太喜欢用"actor"这个词,他用了一个法语的词汇——actant。"actor"更多地被用来指"人",也就是我们活生生的"human-being"的主体。而拉图尔的行动者网络理论则认为,"非人"(non-human)的行动者也是构建世界重要的主体,甚至比人更重要。在他看来,人与自然不是主—客的关系,而是共同作为行动者而互相建构的关系。不同的行动者之间建立起联系,形成网络(network),这个联系和网络最后制造了现代世界。所以拉图尔这本书叫 Reassembling the Social ——《重新整合社会》。他把所有东西,包括人与非人的集合,都称为社会。他说"行动者们形成他们自己的理论,我们只应跟随它们并描述发生了什么——关系和联系是如何形成或没能形成"。

从这个角度来说,ANT 抛却了主—客观的对立、人文和科学的对立等传统看待世界的方法,代之以行动链条的规模、复杂性和长度等来解释差异。拉图尔认为"一个事实的社会'网络化'程度越高,即产生这个事实涉及的人和事物越多,它就越接近真实和难以被替代"。例如,我们认为一个规范性文件很权威、很有分量,它的权威在于很多领导在上面签了字,又经过各种正规程序进行了复杂的流转。重要的行动者在这个过程中建立了联系,而这个联系扩展得很密,大家都对它进行背书,于是就形成了网络,产生了共识。那么这其实就是我们所谓现代社会的客观(objective)。拉图尔认为,所谓客观(法语:objectif)依然是一种主观状态,它跟客体性(法语:objectité)不一样。

在法律层面上,我们可能更容易理解这个问题。法律并不是一个物质性的东西,它是彻底的"造物",是通过大家的共识和一系列的联结达成的。《法律的生产》这本书说的就是这个道理。[27] 拉图尔甚至认为连科学都是如此构建起来的,他有一本很有名的书叫作《实验室生活:科学事实的建构过程》[26]。拉图尔断言道:"当科学成功时,那是因为网络扩展的成功,当它失败时,那是因为这种网络被削弱或刺破。"

大约在2000年,拉图尔在构建了自己的宏大理论之后,顺带地进入了法律领域。他通过在法国最高行政法院断断续续四个多月的人类学观察,研究法律如何被生产/制造出来(法国最高行政法院判决实际上是有约束力的,因此也算是一种法律)。[28] 他得出了一个有意思的结论:法律没有实在的客体,人们在处理法律问题的时候,通常没有那么激情澎湃,更多是一种漠然、超然的态度,这也是法律通常给人的印象。这种主观上的距离感和超然性通过不断的连接,通过行动者网络最终制造了法律的客观性。这种法律客观性的生产跟我们写论文的过程也很像,是一种"以话语束缚话语"的过程。当我们在下一个不是特别确定的论断,或者觉得这个论断并不权威时,就要给它加一个权威的注释。法律判决的生产通常是这样的,需要各种引证,以增强自身的权威性和客观性。由此,拉图尔在研究法律问题时发现,法律之所以被人感觉是客观的,是因为我们尽量地把人的主观通过各种方式客观化了(比如漠然的态度、以引证作为支撑等)。

拉图尔的研究挑战了传统法哲学对于法律本体论问题的看法,并且他的研究进路与分析法学等方式完全不同。这是社会理论对传统法哲学问题提出挑战的最典型例子。

目前中国学界做这几方面研究的人其实并不多。我个人推荐季卫东老师编著的《议论与法社会学:通过沟通寻找最大公约数的研究》[29]。还有就是我自己的一本英文书 Habermas, Foucault and the Political-Legal Discussions in China[30],是在我的博士学位论文的基础之上改写而成的。我在这本书的开头说:我现在的研究兴趣是社会理论与法律的规范性问题。以这本书作为一个起点,希望未来可以跟一些志同道合的朋友们共同推进。我个人研究的终极兴趣是把社会理论恰当地纳入法律社会学研究当中,助力法律社会学成为一种重要的(规范)法学研究范式,而不仅仅局限在经验或者实证研究上。以上就是我今天的分享。

第二部分　法律研究如何对待社会理论(彭小龙)

首先,感谢杨帆老师提到拙文《法实证研究中的"理论"问题》。该文确实不是在探究一般意义上的法律社会学中的理论,而是讨论"理论"在法实证研究中的意义及其是什么、如何获得等问题,主张作为"分析框架"的理论内置并在很大程度上决定着此类研究的品质。杨帆老师的观察非常敏锐。

一、共识与分歧

也正是在这个意义上,我也赞同社会理论对法律研究的意义是一个更大的话题,除法实证研究以外,还应包括杨帆老师提到的理论导向性经验研究以及更宏观的社会理论与法哲学、法律概念的关联分析等。事实上,无论是早期的涂尔干、滕尼斯、韦伯、埃利希,还是今天的哈贝马斯、卢曼、布迪厄等人,他们的社会理论都不是纯粹的描述性工作,而是蕴含对于个体与社会、国家与社会、正式机制与非正式机制、社会秩序与社会活力等关系的规范层面的理解。由于法律是在社会中创造和运作的,这些理解能够且应当对法律理论中的核心概念、范畴和命题的研究反思作出贡献。特别是,随着法律逐渐成为近现代社会的支配性治理方式,许多社会理论甚至本身包含大量法律相关内容。即如昂格尔所言,"检查法律在现代社会中的位置把社会理论的主要关注之点都聚拢在一起了"[31],许多社会理论和法律研究的关切点是直接相关甚至相同的。

不过,尽管杨帆老师和我在社会理论对法律研究的意义上存在高度共识,但还是存在一些具体分歧。一个主要分歧在于,如何理解社会——或者更具体地说——如何理解邓正来老师当年在评析庞德法律理论时提到的社会学法理学中的"社会"神。

一方面,与杨帆老师一样,我也认为如何理解社会是社会学、社会理论和法律社会学得以存在的基础,但对锁定在"有灵性的、有机的整体"上来理解"社会"及其规范性持一定的保留态度。其实,刚才杨帆老师的介绍已经向我们展示出社会理论家对于社会的各种"想象",在社会的构成以及法律在其中的作用等方面有着多种认识。功能论、冲突论、互动论等各种社会"想象"或许各有偏颇,但亦有其合理之处。在这种近似"盲人摸象"的情况下,尽管我不排斥从"有机体"的角度可能会发展出一种有力的法的社会理论研究进路,但或许还是要高度重视社会的复杂性和人们认识的差异性,强化各种社会理论资源的比较、参照和对话,通过思想市场展开竞争和试错,而这也是《法实证研究中的"理论"问题》所提到的,"理论"提供的是一种"可证伪"的理解。因此,相对于其他类型的研究,社会理论与法律研究的关联分析可能面临更多难点,除了要强化对"法"的研究,可能更难的是如何理解"社会"本身其中也包含法律与社会之间的复杂关系。当然,从另一个角度来看,社会理论或许也因此能够为法律研究带来更多活力和发展可能。

另一方面,我也基本同意杨帆老师有关法律社会学作为第三种法学研究范式的观点,但还是想澄清一下我对这个问题的具体看法。虽然无论是从学说史还是当前通说来看,法律社会学与自然法学、分析法学似乎"三足鼎立"(按照杨帆老师的话来说是"相提并论")的,但个人认为法律社会学提供的并不是某种独立于价值、规范以外的知识,甚至不存在某种不含价值、规范等因素的"社"神。究其原因,与自然现象不同的是,社会本身就是各种观念价值、制度规范以及其他要素互动的产物。如果在探究法的实际样态的意义上来理解法律社会学,法律社会学实际上提供的是一种包含价值分析、规范研究、经验考察等在内的"整合性"理解,而不局限于社会实证或者描述观察。事实上,只要不是执着于默顿"中层理论"以来的英美式经验研究,而是回归到滕尼斯、涂尔干、韦伯等社会学奠基人的理论,或者杨帆老师提到的欧陆传统,可以发现他们对社会及其法律持有的就是这样一种整合性的理解。对于这个问题,我曾在另一篇文章中通过社会与规范在认知、内容和动员等层面的互动框架进行过相关讨论。[32] 或许也正是在这个意义上,我们才能对社会理论可以为法律研究(尤其是核心概念、范畴和命题等)作出贡献持有更多信心和充分依据。

除此以外,杨帆老师刚才提到了宏观/微观、理论/经验的法律社会学的区分,并将我在这篇文章中所提到的作为"分析框架"的理论大体归入微观或者实证层面的分析。应当说,这两种法律社会学研究分类确实由来已久,但从社会理论应用于法律研究的机制来说可能没有那么大的差异。简要来说,无论何种意义上的法律社会学研究,或者是杨帆老师提到的"经验—理论—经验"和"理论—经验—理论"两种路径的概括,都并非在经验与理论之间各执一端。人们总是带着整体理解来接近具体事物,通过认识具体事物来修正整体理解,在此过程中关联起理论资源和经验材料,共同服务于对社会及其法律的说明和解释。因此,在微观/经验的法社会研究中,即便研究者自己可能没有说明,甚至未曾意识到自己持有的宏观理解和理论前见,但往往是这些理解和前见决定着如何接触微观经验、发现问题和提出方案。就宏观/理论的法律社会学研究而言,虽然研究者可能并没有收集接触具体的经验材料,但其理论资源的选取和淬炼往往也深受个人感知的社会现实及其问题的影响。就像米尔斯所说的那样,这些理论往往是在"坚持不懈地将个人困扰转化为公共议题"的过程中形成的。[33] 例如,熟悉哈贝马斯和卢曼的理论的人或许都能感受到,他们的学说显然都带有各自教育、经历所形成的理论前见的影响,是通过与各种理论资源的对话交流而逐渐形成的,并因对具体现实问题的诊断分析而发生了前后变化,从而推动其宏观理论的修正。因此,无论法律社会学研究是为了处理理论问题还是实践问题,即使在形成过程、抽象程度等方面有所差异,但其理论(分析框架)的生产机制或许没有质的区别。在这个意义上,《法实证研究中的"理论"问题》对作为理论的"分析框架"与作为学说的"结论"的区分对于更广泛的法律社会学研究或许同样适用:学说资源持续向下具体化、实证观察不断向上抽象化,在这种反复比对、相互建构的过程中,问题意识逐渐明确具体,作为理论的"分析框架"也得以不断调整重构。这种学说资源、实证资料与问题意识的"等置"过程是法实证研究中的"理论"生成过程,在某种程度上也适用于法的社会理论的发展以及法律基本概念、范畴和命题的反思研究。

二、社会理论在法律研究中有何用

从刚才的说明中,可能大家已经隐约感觉到杨帆老师和我在社会理论对法律研究的意义及其具体运用等问题的认识上可能会有所差异。就前者而言,杨帆老师重点谈到社会理论对于规范性问题的意义,对此我也高度认同。不过,相比较起来,或许我的"野心"更大一些。正如前面已经提到的,法是在社会中产生和运作的,法律现象是一种特殊的社会现象,因此社会理论对于法律研究的意义不仅不限于实证研究,可能也不只在规范性层面,还涉及法律的概念、规则、渊源、体系、法治理论等许多基本问题。在最近发表的一篇论文中,科特威尔梳理了社会理论在法律个人主义、法律自治、法律与权力、作为整合机制的法律、法律多元等重要议题上对法律研究的意义。[34] 由于时间有限,加上许多问题仍在学习思考过程中,我在此难以采用问题或者议题的方式来展示社会理论的具体作用,只能从社会理论如何有助于探究法的实际样态的角度来展开讨论。相对于议题方式的实质内容展示,这种角度侧重方法论层面,或许更适合各种社会理论资源为何以及如何与法律理论的对接。

由于从方法论角度来审视社会理论的用途在《法实证研究中的"理论"问题》中已有相关讨论,接下来我只是在更一般的法律研究的语境下作一些必要延伸。就此而言,从反对理论虚无主义开始讨论或许是一个合适的起点,这是因为,先抛开自然法学、分析法学等传统往往疏于了解社会理论不论,即便是在以揭示法的实际样态为目标的法律社会学(尤其是"微观"的法实证研究)中,也存在重视方法、材料而不注重"理论"的现象。究其原因,这种现象的产生或许与法律社会学乃至社会科学的传统有关。大家都知道,从学科发展来看,社会学、社会理论和社会科学研究在很大程度上是仿照自然科学产生的,强调通过观察、统计、实验等方式来呈现事物之间的联系甚至从中发现规律。虽然近年来各种诠释性、建构性等非实证主义方法不断涌现,但自然科学的认知模式仍然占据着主导地位。不仅如此,许多从事法律社会学研究的学者往往强调我们面对的是活生生的社会事实,接触的是具体可感的经验材料,而这恰恰是此类研究相对于规范研究、教义分析、价值判断等其他研究的独特优势。这种独特优势要求做到"价值无涉""眼见为实",恰恰不能过多预设理论立场或者价值判断。不过,问题在于,我们真的能够脱离"理论"来揭示法的社会存在吗?为回答这个问题,我先以两个研究为例,分别对应前面提到的"微观"的实证研究和"宏观"的理论研究。

第一个例子是 10 年前我做的一项人民陪审员制度实证研究。[35] 写作这篇文章的大体背景是,当时许多实证分析都表明人民陪审员难以实质性地参与审判,许多学者据此认为该制度是一种"象征""鸡肋"或者只是"看上去很美"。我在收集整理相关经验材料的时候也发现陪审员难以实质参审,但并非在实践中毫无用处,而是在人力资源补充、调解、知识提供等方面扮演着司法辅助者的重要角色。在组织这篇文章的时候,我借助黄宗智老师的"表达与实践的背离"、拉德布鲁赫的"目的转换"等理论资源,最后用"职能分化""职能异化"等来阐述我对人民陪审员制度实践的认识。但坦白说,当时我只有一个大体的理论直觉,没有从既有学说中找到一个现成的分析框架。若干年后,当我读到默顿的《社会理论和社会结构》时,发现文章中的分析框架实际上蕴含的就是显功能与隐功能的关系问题。当然,如果今天再来重新审视这项研究,可以发现它与当时其他实证研究的差异实际上根源于社会理论中"功能论"和"冲突论"两种传统,由此导致材料收集、分析论证和最终结论究竟是将更多的人民陪审制度实践纳入其中,还是更聚焦于人民陪审员与法官的权力制衡。

另一个例子是有关私制秩序(private ordering)的经典(法)社会理论,主要涉及的是民间社会规范、非正式控制、自发秩序等问题。这方面的一个经典研究是耶鲁大学的罗伯特·埃里克森在其《无需法律的秩序：邻人如何解决纠纷》中提供的。[36] 事实上，美国加州夏斯塔县牧区纠纷相关经验材料所呈现的"熟人社会无需法律"的现象并不罕见，埃里克森之所以能够从中发展出一种社会理论，或者按照苏力老师说的"从先前的人文研究（解说）转向了一种社会科学研究（论证）"，主要是建立在他对当时法律经济学和法律社会学研究普遍存在法律中心主义的批判上，并通过运用囚徒困境、重复博弈等理论资源才得以形成。当然，这种社会理论并非不存在可反思之处。在2011年发表的一篇论文中，Tehila Sagy发现私制秩序的形成构造实际上与社会等级制、国家权力之间存在密切关联，由此提出一种双重秩序理论。[37] 这个理论为解析民间秩序提供了更立体的理解，但却不是基于经验材料的差别。事实上，Tehila Sagy在这项研究中并没有做任何新的经验调查，依靠的恰恰是埃里克森有关夏斯塔县（以及另两项私制秩序经典研究所涉及的纽约交易俱乐部、以色列集体农场）的现成经验材料，其差别实际上还是在于"理论"的不同。简要来说，以往研究在某种程度上隐含着国家与社会的二分框架，这项研究则立足于国家与社会的相互构造，而这种相互构造在华盛顿大学米格代尔的"国家与社会的相互塑成"中有更集中的讨论。

讨论到现在，大家可能都发现了，无论是微观研究还是宏观研究，背后都带有特定理论的影响。为什么会出现这种现象呢？简要说来，这是因为法是一种特殊的社会现象，当人们尝试了解其实际样态时，往往会面临以下几个问题。第一，法的实际样态是一种客观存在，可以通过观察描述对其进行说明（explanation），还是一种本身蕴含主观因素的存在，需要通过理解来进行解释（interpretation）？第二，能否脱离法律来理解法的实际样态？或者更准确地说，即便存在书本上的法与行动中的法的差距时,如何妥当地看待法律的作用?第三,能否抛开价值考量来探究法的实际样态?法律是现代社会的支配性治理方式,必然承载着特定的价值考量,每个个体对于法律和法律制度都有可能有其独特认知。如果注定不能够完全抛开价值考量,那么是否存在以及如何超越刚才杨帆老师提及的事实与价值(规范)的"鸿沟"?第四,影响法的实际样态的因素是否具有普遍性?无论研究样本有多大、范围有多宽,研究者面对的总是具体的制度、琐碎的资料和语境中的问题,在这种情况下,又如何从注定是局部的资料素材中捕捉法的实际样态?

由于以上问题的存在,旨在揭示法的实际样态的法律社会学研究必然蕴含主观与客观、事实与价值(规范)、一般与个别、应然与实然等紧张关系。事实上,即如前面提到的,如果我们承认法是一种社会现象,这些紧张关系或许也在不同程度上或者以不同方式存在于探究法的一般性质、运作机制以及具体法律制度等其他研究之中。显然,这些问题无法通过纯粹的观察描述或者经验材料得以解决,研究者需要依靠对法、社会乃至整个世界"是什么""应该是什么"等一般化理解或者"理论"来展开研究。[38] 尽管每个个体都可能拥有自己的"一般化理解",但社会理论不仅相对完整和体系化、集中体现了人类社会对于包括法律在内的社会相关事物和运作规律的各种看法,而且也是塑造个体理解的重要资源。通过前面两个例子,社会理论对法律研究的作用具体表现为以下三个方面。其一,提供观察法律制度、实践及相关经验材料的眼镜。我们总是自觉或者不自觉地在各种社会理论资源下看待社会问题,这也是人们为什么会对同样的制度及其实践形成不同观点的重要原因。其二,提供理解法律及其与社会、历史、人生等宏观背景的资源,在此过程中将个别的法与一般的法、法是什么与法应该是什么等关联起来,成为因果分析的必要中介。其三,提供传承、深化、批判和发展的试错反思纽带。研究对象往往是个别的,经验素材常常极具差异且变化不定。事实上,当我们今天回忆滕尼斯、涂尔干说了什么,可能对于其中的许多经验细节已经记不清楚了,给我们留下最深刻印象的,同时也吸引我们不断阅读反思的,往往是他们所提炼出来的共同体与社会体、机械团结与有机团结等理论框架。正是因为社会理论具有脱离个别事物的一般化特征,人们才能跨越琐碎的实证素材,甚至超越具体的研究对象,通过各种社会理论资源及其与日常观察之间的碰撞,不断反思、改进既有研究,或者找到新的理解方向。

三、社会理论如何应用于法律分析

大家可能已经注意到,刚才我在谈论社会理论在法律研究中有何用时,有时会在这些理论后面加上学说、资源等词语,这与我在前面提到的作为理论的"分析框架"与作为结论的"学说"的区分有关。具体来说,尽管既有的各种社会理论对法律研究具有重要意义,但个人并不认为它们可以直接作为法律研究中的"理论",甚至往往也不能成为法律社会学研究中的"理论",而是作为这些研究中"理论"形成发展的资源,需要经历联想转译、视域融合等创造性过程才能适用于法律问题的分析。究其原因,这既与社会理论往往并不专门以法律现象为研究对象有关,法学针对如何理解法律的性质及其运作已积累大量学说教义;同时,又因为社会理论是学者基于其所处时代和所感知的问题而提炼出来的,有其特定的问题意识、适用边界和条件限定。例如,当我们在批判建构论唯理主义、"自然/人为"划分及其导致的"社会一元论"的意义上,哈耶克的"社会秩序二元观"重视进化论理性主义和"人之行动且非意图设计"的秩序,强调法律与立法以及自发自生秩序与组织秩序等区分是恰当的。但如果脱离这种理论提出的时代背景和哈耶克的问题意识,直接将其结论作为法律研究中的"理论",则有可能割裂社会秩序形成中自发与建构之间的相互作用,并且可能误将社会当作某种同质的"统一体",进而有可能误读社会的构成以及法律在其中的作用。

因此,针对社会理论如何应用于法律研究,我反对"理论本本主义"。法律研究需要高度重视社会理论,但不要奢望社会理论为法律研究提供现成的分析框架。尽管每位学者可能都有自己的理论偏好,而且如杨帆老师那样,或许只有深耕于某种社会理论才有可能发展出一种具有竞争力的理解视角,但同时也要明确意识到这或许只是众多理解中的一种。特别是,在分析法律现象时,无论研究对象是一般的法还是具体的法律制度,不能忽视法学在这些领域积累的智识传统,"All But Law"是无法真正理解法律以及由法律所塑造的社会的。换句话说,只有以问题为导向,综合掌握、比较和整合相关的社会理论资源、法律学说教义和经验材料,我们才有可能发展出一种有竞争力的理解。就此而言,帕特南的《使民主运转起来:现代意大利的公民传统》尽管不是一项专门的法律研究,却为社会理论如何应用于法律研究提供了一个好的例证。[39]20世纪70年代,当他开始跟踪研究意大利地方政府民主改革实效时,其理论直觉基本来自新制度主义,但并不是直接搬用已有的学说,而是在"制度建构政治""制度为历史所建构"的基础上丰富发展出"制度绩效受其置身的社会背景的制约"的结论,在此基础上,从比较社会科学三种解释模式中提炼出制度设计、经济发展和社会生活三个解释变量。通过对经验材料的收集整理，他确认社会生活的差异是影响不同地区制度绩效的关键变量，并从这个关键变量中提炼出关系社会资本理论，将"社会资本"概念从个体层面上升至"互惠的规范和公民参与的网络"的群体或者"公共用品"层面，为"长期地、系统地研究制度怎样发展以及怎样适应其社会环境的问题"提供了一个分析框架。再一次，这个分析框架的形成也不是凭空而来或者直接搬用，而是融合历史选择和理性选择的双重视角，在充分吸收集体行动困境、博弈、均衡等理论资源的基础上发展出来的。在将社会理论应用于具体研究的过程中，严肃对待自己研究的学者肯定会在综合各种理论资源和经验材料、不断打磨其特有的"分析框架"上下功夫，而这也是许多学者标识性研究的精髓所在。

也许有人会问，是否存在这样一种情形：如果某种社会理论为分析法律现象提供了很好的观察角度，能否直接将之搬用到法律研究中？或者如刚才杨帆老师提到的，是否存在一种理论导向实践的研究，从理论出发再用实践来证明或者证伪该理论？坦白说，我在写作《法实证研究中的"理论"问题》初稿时没有明确考虑这个问题。文章在修改投稿过程中，有专家提出了类似问题——如果不是直接照搬，而是"接续阐释"，这种学说能不能成为法律分析中的"理论"？——并向我推荐了周黎安老师的《再论行政发包制：对评论人的回应》中有关"好的理论"的讨论。[40] 这些问题促使我进一步厘清自己的想法，由此对作为理论的"分析框架"与作为结论的"学说"做了明确区分。分析框架是识别研究对象并予以分类概括、提取概念命题、确定解释变量及其关系的思维工具，是研究者对具体研究对象的现实把握与他对研究对象是什么、又如何揭示等的一般性理解相互建构的产物，而学说则是在这种分析框架下针对特定问题所得出的结论。这种说法可能有些抽象,不妨还是以帕特南的研究为例予以说明。简要来说,通过综合各种制度分析、经济分析、社会分析等理论资源与25年的经验观察所提炼出来的"互惠的规范和公民参与的网络"是其分析框架,"社会资本强导致强社会"以及"强社会,强经济;强社会,强国家"则是他的具体结论,两者共同构成了他的关系社会资本理论。应当说,他的结论对于意大利地方政府民主改革的制度绩效差异确实很有解释力,但或许并不意味着该结论可以直接适应于其他问题的研究。事实上,在这项研究结束不久,他便意识到社会资本并不一定会导致强社会,坦承他忽略了社会资本可能带来的反社会的可能性,并在后续的《独自打保龄:美国社区的衰落与复兴》对社会资本可能的正负效应作出分析,提出了所谓"黏合性社会资本"和"连带性社会资本"的区分,进一步完善了他的"社会资本"理论。[41] 由此可见,尽管"理论"一词含义丰富,在既有的社会理论中区分"理论"和"学说"或者"分析框架"和"结论"在表达上确实有些拗口,但这些区分是存在的,而且对于将社会理论应用于法律研究是非常有意义的。从中也可以再次证实,如前面提到的私制秩序的研究,我们实际上是通过对社会理论中"分析框架"的理解和反思不断推动对法与社会的认识。

以上所述并不是贬损社会理论的作用,只不过是主张在运用社会理论时不能偷懒,要细心区分社会理论中的"分析框架"和具体结论。一方面,缺乏社会理论的自觉和分析工具的淬炼,法律的实证研究往往无力提供一种融贯系统的解释,与工作报告、经验总结等事实上相差无几,难以体现出"研究"的品质,更难以为法律研究提供支持。另一方面,不注重社会理论中"分析框架"和"结论"的区分,将后者直接作为"理论"来分析法律现象,在某种程度上或许也是另一种"教义"

的版本,反而背离了运用社会理论的初衷。当然,正如周黎安老师提到的概念和分析框架的"经济性和稀缺性",不是每个重要的现象和问题都要提出一个分析框架,只有当传统工具无法提供解释时,才有必要重新建立和发展分析框架,而这或许也正是杨帆老师提到的理论导向性经验研究的重要意义。因此,就社会理论如何应用于法律研究而言,当问题意识相近时,既有社会理论中的分析框架可以且常常直接作为当下研究中的"理论";在更多情况下,以往学说则是作为分析框架的资源来介入的。

四、一个简短的总结

刚才所讲的内容可能有些庞杂,但概括起来,社会理论对于法律研究的意义可以总结为以下三句话。

第一,反对理论虚无主义。社会理论,或者更准确地说,作为分析框架的理论,实际上是观察法律现象、分析法律问题的眼镜、镜片或者"架构",不同的镜片提供的观察角度是不一样的。如果对此缺乏自觉,理解、对话及创新的可能性也大为下降。作为理论工作者,最重要的就是要不断淬炼自己的理论感,有针对性地形成自己的分析框架。

第二,反对理论本本主义。尽管我们大都可能是从既有社会理论的研习过程中形成自己的理论自觉,甚至分析框架,但不要神化这些社会理论。最好不要将某种社会理论当作"教条"来演绎,也不要简单认为它们为当前这个时代,尤其是我们社会提供了包罗万象的方案。建议大家在学习和运用社会理论时,不仅要关注其具体结论,同时也要更留意甚至提炼其分析框架。

第三,培养"社会学的想象力"。无论是社会还是社会中的法,本身都包含了各种观念价值、制度规范、社会要素的复杂互动。在理解社会理论并将其应用于法律研究时,需要在个人困扰与公共议题之间建立起桥梁,这就要求清楚了解和反思社会理论及其蕴含的分析框架的关注重心和独特优势,在与具体议题和经验材料的"目光往返流转"中打磨自己的分析框架,而这或许也正是杨帆老师和我都提到的米尔斯《社会学的想象力》所强调的内容。

对话与问答

杨　帆　刚才这些讨论既有共识又有分歧,我想先回应一下彭老师刚才提到的几点。

把理论进行区分的原因在于,不同的理论的出发点不一样。我受到的是一种建构主义的结构功能型的社会学的影响。它是一种建构主义理论,背后的哲学是欧陆唯理主义,就是说欧洲人认为可以通过一种理性的建构去实现社会目标。从这个角度来讲,韦伯只是描述了这种理性在社会建构中的作用,但他没有说要用自己的理性去建构一个什么样的社会,所以韦伯做得并没有像涂尔干或者后面我提到那些学者那么极致。这一点上,即便都是欧陆社会理论家,彼此之间也有分歧。比如布迪厄跟后来的拉图尔在这个问题上就有争议。

另外一面,就是今天主流的学界对于社会学、社会理论的理解,似乎可以把它概括为一种从英美实用主义哲学出发的对于因果机制进行剖析的理论。这过于窄化了。这两种理论看起来确实有大和小的区别。不过,可能我受到欧陆理性主义的影响比较深,所以我觉得还是存在着一种向哲学领域靠拢的社会哲学,或者叫社会理论,它以追求宏大的统一性为目标,但这并不意味着它是具有垄断地位的、唯一正确的。

有些人把它称为社会哲学,也可以叫社会理论,它是沿着黑格尔那套来的。黑格尔区分了国家、社会、个人三者,他把社会作为一个哲学命题提出,后续的各种研究就都形成了自己的一套社会理论。

侯　猛　我们要做的是法律社会学,但是研究的理论来源或者知识来源都是韦伯、涂尔干等人的社会理论,然后从社会理论直接跳到了经验研究,尤其是做"田野"、做经验这一块,那为什么不学习法律社会学理论呢?当然,法律社会学理论不仅是卢曼的学说,主要还是美国法与社会运动的研究。做法律社会学研究,除宏观社会理论以外,还要包括法律理论、法律—社会理论。比如,做法实证研究时,可能直接吸收的或者对话的是科特威尔,而不是韦伯、涂尔干。所以,我总觉得法律跟社会理论之间还是少了一些纽带。

杨　帆　侯猛老师所说的恰恰体现了研究理论的法律社会学者的重要性,比如说像巴纳卡(Reza Banakar),或者像彭老师这样的学者。我们可以把大理论跟法律研究对接,做一个衔接性的工作(中间商)。我之前写的,在哈贝马斯和福柯的话语理论基础上如何构建出一种更好的评价法律话语的方法,就是从这个角度进行研究。原来的法律话语分析看不到要在话语里找什么,但读了哈贝马斯和福柯之后,会发现原来是要在里面找"理性""权力"这些东西。我觉得是需要一些做这种"转译"研究的人。

侯学宾　我和彭老师的知识背景和获取来源是相似的,都偏英美这一块。因为杨老师在法国读的博士学位,所以他偏欧陆那块。知识背景上的差异导致很多观点和思考自然也存在个人差异。另外,对于刚才讲到的写作中的一些问题,我觉得个人兴趣和学界关注不一定完全对应。比如我最近比较迷恋组织社会学中的制度逻辑理论,写作时也可能会出现刚才讲的拿大理论接入法律领域的问题。但现在可能有所变化,现在法律社会学里边有一个词,就是"法"。"法"在这里边是一个什么样的角色?我们用这些法律社会学理论,或者是社会学理论来看待法律领域的问题时,首先就要关注法律规范,关注时代的法律制度。

法律制度是已经建构出来的,不能把它扔到一边。所以在具体层面上,还是要注重法律规范或法律制度的分析,然后把它放入整个社会中去分析。社会学的东西和法律社会学的东西是不一样的。所以可能也是给同学们提一个醒:理论的秩序是多元的,但关键一点还是要回到法律社会学。所以这个学期我跟学生们商量读两本书。一本书是《法律社会学导论》[42],适合硕士生来读,另一本是周雪光老师的《组织社会学十讲》[43]。其实跟我们刚才讨论的有点相似,到底是在法律社会学还是在社会学里面进行研究,我现在也没有作出最终的决定。

彭小龙　结合三位老师的评论,我想对刚才讲的内容做两点补充说明。

第一,尽管刚才提到社会理论为理解法和法律制度提供了更广阔的视野,一些社会理论本身也包含了大量法律分析,但不得不承认的是,既有的社会理论很少关心法律研究中已有的智识传统,因而基本上未能进入法律研究的核心腹地。即便像哈贝马斯在写作《在事实与规范之间:关于法律和民主法治国的商谈理论》时得到了一个法律专家小组的协助,但他对法律理论的理解和把握可能还是存在不少问题。因此,在基础理论层面上,一个不可或缺的工作是需要进一步强化对社会理论中有关法律分析的研究。当然,这可能还不仅仅是概括、提炼或者转移工作,有时候可能某些社会理论没有关于法律的直接分析,或者这种分析所针对的问题和依据的材料已经过时了,这就需要我们在其分析框架下接着想。只有这样,我们才能将社会理论与法律理论对接起来,而这或许就是刚才学宾老师提到的要关注社会理论是怎么分析法律的。当然,这也进一步说明了,法律研究不能直接搬用社会理论。

第二,杨帆老师非常关注法律的规范性问题,这确实是以往法律社会学不太关心的内容。相对而言,"社会理论之法"在解析社会理论家眼中的法等方面有很大进展,但坦白说,目前在法律的基本概念、范畴和命题上仍有待进一步推进。那么,如何来推进这些研究呢?即如前面提到的,将自己对特定社会理论的理解感悟投射到法律上来的"思想实验",无疑是一种可能的方式。最近,我在做一项关于法治的社会学研究时,也尝试透过哈贝马斯社会理论中的"分析框架"来观察他是怎么思考法治相关问题的,包括他说了什么、可能会说什么及其启示和不足等。此外,从具体的实证研究入手也是一种可能的方式。《法实证研究中的"理论"问题》虽然关注的不是基本概念和范畴,但其中有关"理论"形成过程表明,社会理论、法律理论、教义学说、经验观察、问题意识的"等置过程"不仅有助于增强对具体法律制度的认识,同时也是法的社会理论的重要形成机制。法的社会理论的建构与具体的经验研究往往是同步交叉进行,这不仅说明了区分作为"分析框架"的理论与作为"学说资源"的结论的意义,同时也进一步表明不能过于割裂宏观/微观、理论/经验的法律社会学研究。

杨　帆　我和彭老师对于要从法社会理论中读出法的规范性、并解释法的规范性这一看法,是一致的。当然,因为不同的社会理论的出发点不同,会从中读出不同的规范性。另外一个细节补充问题是,刚才彭老师讲哈贝马斯如何看待法治时提到了民主法治国。这里可能存在一些翻译上的障碍,因为在德语和法语中都没有 rule of law 这个词,这里面的 state of law 可以翻译成法治国,也可以翻译成法律的状态,但是译者在给哈贝马斯做翻译的时候,还是有点字面了。

韩　宝　杨帆老师所说的法律社会学的研究怎样去理解社会,确实说到我心上去了,但我不知道有没有好的办法。后面杨老师又说法律社会学研究法扮演一个什么样角色,但是这个问题怎么能够回答出来?杨老师,您能不能再把这一前一后的两个问题解惑一下?另外,再向彭老师请教一个问题:在讲到反对理论的虚无主义和理论本本主义时,您说要区分理论和学说,能不能多解释一点?

杨　帆　我们现在的研究还比较初步,如果这件事儿能形成一定的规模和影响力的话,后续就有可能进一步推进,更年轻的同学们就会觉得它有一定的吸引力。我觉得它肯定是被统辖在法社科之下的,就是法社科中肯定要有一部分人去关注理论问题,解释理论问题,然后将理论问题提供给其他人去做研究。

彭小龙　确实,"理论"一词的多义性给我们的理解制造了不少困难。我还是举一个在《法实证研究中的"理论"问题》提到的例子来说明吧。大家都知道,涂尔干提出了一个有关法律与社会共同演进的理论,随着从环节社会到组织社会、机械团结到有机团结的变化,法律也发生所谓从压制性法到恢复性法的形态变迁。其中,压制性法以刑法为典型,恢复性法则包括民事法、商事法、程序法等。20 世纪 60 年代,美国西北大学的 R. Schwartz 和耶鲁大学的 J. Miller 发表了一篇题为《法律进化与社会复杂性》的论文,挑战了涂尔干的这个结论。[44] 简要来说,两位学者调查了 51 个社会,按照古特曼位阶(Guttman Scale)的从简单社会到复杂社会的顺序排列了 6 个等级;然后,他们识别出调解、警察、法律顾问三个法律制度性指标。调查发现,除了2个社会的情形有些异常,11个社会不存在调解、警察和法律顾问,20个社会只存在调解、不存在警察和法律顾问,11个社会只有调解和警察、不存在法律顾问,7个社会存在调解、警察和辩护人;最后,结合这51个社会的发展程度,发现最简单的社会不存在压制性职能的警察,而赔偿和调解等恢复性措施的存在并不以社会分工为前提,警察反而出现在较为复杂的社会,法律制度的进化顺序呈现出调解—警察—法律顾问的趋势。这项研究确实挑战了涂尔干有关从压制性到恢复性法发展的具体结论,但事实上他们采用的却正是涂尔干的分析框架,即将法律作为一种表征社会事实的指标,关注法律制度与社会发展的内在联系。也就是说,他们实际上是运用涂尔干的分析框架来证伪涂尔干的具体结论。当然,这种证伪是否成立,实际上还是可以再讨论的,特别是他们在对涂尔干社会分工理论的理解和具体指标的选择等方面可能还存在一些问题,但从中可以看出分析框架和结论是可以区分的。这也补充说明了,并非每一个实证研究都要提出一个独特的分析框架,沿着既有理论的分析框架来展开分析和反思,本身也是推进对法与社会的理解的重要方式。

杨　帆　我补充一下,不知道能不能把刚才彭老师的区分整合进我刚才讲的内容里。第一种就是关于社会理论进行实证研究的类型;第二种可能更哲学化一点,是对社会理论进行解释,把它当中的规范性问题解释出来,再注入/转译进法学研究的研究类型。第二种直接跳过了实证研究,是传统哲学系的人在做的事,包括文本解释、思想史考证等。我提倡的关于社会理论的法(社会)学研究,主要就是这两条路。当然还有一条路,大家相对比较熟悉,就是传统一点的,以实证研究为主,通过一个解释框架,寻求经验材料与理论框架之间的互构。

我跟彭老师可能都会尝试去统合它们，我们可能会在外延上有一些区别，但大多数地方其实是重叠的。

提　问　理论真的是可以证明或者证伪的吗？

杨　帆　这个问题很好，其实证明或者证伪这个词，我用得有点草率了。理论与实践研究结合的时候，需要注意的是把故事讲得更完整，理论要对故事更有解释力，或者跟故事之间更贴合。我觉得这是一个比较恰当的进路，而不是说单纯的证明或者证伪。但是如果把证明或证伪的表述放到这里，更能吸引眼球。就像桑斯坦的研究对哈贝马斯的理论来说，不是说哈贝马斯说得就真的不对，而是要用实证去挑战一下，发展出更多的可能性。其实哈贝马斯自己说了，他是在搞哲学的东西，只是提出一种理想，而不是说让你去证明。所以，从这个角度讲，我觉得理论研究跟实证研究之间并非不可调和、非此即彼。我在哲学系待过一段时间，受这种唯理主义影响，我觉得唯理主义的社会哲学或社会理论是可以对法学有所帮助的，仅此而已，两者之间的关系不是简单的对立。

提　问　当今的中国能诞生什么样的社会理论？或者什么样的社会理论适合中国？

侯学宾　从社会理论出发研究法律中的概念/含义、规范以及正当性问题可能会导致难以与国内学者的论文进行对话。因为它既不是教义学，也不是法实证，很难得到国内法学期刊的认可。我和杨帆老师看法不同，我觉得重点不是在于从哪个角度或者从哪个理论出发去讲，而是现在法学期刊界不太愿意发定量的文章，对于这种文章，我觉得不是说不会发，关键在于对这个问题的把握。第一，选题一定要是好的或者新的问题,或者是一个值得学界共同关注的问题。第二,研究一定是扎实且有新意的。因为你的文章不可能不和国内学者对话,完全拿一个国外的理论来研究的也不是一个好的研究。所以我认为,关键在于彭老师刚才说的运用这些理论或者这种方法能不能把这个问题做好。

杨　帆　社会理论最好不要太区分是哪国的,无论是解释机制型的、分析框架型的,还是追求普遍的宏观的社会理论,最好都不要太过于区分。如果太过于追问是哪国的话,就会陷入相对主义的误区。比如,解释机制型的社会理论,其实可以讨论、补充、修改的,不是固定不变的;而如果那种所谓具有普遍意义的社会理论,当然也可以用一种新的、不同文化背景的哲学观念去跟他讨论,但是不要太在意理论是不是必须跟特定背景紧紧相连。

彭小龙　我很同意刚才杨帆老师讲到的,学习社会理论或许不要过于注重国别或作者,关键看他们针对的是哪些核心问题、从什么知识传统给出解答、这种解答的解释力够不够等。这是我们了解社会理论要做的第一个工作。第二个工作就是将社会理论应用于法律问题研究时,需要去思考法或者法律制度在其理论体系中的位置是什么,对于增进法与社会的理解有什么启示。例如,有的理论会将法律作为社会整合的一种机制,有的理论则将其当作社会压迫的一种方式。这种学习和应用社会理论的方式或许会比较简单些。

说得更直接一些,刚才这位同学提的问题很重要,但提问方式或许可以调整一下。究其原因,即如前面在谈论反对理论本本主义时提到的,既有的社会理论往往从某个角度来切入对法与社会的理解。同样,当今中国能够产生什么样的社会理论,或者什么样的社会理论适合中国,可能也不是某个学者能够提炼和回答的。毫无疑问,这需要许多学者依据不同的理论资源,在思想市场中进行交流、对话和竞争。除此以外,可能还有一个关键问题在于需要强化对于社会本身的认识。我在上课的时候经常跟同学们讲,不要动不动就说我在研究中国农村的什么问题,要知道不同地区的农村的差异非常大。如果不深入了解当今中国的社会结构、阶层、运作及其背后的机理机制,即便有再多的社会理论资源,恐怕也难以提炼出一种恰当的社会理论。在这个意义上,做法社科研究或者法的实证研究,对于法的社会理论或者更为一般性的社会理论具有极为重要的意义。

应当说,如何形成一种恰当的理论,确实是近年来学界高度关注的问题,谢立中老师曾撰文予以讨论。[45] 从他的梳理和分析中可以看到,尽管不同学者给出了不同的答案,但大体上都可以归结为两个因素。其一,对现实世界或者具体经验的了解和研究;其二,对既有学术资源的整理和使用。当然,两者如何融合交织,可能每个人的主张和做法不一,我觉得可能就是这么一个过程。当然这肯定不是一个标准的答案,只是我的一点感想。

提　　问　社会理论好像很宏观,怎么样从这个角度切入去写文章?

彭小龙　这个问题其实就是刚才提到的怎样看待社会理论及其如何应用的问题。举个简单的例子,如果你去看看一些刊物发表的社会科学研究论文(尤其是实证研究),很多都是按照"洋八股"的方式展开的,即针对问题提出假设,用经验材料来证实或者证伪,最后得出某种结论或者发展出某种新的理解。[46] 其中,假设往往是从既有理论或者文献综述中提炼出来的、对作者试图解决的问题的初步解释,社会理论往往通过这种方式进入或者具体化为分析框架和文章写作。

当然,这个回答并没有回应社会理论很宏观的问题。我在前面讲到反对理论虚无主义和理论本本主义,在此我还想提一个反对"理论神话主义"。简要来说,可能很多人在学习应用社会理论时往往会觉得很复杂,甚至晦涩。当我们在阅读社会理论书籍时,无论是像《社会理论二十讲》这种较为通俗一些的,还是像哈贝马斯、卢曼、拉图尔等人的大厚本,往往觉得读起来很艰难。应当说,这些比较"硬核"的书难懂是正常的,特别是当我们的阅读量和知识储备还不够时,更是如此。不过,随着我们阅读的增多,或许你可以发现社会理论,甚至社会科学所关心的核心命题并不多,主要涉及的就是社会秩序何以可能、结构与行动者、主观与客观、自由与秩序等一些基本问题。不同的社会理论家往往根据其生活经验、感悟和相关理论资源,以不同的方式来触碰这些核心命题,进而发展出其社会理论。例如,作为社会学的奠基人物,滕尼斯、涂尔干的社会理论进路可能明显不同,但都是在现代性的背景下来回答上述命题。如果能够理解这一点,当我们在做具体研究时,就能够与这些社会理论对接上,通过各种理论资源和经验发现的相互作用,提炼出自己的分析框架。故此,当你在做研究时发现某种现象的出现既可能有人的因素,也可能有制度的因素,而且人的因素与制度的因素似乎存在"先有鸡还是先有蛋"的关系,那么就可以立刻联想到社会理论中有关结构与行动者的理论资源,进而就有可能与吉登斯的结构两重性、布迪厄的场域理论、休厄尔的图示与资源等理论关联起来。

以上说法可能还是过于抽象,我还是以我自己的一项研究为例来说明吧。几年前我曾经写过一篇涉诉信访治理的文章。[47]之所以写这篇文章,是因为我在备课过程中整理了改革开放以来我国涉诉信访治理的相关法律和政策,发现当时的涉诉信访改革举措实际上大多在以往都用过。由此产生了一个问题:为什么同样的措施,在过去解决不了问题,又要期待它们在当前能够解决问题? 我做了一些经验调查,发现实务工作者很难简单按照法律规定的程序和途径来处理涉诉信访,里面可能涉及的不仅是调整机制的问题,还可能涉及机制背后的正当性问题。说到这里,可能大家都能立即联想到韦伯有关正当性的讨论。于是,我就将韦伯的相关讨论引入进来,联系涉诉信访治理的制度和实践搭建起一个涉诉信访治理的 2×2 分类模型,由此呈现出改革开放以来涉诉信访治理模式的变迁及其可能的改革方向。从这个小例子也可以看到,许多法律社会学研究背后都有理论资源的支撑。通常来说,理论方面的工作做得越扎实,后续收集、整理和分析材料等工作就能够更有方向、更有信心。

杨 帆 其实理论学习对写文章和做研究也有很直接的帮助,即便你不是专门做理论研究的。就像刚才彭老师所说,具有理论积累的很大的用处,就是在实证研究选取资料的时候,特别自信,可以分得清哪些东西可以用,哪些东西要抛掉。这往往是很多初学者比较困惑的地方,他可能觉得实证研究就是去看看、去问问之类的。但是如果没有一个分析框架和前置性的理论学习,最后得到的资料往往是琐碎的,缺乏整合度。

提 问 社会科学研究者如何反驳事实与规范的二分法? 老师们好像都喜欢用普特南来反驳,尤其是有留德经历的新康德主义者喜欢坚持的事实与规范的二分法。但是对做社会科学研究来说,普特南的反驳方式只能提供论证,而不能提供方法。它可以作为反驳的武器,但是无法直接指导法律实证研究。普特南的那套理论很难和我们直接产生关系。甚至我会觉得这个观点作为论证武器也很难说服你的对手。因为它跟你没有直接联系,你的对手会觉得你是随便拿个东西来"打"他,这个东西又不是你们自身的东西。

杨　帆　我们做实证研究通常是用这样一个办法,这个办法隐含在大家的分析当中:就是因果机制分析,尤其是其中的概率论。当然这些也会被人挑战,说归纳推理不能代替演绎推理。但社会科学毕竟不是自然科学,它允许大家做盖然性的推论。除了普特南,其实也可以在其他的(分析)哲学中,比如说从赛尔、蒯茵的理论当中,找出对休谟命题的攻击。至于说普特南好不好用,我要再思考一下,至少目前看来,做话语分析时是可以用到普特南提供的工具的。实证研究多数会用概率来解决这个问题,就像张永健老师说的"差异制造事实"。一件事情,通过生活经验规律总结就是这样,但你非说它不"应该"这样,那也没问题。大家走向了不同的"规范还原论"。我们这一派只是想通过实证研究告诉你,它很大概率上"应该"这样。

彭小龙　回答这个问题的一个前提还在于如何理解社会。社会到底是一种应然与实然、事实与价值、主观与客观相互缠结的综合体,还是一个纯粹客观的可描述的对象。我可能比较倾向于前者,但并不认为普特南的"事实与价值二分法的崩溃"是一个有效回应方式。即便承认经验包含事实与价值、主观与客观等不同维度,但这不意味着我们能够自动地从这些经验事实中自然地获得这些不同维度。至于如何处理这些问题,即如前面所提到的,关键的媒介在于研究者的分析框架。这些分析框架可能无法全面捕捉社会现实,往往只是从某个侧面以某种方式来理解,但好在作为"理论"的分析框架具有暂时性,可以通过后续研究者的自我反省、接受更多观察的经验检验、经历类似研究的竞争批判,从而不断接近全面理解。当然,这在一定程度上说明了在社会理论中识别"分析框架"并将之作为"理论"的重要性。至于如何具体应对休谟难题、解决与因果分析难题,近些年实际上在方法论上已有很多进展:叶启政、赵鼎新等老师最近对于机制解释、反事实推理等有系统介绍,谈到从机制解释和反事实推理等;[48] 叶启政老师最近出版的《从因果到机制:经验实证研究的概念再造》对于近年来一些新的方法也有系统介绍。

提　问　对于社会科学方法论的争论,除规范性以外,还有一个是在法学理论视角下进行考察。我们的对手其实主要是两个:一个是法学方法论,即事实与价值规范;另一个是英美法哲学。我觉得我们和他们的争论在于具体的方法是哪个。他们是用概念分析的方法,我们是用自然主义方法,就是从涂尔干以来的、对它有所改造的自然主义。我也会注意到,英美法哲学内部也有一些学者,比如莱特主张英美法哲学的概念分析已经过时了,应该用自然主义的方法去研究法律关联。我想问一下老师们对这种看法,或者对这个主题有没有什么研究兴趣?

杨　帆　英美法哲学并非铁板一块,你提到的那个学派我有时开玩笑称其为"牛津分析法哲学",也就是由奥斯汀、哈特开创的这个系列。这个系列当然影响力很大,在牛津之外也有很多人从事这个路数的研究。他们主要是把分析哲学的方法纳入对于法律经典命题的考察当中,其中也分为包容性分析法学和排他性分析法学。不过,"Jurisprudence"这个词在英语世界还是有很多其他用法的,不是被牛津分析法哲学所垄断。比如塔玛纳哈就会用"社会—实证(positive)"来标识自己的法理学。美国还有"law and society jurisprudence"或者"law and politics jurisprudence"等提法,这些都可以作为英美法理学/法哲学的不同流派来看待。

英语世界中的"jurisprudence",从概念外延来说我觉得跟中国对法理学的理解很像。曾经有一段时间，牛津学派几乎垄断了"jurisprudence"这个词，美国法学院的很多人就不把自己的"law and society"或者其他范式称为"jurisprudence"了。不过这对美国学界来说其实没什么，因为他们不需要一个固定的"学科"来分配资源或者做课程设定，制度化主要靠"承认规则"和"惯习"。我有的时候去看美国著名法学院的网站，比如纽约大学法学院，里边有的人是做"analy-tical"的，比如 Jeremy Waldron；然后还有像 David Garland 这样的，做的就是"social theory"。他们各自成立了一个研究中心，但大家都是做关于法律的理论问题。反倒是在法国没有法理学这个词，但是它有另外一个词——法哲学。法国的法哲学非常的综合，里面也有一些搞社会科学的。总之法理学/法哲学应该是一个比较包容的学术场域，不能一家独大或者唯我独尊，实际上也没法做到唯我独尊。

延伸阅读

1. 陆宇峰：《社会理论法学：定位、功能与前景》，载《清华法学》2017 年第 2 期。

2. 杨帆：《法社会学能处理规范性问题吗？——以法社会学在中国法理学中的角色为视角》，载《法学家》2021 年第 6 期。

3. 彭小龙：《法实证研究中的"理论"问题》，载《法制与社会发展》2022 年第 4 期。

4. 高鸿钧、马剑银编：《社会理论之法：解读与评析》，清华大学出版社 2006 年版。

5. [美]布赖恩·Z. 塔玛纳哈：《一般法理学：以法律与社会的关系为视角》，郑海平译，中国政法大学出版社 2012 年版。

6. Brian Z. Tamanaha, The Third Pillar of Jurisprudence: Social Legal Theory, *William & Mary Law Review,* Vol. 56, 2015.

7. Daniel Chernilo, *The Natural Law Foundations of Modern Social Theory: A Quest for Universalism,* Cambridge University Press, 2013.

8. Roberto Mangabeira Unger, *Law in Modern Society: Toward a Criticism of Social Theory,* New York: The Free Press, 1977, Chapter 1, pp.1-46.

9. Roger Cotterrell, Social Theory and Legal Theory: Contemporary Interactions, *Annual Review of Law and Social Science,* Vol. 17, 2021, pp. 15-29.

注 释

1. 彭小龙:《法实证研究中的"理论"问题》,载《法制与社会发展》2022年第4期。

2. See Kwai Hang Ng, Xin He: *Embedded Courts: Judicial Decision-Making in China*, Cambridge University Press, 2017.

3. 参见[法]E. 迪尔凯姆:《社会学方法的准则》,狄玉明译,商务印书馆1995年版。

4. 参见[美]C. 赖特·米尔斯:《社会学的想象力》,李康译,北京师范大学出版社2017年版。

5. 高鸿钧、马剑银编:《社会理论之法:解读与评析》,清华大学出版社2006年版。

6. Reza Banakar, Max Travers eds., *Law and Social Theory*, 2nd Edition, Hart Publishing Ltd, 2013.

7. Pierre Guibentif, *Foucault, Luhmann, Habermas, Bourdieu, Une génération repense le droit*, L. G. D. J., 2010.

8. See Volkmar Gessner, David Nelken & Rosemary Hunter eds., *European Ways of Law: Towards a European Sociology of Law*, Hart Publishing, 2007.

9. 参见[德]贡塔·托依布纳:《社会理论脉络中的法学与法律实践》,纪海龙译,载《交大法学》2015年第3期。

10. Bruno Latour, *Reassembling the Social: An Introduction to Actor-Network-Theory*, Oxford University Press, 2005.

11. 高鸿均:"导言:法学研究的大视野——社会理论之法",高鸿均、马剑银编:《社会理论之法:解读与评析》,清华大学出版社2006年版,第2、13页。

12. 於兴中:《社会理论与法学研究》,载《清华法治论衡》第12辑,清华大学出版社2009年版,第1页。

13. [英]雷蒙德·瓦克斯:《法哲学:价值与事实》,谭宇生译,译林出版社 2013 年版,序言。

14. [美]希拉里·普特南:《事实与价值二分法的崩溃》,应奇译,东方出版社 2006 年版。

15. [德]哈贝马斯:《在事实与规范之间:关于法律和民主法治国的商谈理论》,童世骏译,生活·读书·新知三联书店 2003 年版,第 41—42 页。

16. Daniel Chernilo, *The Natural Law Foundations of Modern Social Theory: A Quest for Universalism*, Cambridge University Press, 2013.

17. See Bruno Latour, *Science in Action: How to Follow Scientists and Engineers Through Society*, Harvard University Press, 1988.

18. Karen Robson & Chris Sanders eds., *Quantifying Theory: Pierre Bourdieu*, Springer Netherlands, 2009.

19. Michael King & Chris Thornhilleds, *Luhmann on Law and Politics: Critical Appraisals and Applications*, Hart Publishing, 2006.

20. Jürg Steiner et al., *Deliberative Politics in Action: Analyzing Parliamentary Discourse*, Cambridge University Press, 2005.

21. [美]凯斯·R. 桑斯坦:《信息乌托邦:众人如何生产知识》,毕竞悦译,法律出版社 2008 年版。

22. 参见杨凡:《寻找中程理论——哈贝马斯商谈伦理的实证维度》,载《华东师范大学学报(哲学社会科学版)》2015 年第 1 期;杨帆:《话语分析方法在司法研究中的功用——以"司法理性化"为规范目标的考察》,载《华东政法大学学报》2018 年第 4 期。

23. 中文学界最近的一个重要研究成果,参见余成峰:《数字时代隐私权的社会理论重构》,载《中国法学》2023 年第 2 期。

24. 陆宇峰:《社会理论法学:定位、功能与前景》,载《清华法学》2017 年第 2 期。

25. See Joseph Raz, *The Roots of Normativity*, Oxford University Press, 2022.

26. [法]布鲁诺·拉图尔、[英]史蒂夫·伍尔加:《实验室生活:科学事实的建构过程》,张伯霖、刁小英译,东方出版社 2004 年版。

27. See Bruno Latour, *The Making of Law: An Ethnography of the Conseil d'Etat*, Polity, 2010.

28. 同上注。

29. 季卫东编著:《议论与法社会学:通过沟通寻找最大公约数的研究》,译林出版社 2021 年版。

30. Fan Yang, *Habermas, Foucault and the Political-Legal Discussions in China: A Discourse on Law and Democracy*, Springer, 2022.

31. [美]R. M. 昂格尔:《现代社会中的法律》,吴玉章、周汉华译,译林出版社 2001 年版,第 41 页。

32. 参见彭小龙:《规范多元的法治协同:基于构成性视角的观察》,载《中国法学》2021 年第 5 期。

33. 参见[美]C. 赖特·米尔斯:《社会学的想象力》,李康译,北京师范大学出版社 2017 年版,第 262 页。

34. See Roger Cotterrell, Social Theory and Legal Theory: Contemporary Interactions, *Annual Review of Law and Social Science*, Vol. 17, No. 2, 2021, pp. 15-29.

35. 参见彭小龙:《人民陪审员制度的复苏与实践:1998—2010》,载《法学研究》2011 年第 1 期。

36. 参见[美]罗伯特·C. 埃里克森:《无需法律的秩序:邻人如何解决纠纷》,苏力译,中国政法大学出版社 2003 年版。

37. See Tehila Sagy, What's So Private about Private Ordering?, *Law and Society Review*, Vol. 45, No. 4, 2011, pp. 923-954.

38. 理论作为"脱离个别事物的一般化"或者"一般化的、普遍化的陈述",参见[美]杰弗里·亚历山大:《社会学二十讲:二战以来的理论发展》,贾增春译,华夏出版社2000年版,第2页;[德]汉斯·约阿斯、[德]沃尔夫冈·克诺伯:《社会理论二十讲》,郑作彧译,上海人民出版社2021年版,第8—9页。

39. 参见[美]罗伯特·D.帕特南:《使民主运转起来:现代意大利的公民传统》,王列、赖海榕译,江西人民出版社2001年版。

40. 参见周黎安:《再论行政发包制:对评论人的回应》,载《社会》2014年第6期。

41. 参见[美]罗伯特·帕特南:《独自打保龄:美国社区的衰落与复兴》,刘波等译,北京大学出版社2011年版。

42. [英]罗杰·科特威尔:《法律社会学导论(第二版)》,彭小龙译,中国政法大学出版社2015年版。

43. 周雪光:《组织社会学十讲》,社会科学文献出版社2003年版。

44. See Richard D. Schwartz & James C. Miller, Legal Evolution and Societal Complexity, *The American Journal of Sociology*, Vol. 70, No.2, 1964, pp.159-169.

45. 参见谢立中:《探寻社会学理论发展的非经验主义道路》,载《学术月刊》2021年第1期。

46. 参见彭玉生:《"洋八股"与社会科学规范》,载《社会学研究》2010年第2期。

47. 参见彭小龙:《涉诉信访治理的正当性与法治化——1978—2015年实践探索的分析》,载《法学研究》2016年第5期。

48. 参见叶启政:《从因果到机制:经验实证研究的概念再造》,群学出版社2020年版;赵鼎新:《什么是社会学》,生活·读书·新知三联书店2021年版。

第七章
法律的经济分析与演化分析

桑本谦　戴昕

第一部分　法律的演化分析（桑本谦）

几天前,我看到一个视频,钱文忠教授和戴建业教授在讲李清照写的一首《如梦令》。"昨夜雨疏风骤,浓睡不消残酒。试问卷帘人,却道海棠依旧。知否？知否？应是绿肥红瘦。"两位教授都对古代文学如数家珍,但是你一言我一语,让我听糊涂了。好端端一首《如梦令》居然被他们解读成了一场欺诈和反欺诈的斗争：李清照问海棠经历昨夜的风雨后有什么变化吗？丫鬟回答说没什么变化,李清照觉得受骗了,于是争辩说："知否？知否？应是绿肥红瘦"。两位教授觉得李清照怒了,可是如果她怒了,这首诗词还有什么诗意呢？

李清照没有怒,她只是用戏谑的口气讲了生活中一件很有情趣的小事儿。丫鬟看不出海棠在雨疏风骤之后的变化,她就不一样了,不用看,想想就知道海棠肯定变了——"绿肥红瘦"。这是分歧,一个有趣的分歧,但不是争吵。两个人为什么会有分歧呢？因为丫鬟不专业。不专业的人士会忽略一些细微的变化,或者说把细微变化在神经元尺度上做了压缩,但专业人士就可以解压缩,增加神经元的编码刻度,所以能注意到非常细微的变化。

简单说,专业和业余的最大区别,就在于认知和行动的区分度或分辨率。狙击手、灌篮高手、心脏外科手术专家以及超写实画家,和普通人不一样,区别就在于他们做同样工作时有更高的区分度。想想乔丹的手、梅西的脚和普通人的手脚有什么区别吧。嘲笑一个人不懂音乐的委婉说法是:"所有的音乐对他一个样儿。"海棠花不属于丫鬟熟悉的领域,所以她没有区分度,但换一个领域,李清照就可能败给丫鬟,比如干农活,李清照就不行了,甚至可能不辨菽麦。古人说不辨菽麦,意思就是不会干农活,连豆子和小麦都区分不了。

李清照的意思是,对于海棠经历风雨的变化,丫鬟的区分度不如她高,丫鬟看不到她眼里的海棠。这是比较高级的凡尔赛,诗词的意趣就在这里。两位教授之所以把这首词解读成了一场欺诈与反欺诈的斗争,倒不是因为他们的文学水准不够高,而是因为他们头脑中没有"区分度"或"分辨率"的概念,缺少合适的词汇就会在表达上缺乏区分度,以致把戏谑混同成了愤怒。语言会限制人们的思考和想象。

为什么我就能更准确地理解李清照?不只是因为我懂得使用这两个概念,还因为我有类似的生活经历。我的味觉非常敏锐,能分辨出不同的矿泉水味道,这是达人级的能力。我喜欢喝名人牌的矿泉水,但戴昕老师就不以为然,他恐怕到现在也不觉得名人矿泉水好在哪里,他可能一直觉得我在忽悠,而在此之前我被忽悠了。但他没法理解,他嘴里的矿泉水和我嘴里的矿泉水是不一样的,就像李清照眼里的海棠和丫鬟眼里的海棠是不一样的。缺少分辨率的味觉和视觉都是不专业的。

有个喜剧电影叫《穿普拉达的女王》,也是利用区分度制造了笑料。"穿普拉达的女王"是个时尚杂志的女主编,女主编告诉身边的工作人员,要给一件衣服配条腰带,然后女员工马上就拿来了两条看上去几乎一模一样的绿色腰带。女主编看一眼就怒了,女员工马上道歉说,对不起这两条腰带的差别实在太大了。就在这时候,旁边做记录的女主角却不由自主地笑了起来,她笑得非常不合时宜。女主编转过脸来,问女主角这有什么可笑的?气氛骤然凝固了。当女主角发现所有人都在盯着她时,意识到自己不该笑,然后立刻解释说:"这两条腰带看上去是一模一样的,不过我正在学习关于这些东西的知识。"这又是一个区分度的问题——在时尚行业的专业人士看来,两条腰带的区别很大;但在女主角眼里,且在绝大多数观众眼里,那两条腰带真没什么区别。细微处的区别是一种主观感受,分辨率反映的是神经元的编码刻度,普通人的神经元没那么细致的刻度,只能把细微的区别压缩进同一个刻度,而专业人士可以解压缩,能分辨出普通人感知不到的差异。

笑料到这里还没有结束。女主角解释说"我正在学习关于这些东西的知识",可她用的是"this stuff"。就因为这个用词,女主编更怒了。她又问了一句:"这些东西?"("This stuff?")这个梗更好笑,涉及表达或编码的区分度。人们对于自己不熟悉、不关心的事物不会创造丰富的词汇,表达起来就很笼统。比如阿拉伯人和骆驼打交道多,所以阿拉伯语中有几百个词语指称骆驼,汉语只有一个词汇;古人和马打交道多,所以汉字里有很多马字旁的字都指称马,但在现代汉语里这些字差不多都死掉了,只剩下一个笼统的词语——马。女主角用"东西"(stuff)来指称各种昂贵的衣服和饰品,这在女主编看来是不能容忍的,这就像把珍宝和一些乱七八糟的东西压缩到了同一个抽屉里,很不讲究。讲究的意思就是要有足够高的区分度。

开头这两个故事可以帮助我们理解天下的道理都是相通的,哪怕在不同的领域,哪怕看起来毫不相关。讲犯罪和惩罚,自然也涉及区分度的概念。

关于犯罪和惩罚,有个最核心的技术性原则叫作"罪刑相适应"。怎样理解罪刑相适应?一个经典的比喻来自贝卡里亚的《论犯罪与刑罚》,他把犯罪与惩罚分别比喻为两条阶梯:一条阶梯是犯罪,一条阶梯是惩罚。而所谓"罪刑相适应",就是让两条阶梯的顶端、中间和底端等各个部分都互相匹配。贝卡里亚提到了几何学,或许这两条阶梯在他心目中的确搭配成了一个几何图形(三角形、梯形或矩形),但实际上他并没有真正使用几何学的方法,他只是拿几何学做了一个比喻。如果他真正使用几何学的话,那就该用横轴和纵轴来替代两条阶梯,然后用一条上升的直线或曲线来描述惩罚和犯罪之间的数量关系了。这肯定比贝卡里亚想象的两条阶梯要好得多。

贝卡里亚忽略了一个非常重要的问题:两条阶梯不一样长,实际上两条阶梯的长度相差很多倍。惩罚的阶梯其实很短,现代法律是死刑封顶,古代法律不过是在死刑之上又增加了一段距离,对应于酷刑。而犯罪的阶梯却长得多。即使不考虑战争罪,连环杀手的犯罪纪录已经刷新到了接近 100 个受害人。哪怕判他个极刑,也只能杀死他一次,这就意味着他的罪行和惩罚相差几十倍、上百倍。罪刑相适应在技术上的最大难题就是如何用一条较短的惩罚阶梯去匹配一条长得多的犯罪阶梯。这个被贝卡里亚忽略的问题,恰恰是我们思考的重点。

如果忽略两条阶梯的长度差异,那么贝卡里亚想象的罪刑相适应,最理想的情形就是同态复仇。如果犯罪的阶梯和惩罚的阶梯等长,那么罪刑相适应就可以用最简单的等比例函数来描述:$y=x$,它是一条斜率为 1 的直线,罪行有多重,惩罚就有多重(图 8)。以牙还牙,以眼还眼,《汉谟拉比法典》中有几个条文就是这样规定的。

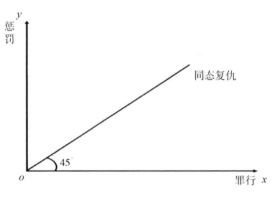

图 8　同态复仇

先别管它有多么野蛮残忍,单从数学上看,同态复仇是十分理想的。至少有一点,犯罪的严重性每增加一分,惩罚的严厉性也会追加一分,犯罪打出多少牌,惩罚也能打出多少牌。惩罚的轻重变化能持续跟踪犯罪的轻重变化,对于犯罪的轻重有非常显著的区分度。用法律经济学的术语说,惩罚始终保持显著的边际威慑——防止罪犯"一不做二不休",激励罪犯以轻罪取代重罪。做到这一点并不容易,对于任何法律制度都是个严峻的挑战。其实根本做不到,因为惩罚的阶梯和犯罪的阶梯是不等长的,后者至少是前者的几十倍、上百倍。现代法律是死刑封顶,古代法律只是在死刑之上再增加一小段酷刑的刻度。但无论如何不能杀死罪犯两次,哪怕他罪该万死,也只能杀死他一次。

惩罚的阶梯远远小于犯罪的阶梯,这个问题如何应对?

大家首先会想到同比例缩小,就是用固定的比例将犯罪阶梯缩小到惩罚阶梯上,我们可以给这个方法命名为"比例尺模式"。说到比例尺,大家最熟悉的是地图,无论多么广阔的疆土,都可以缩小到一张地图上。但用比例尺模式解决罪刑相适应肯定不行。假定犯罪阶梯是惩罚阶梯的 10 倍,那么任何一个罪行所受到的惩罚只能是罪行严重程度的 1/10。盗窃 1000 块钱,惩罚只能是 100 块钱,这肯定行不通。这不是惩罚犯罪,简直是奖赏犯罪了。

现在我们把惩罚想象成一根测量犯罪轻重的尺子。和犯罪相比,这根尺子很短;理论上,再短的尺子,刻度也可以是无限多,我们可以把刻度调小,从厘米变成毫米、微米、纳米,等等。但如果这样调下去,麻烦就来了,区分度没有了——肉眼分辨不了纳米这个级别的刻度。就惩罚而言,可操作的刻度是很小的,惩罚的刻度是一种稀缺资源。如果惩罚是肉刑,"以牙还牙,以眼还眼",那么当加害人第 3 次打瞎受害人的眼睛或当加害人第 33 次打掉受害人牙齿的时候,对等惩罚就成了难题,毕竟一个人只有两只眼、32 颗牙。监禁取代肉刑是个了不起的进步,我不说大家也都知道,但被普遍忽略的一点,就是和肉刑相比,监禁刑大大增加了惩罚的刻度。但即使是监禁,从零到无期可操作的刻度也不过几十个而已,因为超过三个月的监禁就没法精确到日,更不可能精确到小时。

再看看同态复仇的函数图像,它非常漂亮,斜率为 1 的直线,和横轴、纵轴的夹角都是 45 度,有种对称的美感,让人联想到正义女神手里的天平。它也许不是贝卡里亚眼里的罪刑相适应,但它肯定是康德眼里的正义(康德偏爱等价惩罚)。但是,如果考虑到犯罪阶梯和惩罚阶梯不等长,前者是后者的 10 倍,那么,如果罪刑相适应采用比例尺模式,直线的斜率就不再是 1,而是 0.1,这样的斜线都快平行于横轴了。直线的斜率表示惩罚的边际威慑,斜率为 1 意味着边际威慑很显著;斜率为 0 即直线平行于横轴意味着惩罚丧失了边际威慑,即加重罪行却不加重惩罚;斜率只有0.1意味着边际威慑不显著,即轻罪和重罪之间的惩罚差别太小,以致被潜在的罪犯彻底忽略。这个状况是很糟糕的。

解决两条阶梯不等长条件下的罪刑相适应问题,除了比例尺模式,我们还有其他办法吗?有。其实这个难题——如何用较小的幅度变化匹配较大的幅度变化——在生命世界中是很常见的,人体就比法学家更早遇到了这个难题,并且自然选择已经提供了一个值得模仿的方案,我们姑且把这个方案叫作"神经元模式"。人体的神经元会对外部世界做出反应,然后向大脑传输编码之后的信号。比如光和声音,都是外部环境的刺激源。你可以把人体的神经元想象成一根尺子,这根尺子需要测量刺激的强度,标记为反应的强度。刺激越强,反应越大。这很像犯罪和惩罚的关系,轻罪轻罚,重罪重罚。

反应强度取决于神经元的放电率,通常在 0～100 赫兹之间,且永远不会超过 1500 赫兹。人在睡觉的时候,神经元的放电率大概是 3～4 赫兹;打坐冥想的时候,神经元的放电率大概是 8～9 赫兹;稍微一活动,神经元的放电率就会超过几十赫兹;达到 100 赫兹差不多就是狂怒、狂喜或剧痛的强度了。1500 赫兹是个理论上限,估计那个时候人体即将昏厥。即使变化幅度按最大值 0～1500 赫兹算,人体神经元的反应强度也不过只有 4 个数量级的变化,相对于环境刺激的变化动辄跨越十几个数量级,这根尺子实在是太短了,且刻度有限。相对于犯罪从轻到重的变化,惩罚这根尺子也是太短了,也是刻度有限。

那么,神经元是如何处理"尺子太短"问题的呢?可以举个例子来介绍:比如我从树荫下走到阳光里,我反射的光子数量就增加了 6～8 个数量级,也就是增加 10 万～1000 万倍,你的反应强度是不是也会等量增强？不会。在你眼里，我不过是稍微亮了一点而已。这说明人体的神经元没有真实追踪外部世界的物理变化，神经元对大脑"撒谎"了。因为如果它不撒谎，那么我在你眼里就会变成一个闪闪发光的反光体。但神经元如实汇报了刺激的变化趋势，是变强了而不是变弱了，它只是把变化的幅度压缩了，类似于把 100 千米的距离压缩成了 1 厘米。

地图呈现疆土的变化也采用了压缩方案，这和神经元的压缩编码有什么不同？区别就在于地图对于不同区域的压缩是均匀的（忽略地表弯曲的因素），而神经元对于物理刺激的压缩是不均匀的。神经元的压缩编码采用了歧视策略。其实我们大脑中的地图——姑且叫作"主观地图"——就经过了神经元的改造，和挂在墙上的客观地图不一样。对于我们熟悉的、感兴趣的区域，主观地图有更高的分辨率；对于陌生的、没兴趣的区域，主观地图是模糊的；而对于格陵兰岛或南极洲，我们的主观地图则是一片空白。这就是一种带有歧视的压缩策略。

歧视性的压缩编码应该是生命世界应对外部刺激的一个通用方案。我们会忽略水下 100 米的一只虾和一只螃蟹咀嚼食物的声音差异，这种环境变化无关我们的生存；我们也没必要分辨一道强闪电和一道弱闪电的光线强度相差多少倍，这种环境变化我们无法控制；但我们必须分辨出野兽从远到近的吼叫声差异，具备这种能力才能让我们活下来。神经元这把尺子上的刻度是一种稀缺资源，但自然选择教会了我们怎样把有限的刻度投入在更重要的地方。李清照不辨菽麦无关紧要，但丫鬟需要分辨豆子和小麦。

惩罚跟踪犯罪的变化也采用了带有歧视的压缩方案。从盗窃 1 根柴草到盗窃 1000 根柴草，惩罚发生了多大变化？没变化，微小的伤害不值得启动昂贵的法律程序。从贪污300万元到贪污30亿元,法定刑发生了多大变化?也没变化。在惩罚的尺度上,犯罪变化的上游区段和下游区段都被压缩了,惩罚的刻度更多被分配在犯罪变化的中游区段。这意味着罪刑函数图像在上游和下游的斜率都很小,只有在中游区段的斜率比较大(图9)。

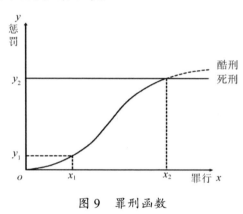

图9　罪刑函数

为什么会这样?这笔账其实不难计算。虽然轻微违法行为数量庞大,但单次违法造成的损失微不足道;虽然重罪的损失巨大,但这个级别的犯罪极其罕见甚或百年不遇。同类犯罪的损失总额相当于数量和损失的乘积,因而同类犯罪的损失总额在不同区间就会呈现出一条钟形曲线,中游区段的犯罪会造成更大的损失总额(图10)。只要惩罚刻度跟踪犯罪的轻重变化时有所选择,那就应该在中游区段花费更多的刻度。

在x_1往左和x_2往右的区域,同类犯罪的损失总额变小。

为什么刑法对贪污的量刑系统性地轻于盗窃?撇开政治性因素不谈,单从技术层面看,贪污和盗窃必须使用相互独立的参照系。就

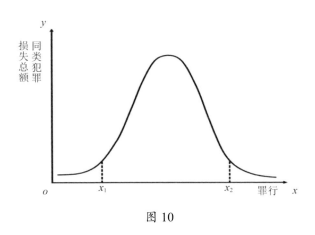

图 10

犯罪所得的数额而言,两种犯罪的中游区段根本不在一个数量级。大量盗窃集中在几千元到几十万元之间,但贪污就厉害多了,立法者假定大量贪污集中在几万元到几百万元之间,事实上两者的差距还要更大一些,所以现在的难题就来了,刑法的法定量刑很难再适用于现在的贪污犯罪。另一个例子是集资诈骗。集资诈骗的量刑也是系统性地轻于普通诈骗。普通诈骗超过 50 万元就属于数额特别巨大,可在集资诈骗那里 50 万还没起步呢! 倘若按普通诈骗量刑,那么差不多每一个集资诈骗犯都是"出道即巅峰",最轻的犯罪也要被处以最重的刑罚。这样的话,刑罚对集资诈骗自始至终没有边际威慑了。

讲到这里,大家可能要问:这不就是经济分析吗? 和演化分析有什么区别?

前面讲的都是铺垫,现在我说说经济分析和演化分析的区别。两种方法在微观层面上没什么区别,两者的看家本领都是成本—收益分析。区别只在于理论的宏观层面,法律经济学设定的规范性目标,是最大化整体社会福利或社会财富总和。福利,财富,说法不一样,意思差不多。具体到某个部门法,就成了最小化此消彼长的两种社会成本之和。比如侵权法的经济学目标是最小化事故损失和预防成本之和,证据法的经济学目标是最小化错判损失和避免错判成本之和,诸如此类,不一而足。

关于犯罪和惩罚的经济学理论也建构了最优威慑模型。最早出自加里·贝克尔那篇著名的论文,*Crime and Punishment: An Economic Approach*,这篇文章很长,数学公式很多,不容易读懂。但可以看看考特、尤伦的教科书《法和经济学》里的相关章节,那里有个简化版。其实理解最优威慑模型的思路很容易。第一步,犯罪会造成社会损失,防控犯罪需要社会支出,两种成本此消彼长,按下葫芦起来瓢,要寻求最优威慑,需要最小化这两种成本之和。第二步,给定社会支出,要最大化威慑水平,威慑水平相当于惩罚严厉程度和抓获概率的乘积;给定威慑水平要最小化社会支出,社会支出要么用于提高抓获概率,要么用于提高惩罚的严厉程度。因此,最优威慑固定在两条曲线的切点上。图比较复杂,我就不展示了,理解思路就可以。

这个理论无疑是正确的,但正确不等于好用,有时候正确是个陷阱。最优威慑模型包含的计算量几乎是无穷大。数学公式就摆在那里,但是大家只能干瞪眼,谁也算不出结果来。其实在我看来,所有最大化或最小化的理论在实践中都是没法操作的。在《法律简史:人类制度文明的深层逻辑》(以下简称《法律简史》)中,我举了个例子:假定农民需要完成两样工作,一是耕种,一是巡逻。农民怎样在两种工作上分配自己的时间呢?这个问题不难吧,但要想一步到位地知道结果,却需要列出一道微分公式,找到两种工作的边际产出恰好相等的点,这个点就是最优点。但即使公式列出来,农民也算不出来,谁也算不出来,因为这里涉及的变量实在太多了。

怎么办？其实很好办。农民可以采用演化的思路来解决问题。他可以任意选择一个时间分配比例，五五开或黄金分割都行，不管它一开始错得多么离谱。农民可以把这个时间分配比例当作演化的起点，然后选择一个方向去做微调。如果微调增加了产出，他就可以朝这个方向继续微调，直到微调不再增加产出，此时他就找到了最优点。如果第一次微调就减少了产出呢？那么他就朝相反的方向做微调，直到发现最优点为止。

其实农民找到的这个最优点最终完全符合微分公式的计算结果，但区别在于，微调的方法不需要计算，甚至不需要知道目标在哪里，只要他能比较优劣、区分好坏就够了。其实，这正是微分的含义。把庞大的计算量在时间轴上分解，分解为一个个的决策小步骤，从而把每个小步骤的决策计算量降到最小，大自然就是通过这种方法把自己从白痴变成超级经济师的。利用这种方法，盲人也可以登上山顶，只要他能保证自己迈出的每一步都踩在上坡的位置。

我们也许永远不知道，针对某个具体的犯罪，应该规定多么严厉的惩罚才是最优的，但我们可以选择一个简单的惩罚原则作为演化的起点。最早，全世界不同区域、不同文化传统的人们都选择了同一个惩罚原则，那就是对等惩罚：$x=y$。在《法律简史》中，我把它定义为"返还法则"，刑法上的同态复仇，民法上的等价赔偿，市场上的等价交易，共享这个法则。不同文化的很多格言警句，都是返还法则的翻版，比如"以牙还牙，以眼还眼"，"己所不欲，勿施于人"，"投之以桃，报之以李"等。至于为什么人们会不约而同地选择了返还法则，这是个在数学上没法证明的问题，但可以通过演化的方法来验证。1984年，罗伯特·阿克塞尔罗德设计了两场计算机模拟竞赛，竞赛结果就证明了返还法则的合理性和普适性，这里的故事就不讲了。返还法则非常简单,可以作为演化的起点。在《法律简史》中,通过放松假设,添加变量,我从返还法则推演出了一个关于犯罪和惩罚的公式:

$$Lp = Fc \times Pc \times Lc \times k \div Pp$$

其中,Lp 表示惩罚的严厉程度,Fc 表示犯罪的统计频率,Pc 表示作案成功率,Lc 表示犯罪的实际损失,Pp 表示抓获概率,k 表示曲线上某个惩罚点相对于原点的斜率(它是个幽灵变量,添上它只是为了让数学公式保持正确)。这个公式肯定是正确的,因为它是个恒等式。按说恒等式没有意义,但是在操作中去掉 k 就有意义了。去掉 k 之后公式就简化为:

$$Lp = Fc \times Pc \times Lc \div Pp$$

这个公式不再正确,但在特定条件下,我们可以利用一个错误的公式去思考罪刑相适应的问题,只要我们清醒地知道它错在哪里就可以了。这个公式非常好用,它实际上解码了人类的关于罪责评价的道德直觉。比如,为什么故意相对于过失、蓄谋相对于冲动、冷漠相对于忏悔、累犯相对于初犯、惯犯相对于偶犯、普通人相对于聋哑人、成年人相对于儿童和老人,即使犯下同样的罪行,造成同样的危害后果,前者都要受到更严厉的处罚。其原因就在于,前者的犯罪可能性更高、作案成功率更大且抓获概率更低。分析案例时也很好用,比如解释许霆案,许霆盗窃金融机构之所以可以被减轻处罚,就是因为事先看他的作案成功率几乎为零,而抓获概率几乎是 100%。

要知道,针对某个具体犯罪,我们不需要计算出一个精确的、最优的惩罚,我们只需要排列好轻重的顺序就可以了。举个例子,法律怎样惩罚盗窃? 我们不知道精确的答案。但我们知道盗窃肯定要重于侵占但轻于抢劫,盗窃 10 万元肯定要轻于盗窃 20 万元但重于盗窃 5 万元。只要排序正确,我们就可以把决策误差控制在很小的幅度之内。在法律领域,判断变化的趋势要比判断变化的量重要得多。一提法律经济学,很多人就抱怨说定量分析做不到,这是个误解,其实法律决策很少需要定量,能比较优劣、知道好歹就够了。李清照也只是作出了一个定性的判断,"绿肥红瘦",至于肥了几分、瘦了几厘,她也不知道。

为什么惩罚只要做到轻重排序正确就可以合理控制误差?其实开始我就讲了。横轴上的每个犯罪点都要对应于纵轴上的每个惩罚点,这是罪刑相适应的题中之义。但由于纵轴上的惩罚幅度非常短,而横轴上的犯罪幅度很长,后者至少是前者的几十上百倍,所以纵轴上的点与点排列应该是很稠密、很拥挤的。在这个条件下,处理好排序就能控制好误差,比如,只要知道盗窃重于侵占但轻于抢劫,那么对盗窃的惩罚幅度会控制在侵占和抢劫之间。这就是利用难题的性质来解决难题本身的思路:只需要比较,不需要计算出结果。这就是可以去掉 k 这个幽灵变量的原因。

做个总结,法律经济学的思路是寻求最优,但演化分析的思路只是比较优劣而已。在法律的领域里,没有最优,只有更优。尽管演化分析的终点一定符合最优威慑模型,但我们不能指望一步到位,不能忽略计算量的约束,不能采用历史终结者的视角,也不能采用上帝视角。我们一直在路上。

第二部分 法律的经济分析(戴昕)

桑老师刚才讲的核心内容,我总结为:在刑罚的主题上,传统的法律经济分析有一个比较成熟的理论。但是,他认为这个理论不好,因此在此基础之上提出了演化分析。其实《法律简史》书稿里面有这一章。我和其他研究者之前关于这个问题讨论过很多次,桑老师之前有一篇文章写这个问题,他提出了自己新的有关刑罚制度本身的演化理论。不过他最开始认为这是他的经济理论,后来我跟他说这和法律经济学基本上没关系,不是法律经济学。这个新的理论实际上是一个演化分析,而演化分析是比较复杂的。

我不知道有多少同学能对经济分析本身有一个比较完整的学习过程。所谓完整,不是说特别的了解或者有多专业。不管大家的兴趣是法律社会学、人类学,还是基于社会学和人类学的实证研究,可能对传统的美国式的法律经济分析还不太了解——这和后来的一些量化的实证研究还不太一样。但是我的建议就是,即使对这个东西不是特别感兴趣,或者对里面的很多东西不同意,这都没关系。重要的是,大家应该对经济分析做一个比较系统的了解。法律的经济分析,在我看来是过去七八十年到一百年之间,法律理论当中发生的最重要的进展之一。因为它比较系统地提出了一个对法律问题全面的、重新的再解释。当然有很多的批评讲,这就是一个意识形态的推动,认为是在里根上台之前一群右翼的经济学家,包括资本,在推动这个东西。因此,它不过是为右翼的经济和制度的意识形态服务的理论。这些在历史上都是真的,但是如果只是从这个角度去理解法律经济分析的话,那就太狭隘了,某种程度上是对自己知识结构不完整的一种辩护。如果仅仅把经济分析认为是右翼的意识形态的产物、理解为他们不过"讨论的都是钱",这样的话,就可能错过一个非常重要的知识脉络。

如果大家对所谓法律和社会科学比较实质性的制度研究有兴趣的话,会发现其实从技术成本、社会成本和激励的角度去理解法律本身的内容,以及了解批评或者说解释法律的不同角度,是非常重要的,而且这完全可以在某种程度上是意识形态中立的。

我现在确实也有点不太清楚,刚才谈的很多问题桑老师一带而过了,比如贝克尔的理论。我以前讲这些东西时,也都是假定所有人都知道。但是后来教书这么多年,不管走到哪儿,我发现无论面对的是本科生、研究生还是博士生,不能假定所有人都知道这些东西。但是我们今天也没有时间展开。尤其坦白地说,刚才桑老师说的理论里很多的具体论证,我其实不是完全同意的。大家可以去看看《法律简史》的第五章。这部分桑老师写得非常全面,基本上想尽办法把所有的角度、有可能出现的问题,都论证了一下。虽然我觉得有一些地方还是不能说服我,但是至少这个问题是全的。

其实不管是经济分析还是演化分析,我还是希望去理解刑罚制度的基本逻辑,看看这个东西到底在做什么,以及应该怎么做,要同时去想实证和规范两个层面。一方面,经济分析和演化分析当中,尤其是经济分析,有一些比较细节的论证,比如论证不同的罪名之间,到底哪一个的刑罚理论上应该重一点;另一方面,它背后有一些比较抽象的东西,就像教义理论会讲为什么一种行为责任更重,另外一种行为责任更轻,有什么期待可能性,等等,也要进行一些抽象的梳理。

一、解构刑罚理论

首先,第一步是观察。比如所谓刑法教义学是一个规范的体系,它是比较复杂的,里面涉及大量的名词,然后尝试在大量的概念之间进行逻辑的连接。而这些名词本身往往还不是出现在法条当中的,因此还要把这个概念体系和法条再做一个连接,不管是实证上的连接还是规范上的连接。这是一种理解法律的方式。但是有的时候其实不见得特别有效,有可能看到细节之后就晕了。所以要想办法借助社会科学理论,甚至自然科学理论。试想人类的这些制度活动和蚂蚁有什么差别？蚂蚁也形成一个复杂的社会系统,也要完成很复杂的工作,如搬家、觅食,等等,那它必然应该是有制度的,需要一些结构性的安排。而这个安排的目的是什么？基于什么样的逻辑能够转起来？

桑老师想说的意思就是,这个制度其实没有刑法学家说的那么复杂。就这么一个刻度的问题,包括区分度的问题,制度逻辑肯定是不复杂的。但是待会儿大家想一想,到底是桑老师刚才说的演化逻辑复杂,还是法律经济学的核心的理论更复杂？我个人觉得其实演化逻辑是更复杂的,原因在于你要想把演化的整个链条当中的每一个东西说清楚特别难,好多地方刚才都是一跳而过的。桑老师前面说了好多东西,读诗、读书、喝矿泉水,等等。他刚才说的"名人"矿泉水,你们都买不到,我也买不到。我到现在确实也喝不出什么特别来,即使能喝出来那种比较好的纯净水的味道,但也不知道它和其他的纯净水有什么差别。因此可以发现,演化是什么？其实就是人的个体意义上的演化,我们每一个人如何感知世界、如何认知世界,这毫无疑问是一个演化的结果。比如神创论认为,人的所有感知在原初的时候有一个神都给我们设计好了,或者有一些理论认为,最初有个造物主,但造物主的设计就是人类慢慢去演化。反正不管怎么说,演化就是这样一个过程,最开始我们不是这样的,但是积年累月,慢慢地就发现有一些东西不同了。今天好多东西是没法解释的：我们为什么喜欢这个事？为什么讨厌那个事？比如看见一个小动物,有的人就觉得很喜欢,但是有的人就觉得很恶心,这个小动物也没招惹他。

道德直觉这个东西确实是比较复杂的,也已经有了很多研究。首先心理学有大量的研究,研究我们为什么觉得有些事情特别好,但对有些事情又觉得特别不好。传统道德哲学认为,我们看到一件事情要对它作道德判断,判断好还是不好之前,我们首先是想,我们在这个社会当中应该接受的道德规则是什么样子的?应该怎么对待其他人?应该怎么样对待那些对待其他人不好的人?有了道德规则,再在要做判断任务时依据这些规则作出一个判断。

但是心理学家已经非常清楚地告诉我们,不是这样:我们对所有事情的喜好,也即所谓道德判断,实际上都是直觉的结果。就是说,这个事一出来我就已经有结论了,看到这个事我就觉得不能接受,觉得很糟糕。如果非要问我为什么,我会再去想尽各种办法给你找理由,但是很多时候我的理由在之前都已经被排除了。所以心理学家就通过这种方式发现,原来道德直觉不像我们想的那样,或者不像哲学家想的那样,是通过讲道理出来的。那为什么是这样呢?心理学家没有给出解释,或者给不了这个层面的解释。要再往深一步,就是脑科学的问题。我们只能想尽各种办法进行解释:毕竟人类是生物体演化而来的,假定这么演化一定是有道理的,那些没道理的东西按理应该被自然选择所排斥。我们每个人每天能吸收的能量是有限的,所有的情感活动和认知活动都是要大量消耗能量的,因此人为了多活一点,能消耗的能量、能处理的事情就要集中在那些对生存最有意义的、对基因繁衍最有意义的活动上。

当然大家也知道其实这个逻辑是没什么问题的,而且把它放在一个大的生物的意义上去考虑的话,这个演化的问题也没有直接的考古证据。我们现在说的进化论,是在一步步地去找考古上的证据,其实中间有很多断裂的地方。所以最终进化论或者整个生物演化的逻辑,只有很多间接的或者不那么直接的考古上的逻辑和证据,到现在还没有一个完整的考据链条。这没有办法,只能停在假说的层面。

里面还涉及一个问题:接下来我们会不会变化呢?如人会不会越

来越聪明？其实这是个鸡生蛋还是蛋生鸡的问题。我们最开始能够摄取的能量比较少，能做的事情很有限，但是后来吃得越来越多了，尤其有了农业之后，开始有足够多的能量可以去做一些其他的事情，甚至有了一些超出基本生存需求的其他需求。饱暖思淫欲，然后开始搞各种艺术，等等。这就产生了变化。制度也是这样，最开始没办法有制度，不是脑子处理不过来，是即使脑子能想到也做不到。一旦突然之间又发生了战争，许多的物质财富就又全都消散了，物质社会基础也又都消散了。没有钱和资源，所谓两审终审制、三审终审制，还有各种调查、程序正义，等等，都是做不到的。所以制度面临的问题其实在这儿。那制度的演化是什么呢？就是有越来越多的资源在支撑着越来越复杂的制度。所以制度的逻辑不复杂，但制度本身是越来越复杂的。

而我们现在要在什么层面上去理解它？一个比较高层次的简化理论是不是能够认知所有的问题，包括所有的具体制度行为和制度措施。这中间的解释上的断裂和空白其实挺多，而且还挺重要，好多东西是跳不过去的。所以我觉得，你让我用演化的分析去理解道德直觉的话是可以的，但是是直接去看具体的制度，比如你要了解制度整个变化的过程、完整的历史，像刑罚制度从古到今的历史，这是可以的。太复杂的制度，在没有资源支撑的时候根本活不下来，这其实是一个很简单的道理。至于其他的一些东西，比如刻度之类的，大面上应该也对，但是具体而言，桑老师讲的理论里面，他经常在不同层次上跳，一会儿跳到具体个案实际上要法官怎么解决，一会儿又回到理解这个刑罚怎么解释，我个人的看法就是，至少对各位同学来说的话，可能要注意不同的理论实际上适用的解释的现象层次是不一样的。

至于刑罚本身的理论，有报应的理论和威慑的理论，这是最核心的两种理论，当然还有其他的一些理论，比如教化、纠正等。经济分析其实讲的就是威慑的逻辑,演化讲的则是报应的逻辑。所谓报应逻辑是什么呢?桑老师觉得刑罚的规则实际上本身对应的就是报应,或者说道德直觉,就是人们认为什么样的行为比较严重、会对社会造成多大的危害,这时候它和刑罚就有一个对应的关系,不管是粗略的对应关系,还是更精细的对应关系。它们的差别在哪?实际上确实好多基础的东西不讲的话,不太好评论。各位如果去了解的话,会知道威慑的逻辑是法律经济分析的基本的理论框架(加里·贝克尔提出)。但是如果你用威慑的逻辑和报应的逻辑去理解法律,你会发现有的时候它们可能解释了相同的法律现象,只是运用了不同的进路。就是说它为同一种法律规则,如同一种刑罚设置提供了两种不同的支持。当然有的时候它们在结论上是有差别的,比如最典型的就是是否支持肉刑、死刑。

贝卡里亚最早为什么要讲犯罪阶梯呢?功利主义讲刑罚是一种必要的恶。什么叫必要的恶呢?就是说它必须是有产出的。如果一个人给别人带来痛苦,你因此处罚了这个人,其他人可能以后也少受侵害。这就给社会带来了一些价值,这些价值就是减少了其他人的痛苦。什么是不必要的恶呢?比如过度地追求野蛮的报应,比如过度地追求同态复仇,甚至是过度地追求血仇,包括肉刑。贝卡里亚那个时候最反对的就是肉刑。边沁搞了一个监狱改革,后来因为我们了解了福柯,所以都觉得边沁的圆形监狱是一个非常不人道的、类似于监控的东西;实际上,边沁之所以要搞圆形监狱,是因为他觉得那个才是科学的,当然了,这不是边沁本人的设计,真正的设计人是他的弟弟。为什么要那样设计?因为边沁觉得那个是好的——它既可以省钱,又可以把这些人看住,同时也不需要有人拿着鞭子去抽他们,可以以很低的成本、相对低的痛苦完成社会对犯罪控制的需要。

所以,早期他们其实都是批评报应的,直到当代,死刑的争议也是这样。那个时候贝克尔就说了他对死刑的看法:如果有证据能证明死刑有威慑力的话,毫无疑问死刑就是应该保留的;但是如果有一天有新的证据能说服他死刑的威慑力完全是胡扯、根本没有,或者有一些相反的证据,他说我就不接受了。

反倒波斯纳说,贝克尔是纯粹的经济学家的思考,而法律人想这个问题不是这么简单的。威慑是刑罚的一个逻辑,但是刑罚的另外一个逻辑是报应,不能说报应不重要。而且法律经济学讲的是所谓社会福利最大化,社会福利(social welfare)里面包含的不仅仅是比较明确的客观意义上的量度,比如社会治安,还有社会公众主观的报应的需求,这种情感的抚慰也是需要考虑进社会福利的总体的计算之内的。所以他说,在这个意义上,如果我们的社会有威慑的需求,也有满足报应的需求,那这两者都是可以支持死刑的。反过来如果这两个需求都没了,当然就不一样。当然他讲的这些都是假设,社会科学就是这样,所有的结论都是从假设出发的。

如果对这两个理论不太熟悉的话,这样算是简单跟大家介绍一下了。

二、演化分析

关于刑罚的理论,不管是报应理论还是威慑理论,我们要清晰地知道理论的作用,即要么用理论解释所观察到的现象,要么指导接下来的制度建设。当然大家可能比较熟悉所谓解释和规范理论的差别。通常人们觉得一个理论要么是解释理论,要么是规范理论,但其实我觉得不然,有的时候一种理论可能主要是为了解释,但解释完了之后,它一定是有规范的意涵的。

当然这是哲学上的争论,属于语言哲学和道德哲学,或者分析哲学和道德哲学很早的争议。分析哲学认为道德上的命题都是不存在的,完全应该与分析抛开。但是语言当中很多描述性的东西,其实都是有道德评价的,比如评价一个人的长相是在平均值以下,而平均值实际上是基于每个人的主观判断打分的。对于评价者,说一个人长相在平均值以下,只是客观描述,但是被评价者会觉得受到了侮辱。所以所有的事实判断背后,都是有价值上的暗含(implication)的。

其实桑老师说的就是报应的理论,他只是用演化的方式给"报应"提供了一个新的基础。这个基础就是解释理论。如何解释?首先有一系列与刑罚相关的规则,即刑法以及各种其他的相关的行政法规等。其次,要解释为什么这些规则是这个样子,而不是另外一种样子。然后,要用规则来解释行为。对于解释行为,法律经济学和犯罪学不完全一样,法律经济学强调一定要结合规则解释行为,即在特定的规则之下解释行为。比如,这个犯罪行为多还是少?受害人是保护自己投资多还是保护自己投资较少?甚至可以解释为什么有些规则之下警察很积极,而有些规则之下警察不积极?为什么有些规则之下警察的破案率比较高,而有些规则之下警察破案或者成功起诉的概率比较低?等等。不管是基于报应去理解刑罚,还是基于威慑去理解刑罚,这些都是可以验证的。又比如,有些犯罪行为令老百姓深恶痛绝,所以他们觉得光靠公、检、法来保护还不够,还需要自己进行各种各样的私力救济。如果猜想这都是由于报应,那么这个命题是可以验证的。当然反过来,如果说猜想这是基于威慑力的——因为执法不足,所以受害人就过度地投入私人的预防,那么这个也是可以验证的。

这是一个层面。

另一个层面就是把这些东西变成规范理论,在规范层面进行讨论,这和解释理论是连在一起的。比如,通过解释理论发现,在特定的规则之下某一种犯罪行为威慑不足或者报应不足,因此可以得出结论,或者进行规范的推论,这个时候刑罚应该增加或者执法应该增加,等等。这就是把它做成规范理论。尽管解释理论和规范理论可以连起来,但是我讲的时候一定要非常清楚地分开,得一步一步来,不能混同起来。作为规范理论,一般要解释,比如刑罚规则应该如何制定、刑事政策如何掌握、刑事案件如何裁判。这两者当然可以连在一起,比如现在我们的刑罚制度是追求威慑的,它产生的结果不好,也是因为威慑不足。但是也可以说,在规范层面上,应该追求更多的报应,不能因为威慑过分昂贵就不需要报应了。所以,所谓从解释或实证推不出规范,实际上是说这二者之间是可以分开的,而不是说这两者之间完全没关系。关系大了,很多时候是隐含连在一起的,只要把中间这个联系明确表述出来就行了。

那么演化分析到底是一个什么层次的理论?我们现在到底用它干吗?我个人觉得,经济分析是非常清晰的,它既可以在解释层面进行分析,也可以用于规范推论。因为经济学或者经济分析本身就是包含这两个层面的。我可以用它客观地分析现在的某个制度过于昂贵,然后由此继续推论这个制度应该怎么改,因为我们的制度目标是尽可能地降低成本,尽可能地节省社会资源。但我也可以说,现在这个制度过于昂贵了,但是即便如此,基于某些其他的原因,我不怕付出这个代价,甚至我不接受所谓的社会福利最大化,我追求的是某种绝对的、单一的价值,其他的价值在我这儿的位阶是低于它的,根本不能放在一起权衡。很多法律的分析其实都是这样的,只要说清楚就可以。

那演化是怎么回事呢?演化到底是一种解释理论还是规范理论,这个问题就比较麻烦。如果把演化当作一种解释理论,那现在的刑罚或者刑罚制度就是演化的结果,概括上肯定是这样。比如讲人类的刑罚制度可能有几千年,慢慢地就会有一些积累。刚才桑老师说的有一点我很同意,所有制度的变化是边际上的,有些东西做了之后,一段时间大家觉得不合适,那就得改,不可能头破血流也要坚持。因为头破血流还一直往前走的话,最后整个制度就延续不下去了。对此,历史经验的证据是非常充分的,确实会坚持不下去。但是这个层次的分析,能用它解释现在的刑事立法,如中国的刑事立法、美国某个州的刑事立法或者美国的模范刑法典的每一个条文制度吗?肯定是不行的。为什么?因为许多规则其实都不符合这个逻辑。那接下来怎么解释?前面逻辑不成立是因为这些制度历史都太短了,时间上不够。但是时间多少才合适呢?这就没法说了。所以只能说整体上这个制度大概是这样,比如杀人偿命、欠债还钱,等等,但是有些大基准的犯罪,它的轻重是一样的,像我们刚刚谈到的制度。我们资源太多了,所以我们也会发现,现在刑法当中容纳的大量的犯罪行为,实际上和这些基准行为、基准罪行是大相径庭的。学过刑法会知道,有所谓的自然刑、道德刑或者规制刑。规制刑是什么?在国家兴起之后,我们才开始有能力去管那些在历史上、在100年前根本不可能管得了的事情,如证券交易、个人信息等,要知道在以前的落后环境下,没有任何一个国家能管得了这些事。最多是在普通法中,通过提出私人争议,然后法院在个案上以侵权为依据来解决一点点所谓的环境纠纷,但是它不可能去搞"双减""双碳"这些东西。所以在这个意义上,我们会想这些跟演化有什么关系,或许最多只能说,可以用演化继续预测这个东西,认为长期来看它肯定搞不下去。这也可以,但恐怕根本用不着演化,只需要基本经济分析就可以。因为演化所需要的时间尺度,我们今天分析的绝大多数的具体制度是根本不具备的。我们最多只能说,这个能演化到什么程度,如波斯纳讲的普通法(那个年代早期的法律经济学的议题),但是这个议题后来也产生了很多争议,现在大家基本上都不太谈了,比如普通法为什么有效率?它的逻辑是这样的,像英国普通法从14世纪、15世纪就开始,几百年下来,肯定经过一个案子一个案子的审判,其中有积累、有一个信息机制,因此大家知道这个案子判了之后,接下来大家要如何调整行为。但是如果这个案子判得不合适,就会造成许多不当的案子被诉诸法院,这个时候法院就会发现原来之前的案例判的不合适。如果都是这种立法的话,我觉得能解释的东西太少了,也不见得能解释。

那这个演化是不是规范理论呢?如果把演化当成规范理论会很奇怪。当然可以说演化是规范理论,就是说我们必须知天命,不能逆天改命。演化就是整个物种,甚至整个世界、整个宇宙不能违背的自然规律。但问题就在,刚才说了演化的方向是不知道的,很难事前预测。不过最大化的方向是可以知道的,也就是说优化的方向是可以知道的。当然有人说优化都是胡扯,比如马歇尔讲一般均衡,后来论证了一般均衡不存在。确实,没有人说一般均衡是存在的,但大家知道,如果假定市场的摩擦越来越小的话,那么这个均衡可能会往什么方向发展是知道的。所谓规范,就是尽管那个东西达不到,但是相对来说可能还是有比较好的东西。

三、经济分析

现在讲如何用经济分析的理论去进行法律的制度分析。其实不管是刑罚,还是其他的各种侵权,无非就是把一些传统的法学当中、我们不从市场的角度去理解的一些行为,更广义地理解成市场行为,也就是扩大市场的定义。所谓市场,就是人和人之间基于激励,理性地追求最大化自我的利益。所以经济分析其实无非就是用市场模型来理解犯罪行为,就是贝克尔讲的那些东西。市场行为无非就是供给和需求的问题,因此在解释层面,这句话像经济学理论一样。比如有个产品,想知道在市场上它会是什么价格、会有多少人买、有多少人生产,无非就是去看供给侧的行为会怎么样、需求侧的行为会怎么样。接下来规范的意义就在于,对假定的特定法律条件之下的某一种特定的犯罪行为进行预测:它的供给侧会有什么情况,需求侧会有什么情况。如果觉得供给和需求的均衡所应的犯罪行为的数量太多了,这个时候就要想办法去调整法律,把法律作为一个制度上政府或者权威可以控制的变量。因为其他东西没法直接控制,所以得从法律这一点切入,它可以影响大量的行为。

所谓法律经济学永远都是这样,我们是从法律的视角出发,而不是直接从市场角度出发。我们认为法律影响市场当中各种各样的行为,我们假定所有的主体都足够理性且他们都会受到法律的影响,法律如果有变化的话,他们的行为会有回应。那这个时候,法律的经济分析就用来(比如在供给侧)研究犯罪人。犯罪人也不是非理性的人,当然这是一个假设,因为事实上有很多犯罪人很理性,也有很多犯罪人真的就是完全不理性。所谓不理性,指的是他对法律的变化和外部的执法的变化完全不可能有任何的回应。这其实是很少的。

供给侧无非就是犯罪人要考虑,现在做这个事情,预期的收益和成本到底谁更大?从法律经济学角度讲得很清楚,如果想在供给侧影响犯罪人的行为的话,这个时候法律就要去考虑怎么影响犯罪人所想的事。犯罪人想的是什么事?就是他做这个事能得到什么,他想的只是他自己。但是桑老师的书里说,法律考虑的永远都是基于受害人的损失来判断行为的轻重。这个肯定是和经济分析不一样的,而且里面存在一些比较细的推论,其实两者可以连起来。因为我们最终是要影响犯罪人的行为,犯罪人考虑的是自己的收益,而不是别人的收益,所以毫无疑问,可以通过刑罚的方式把受害人的损失变成犯罪人的损失,进而增加犯罪人要判断的预期成本。这种方式,实际上仍然是在给犯罪人相关的激励。但是有的时候,到底是犯罪人的私人收益比较好判断,还是社会损失比较好判断?很多时候这二者是有差别的,但我们只知道一侧,只能通过一侧来推测另外一侧。比如贪污受贿,犯罪人的私人收益是非常清楚的,但贪污受贿的这个行为给社会带来了多少损失就不好判断了。而我们希望,尽可能地把所有的社会损失都内部化,变成犯罪人自己的损失,那么这个时候犯罪人会考虑到其收益可能还不如损失,进而减少犯罪。但是有时候社会损失不太能估量,这个时候我们只能尽可能地用超出金钱的水平增加。

这一侧是供给侧,另外一侧是需求侧,通过法律来影响需求侧。犯罪成果本身是有消费者的,比如贩毒、买卖器官、售卖个人信息,这些都是有消费者的,有人会去买。这时候法律会考虑要不要打击这个需求——不光是打击犯罪人,还要打击需求。同时,法律会也影响受害人的需求。一般的理论认为这是一个负的需求,即所有潜在的受害人愿意花钱去避免或减少这个犯罪行为的出现,这个时候法律提供的保护越多,这种负的需求反而相对越少,私人投资保护安全的需求就越少;如果法律保护的不足、威慑不足,我们每一个人就需要在自己家里面修高院墙、在深宅大院装摄像头,这就会造成资源浪费。

所以刑罚的经济分析核心的变量就是法律。要去观察现在刑罚本身的立法,以及立法所对应的公共执法。公共执法比较高的刑罚,加上不同的公共执法的水平,会在供给侧影响犯罪人的行为,也会在需求侧影响消费者和受害人的行为。而我们要做的就是去观察。首先,实证层面上,理解在这个模型之下,能不能帮我们预测某种特定的犯罪行为,它的市场的均衡的规模大概是多少?在此基础上,有两点要注意。第一,要作价值判断:刑罚是不是太多了?有没有可能在边际上均衡变化一下?如果要变化的话,需要怎么改变公共执法?第二,在这个基础之上还要去理解,如果我们追求的是社会成本的最小化或者社会福利的最优,那这个时候一定要知道公共执法是消耗大量社会资源的,而且是有机会成本的——如果把这些钱用于打击这种犯罪,就没有办法用于打击另外一种犯罪;如果都用它来打击犯罪,就没有办法用它来发展教育、改善医疗。

但经济学论文包括法律经济学论文,有的时候基于经济学的学术传统,要求研究这些理论、这种模型的话就必须得出一个最优的结果。但是,不是说我们拿到模型之后,就真的开始去计算了。实际上还是把几个变量找出来,然后研究在哪几个边际上是可以改善的。给的都是方向,不是真的到个案中去算。

这就是计算的问题。刚才桑老师说了,演化的东西简单,不用算,我觉得是不太一样的,比如今天所有的人工智能。所谓人工智能的算法是什么?其实都是优化算法,所有的人工智能的算法都是求最优。当然这个消耗不消耗资源?消耗的资源太多了,首先就是消耗大量数据,但是数据还好说,消耗得最多的其实是算力。这就是为什么现在不要轻易相信一个小公司开发出来的人工智能的算法,因为它没那么多钱。如果让一个模型做一次训练,可能随随便便一两千万元就用掉了。但是一旦用的时候发现这个不太对,想要调个参数再去重新训练的话,其实是不可能的。

所以到底能不能算呢?要看在什么层面上。如果只是粗略地算,在基于假设的情况下做一个优化模型的话,是可以的。一个国家立法,要在一般意义上去做最优化,比如要考虑每年多少资源投在哪些地方、哪些地方做执法、哪些地方不做执法,粗略地算一下是可以的。这个其实并不比演化算法花更多钱,而演化算法实际上完全没法算,只需要等着,往前发展就行了,我们也不知道需要多少时间。

我再提一下最大化和边际优化之间的差别。刚才桑老师的讲述中可能给大家留下的印象是,边际和最大化是两种思路。坦白地说,这个在实践层面肯定是两种。一种方案是我先做个公式,比如我现在坐在这儿决定今天晚上要去吃什么,然后我先做个公式,算出来哪种东西能最大化我的快乐同时最小化我体重增加的负担,等等;还有一种方案就是我经常去试。比如我今天晚上去食堂吃了这个,第二天测了一下体重上升了,那第二天我稍微改一改,晚上换一个别的东西。试几次试出来,就是在边际上改善。那边际的意思是什么呢?比如我今天吃早中晚三餐,明天吃早中晚三餐,今天和明天唯一差别就是晚餐,早餐和午餐都是一样的。然后我去看一看晚餐给我的体重带来的变化是什么,我就知道那样东西是不好的或者是好的。我不是从总体上做整体的水平优化,不是把所有的加在一块然后去比,那样比较复杂。

其实最大化和边际优化之间没差别。所有边际优化的前提是什么？一个决策，即我们所谓的 marginal decision，margin 是什么意思？margin 是边，但是要注意一个事情不是只有一个边，一个事情、一个决策任务有许许多多的 margins。我们现在讲的 marginal change，实际上是说，把所有其他的维度都控制住之后，再看那一个 margin 的变化。因此，那一个维度上的增长就是优化。当其他都不变，只有那一个维度变化的时候，你关注在那个维度上边际的变化，追求那个维度上的边际的增长，就是最优化。边际优化和最大化实际上没有差别，只是说前者更实在、更容易。

比如在司法、法律当中，如果大家学过法律经济分析的话，会知道在侵权法上有所谓的汉德公式（The Hand Formula）。但是在 20 世纪 80 年代，耶鲁的一个教授发表了一篇非常著名的文章，认为汉德公式其实只能从边际上理解，但是现实当中的法院从来都不会在判一个案子时首先去想所谓的 BPL。现在发生了一个事故，抽象来看注意义务大概是什么样子，也就符合汉德公式了，即采取的预防措施的负担小于采取的预防措施的预期产出，也即 P 乘以避免的损害。这位教授说现实当中的法官从来都不是这样的，如果去读法官的判决，他们都是从边际上去考虑的：如果当事人再多做一点预防，就可以有更多预防的收益、更多的安全的收益；而这样一种预防可以做但是又没有做的话，就构成过失。这就是所谓边际上的汉德公式，判案子都是这么判的。我们每个人在生活当中也是这样，无非就是要多想一步，比如出门开车的时候，该戴安全帽、该系安全带，下面就剩一件事——我开车的时候要不要看手机。如果你看了手机，可能增加多少风险？所以我要判断的只是最后这一点，这个和整体的优化一点都不矛盾。

对话与问答

提　问　如何确定犯罪排序相关的4个变量变化（犯罪可能性、犯罪成功率、犯罪成功后的实际损失、破案率）的数值？

桑本谦　我们在思考这个问题的时候，脑子里要有两个层面上的清醒：一是要知道它们怎么排序，二是要尽可能地减少算力的浪费（节省思考）。比如"人身危险性"这个概念，我们知道这个人很危险，人身危险性的概念可以还原到这4个变量：他更有可能犯罪、他犯罪更有可能成功、他犯罪成功后造成的损失更大、他很难抓。还原成这4个变量的话，我们思考问题会比原来更清晰一些。当我们说一个人的人身危险性比另外一个人更大的时候，实际上我们说的是这4个变量。再比如"蓄谋"，蓄谋为什么比冲动刑罚更重？原因就是他更难抓，而且他更容易成功，且因为他是冷静的，所以更容易对刑罚这个精致的激励机制作出反应，也就是说刑罚对他是更有效的。所以把更重的惩罚用在蓄谋上，比把更重的惩罚用在冲动上更划算。

这些判断其实都是比较意义上的。我们只在比较意义上作出判断，就可以解决绝大多数法律决策的问题。要知道我们大脑一直都在做计算，你不用考虑具体变量的数值是多少，因为我们法律决策很少需要你考虑具体的数值，我们觉得这样做"更"好一些就够了。很多时候，我们只需要知道好坏，并不需要知道好多少和坏多少。

提　问　犯罪可能性、成功率、损失和抓获成功率这4个变量看似客观，但可能受国家资源配置的影响，可不可以在此引入另一阶的前提性加权值？

桑本谦　在我的理论当中,目前还没有这个必要。因为所有这些东西最终对这4个变量也都是有影响的。比如你装了很多摄像头,它就会提高抓获犯人的成功率。你装了很多防盗锁、防盗门,它就会降低作案的成功率。如果大家都穿上铠甲,那么受害之后损失就会小。所以所有的这些外部环境因素最终都是可以还原的。

实际上我目前是想解释,人觉得一种犯罪轻,一种犯罪重,究竟是什么意思?当我们说一种轻、一种重的时候,我们是在说它更坏吗?它更邪恶吗?期待可能性更小或者更大吗?我希望把描述一个行为"坏还是不坏,更坏或者是更不那么坏"这样的一些概念的时候,用一种更清晰的方法去呈现。当我们这么说的时候,我们是在说什么,一定要搞清楚。你也可以说社会危害性更大,你会发现社会危害性和犯罪情节或者犯罪行为这些概念在含义上有交叉也有重叠。这就很像"牛顿时代"之前的那些物理学概念,非常混乱。我想把这个事儿弄更清楚一些。

提　问　犯罪成本曲线非常复杂,无法测算时怎么办?

桑本谦　无法测算并不意味着人无法做出排序。比如我们能够确定它是一个单调的上升曲线,就可以解决排序的问题了。至于这个函数是什么,我真的不知道,因为我列不出来,至少用我这种方法列不出来。但用戴老师说的经典模型是可以列出公式来的。我列出的公式里有个斜率 k,其实是个恒等式。就像我们到现在也没法准确地模拟神经元对外部刺激作出变化的数学模型一样,我们也没法准确地模拟惩罚去追踪犯罪变化的数学模型,但我能确定,它一定是一个单调的上升的函数,而这一点就可以解决很多问题。

知道排序可以解决很多问题。新古典经济学有关于理性的概念,理性实际上意味着一致性,就是效用排序必须正确。效用这个概念实际上是我们从大脑当中主观构造出来的,因为它是个基数型的概念。但是更多的,我们实际上是知道一种痛苦比另一种痛苦更痛苦,一种快乐比另一种快乐更快乐。我们能区分大小,我们能排序,但是我们没法给这个效用定价。如果直接定价的话,有两种方法:一种方法,比如你直接测你的神经元的放电率;还有一种方法,就是我们经常采用的叫价的方式。比如,有人说,桑本谦我切你一根手指值多少钱?我说那开始叫价吧,1000元,我说不行,2000元,我说不行,我说那得看哪根手指,如果是小指的话,当你叫价到50万的时候,我说成交,50万就是我这根小指的定价,可以用类似的这种方法。

你不知道不要紧,但你得知道你的盲区在哪儿。我基本上是努力让自己知道,哪些地方是我不知道的,这是我的追求。这是关于这个问题的回答。

提　问　通过经济分析的逻辑如何分析临沂徐玉玉电信诈骗案?

桑本谦　2016年,临沂的徐玉玉被电信诈骗9900元,因伤心过度去世。但因电信诈骗的复杂性,公安机关为破此案,先后投入了2000万元。这是很正常的。我首先讲一个道理,如果侦破一个案件所耗费的成本超过一个案件所造成的社会损失,这个案件值得侦破吗?如果超出一定合理的数值,它可能是不值得的,但是在合理的程度之内超出正常的数值是值得的。一个犯罪只造成10万元的损失,但我们为了破获这个案件,完全可以付100万元。这样划算吗?划算。

这和《拯救大兵瑞恩》是一样的,因为你没有考虑深层的收益。《拯救大兵瑞恩》的深层的收益,八条命换一条命,划算不划算?首先它增加了美国军队的形象分,大家都愿意参军,因为你在这样的军队服役是有安全感的——一旦被捕之后,我知道我的战友会舍命救我。但是你不会参加这样一个军队,因为派一个师去拯救一个人,你觉得这样的军队太疯狂了,说不定你就被牺牲掉了。

这都是有上限的,完全符合经济分析的逻辑。当你考虑深层成本的时候,是因为国家要建立惩罚犯罪的信用,所以它和企业要履行一份完全没有收益的合同,是一样的道理。

提　问　法律的经济分析如何处理价值问题?

桑本谦　我在写这本书的时候,重点要处理的一个问题,就是怎么去对待公平正义。因为法律是追求公平正义的,法律经济分析也好,还是其他的也好,都不反对法律是追求公平正义的,包括波斯纳也说,"本书实际上就是提出了一个关于什么是正义的理论"。

为什么我没有说正义,没有说公平这样的概念呢?不是因为我把它给忽略了,而是因为我知道它的内容了。你知道它的内容了,反而可以不用这样的词了。人们之所以用这样的词,是因为不知道它是什么,这就是公平和正义在传统法学当中屡屡出现的原因,因为人们不知道它的内容。你不知道它的时候,你就只能用这个概念去概括你不知道的东西。当你不了解这个东西的时候,你会老是叫它的名字。但是当你了解它的时候,你就可以用关于正义的逻辑去替代正义的概念。比如民事立法方面,什么是正义,什么是公平,我知道它的算法,我知道它的逻辑。关于刑事立法也是这样,我知道它的逻辑。实际上人类法律制度有一条锚线,这条锚线就是惩罚和犯罪实际上是相等的,X 等于 Y,就是那条斜率等于 1 的直线,这是最基本的一个算法。那我知道了之后,我就不太用这些词了。这就是价值追求,只不过是比价值追求更清醒而已。所以我用一种更清醒的追求来替代了一种沉睡的追求。所以说很多人在讲价值的时候,他实际上不知道价值是什么。另外关于这个话题还有很多细致的讨论,这个我也不可能说得特别细了。

提　问　演化理论的优点能否用于比较法学研究?

桑本谦　我认为是可以的,而且我也确实做了一些这部分的工作。一个是不同法系之间的比较,就是横向的、空间上的比较。最重要的就是历史上的比较,就是为什么法律从古到今会有这样的变化。比如,为什么古代的刑罚比较残暴,而最残暴的刑罚恰恰却不在最古老的法律之中,而是在18世纪之前的欧洲法律,里面充满了酷刑,给我感觉是"不好好杀人"。为什么会这样?我在《法律简史》中给出了一些解释。

你看法律史也是这样,会觉得历史真的很乱。我看伯尔曼写的《法律与革命》,我觉得他写得也很乱。但是整个历史在我的眼里边,可能就更简单一些。我觉得我眼里的法律史比伯尔曼眼里的法律史要简单,看上去眼花缭乱,但实际上万变不离其宗。不谦虚地说,我可能比伯尔曼那个时代了解的法律理论更多一些,因此可以更好地把杂多凌乱的历史封装在不同的抽屉里,这样就更有秩序了。

它能解决历史的问题,当然它也可以比较不同法律之间的这种不同。所以在同样空间上的法律制度其实是差不多的,坦率讲,大陆法系和英美法系的这一点点差别和历史差别相比,基本上就无关紧要了,我觉得都可以解释。

提　问　法律经济学学者之间怎么合作?

侯　猛　这个问题不只是法律经济学的问题,学者之间究竟怎么合作。本谦之前总是跟我说,你怎么让戴昕给我评议,"嫌"戴昕批得猛烈;但戴昕跟桑老师其实常有合作,还合写过文章。虽然他们俩的合作在国内是有些障碍的,但做跨学科研究的学者之间又的确需要合作。所以,也想问问两位在什么情况下要合作、什么情况下尽量先别合作?

桑本谦　在这个问题上,我和戴昕的看法估计是一样的。如果一个研究有很规范的流程,比如定量分析,那么合作是很容易的。什么叫科学?科学实际上是一个制度性体系。那么在这样一个制度性体系的规范之下,大家该干什么,这个思路是很容易统一的。科学就像一条河流,可以聚合很多溪流,所以科学的工作很容易合作。

但是一般来说,做定性研究的合作是偶然,比如我和戴昕合写的这篇文章[1],因为在大方向上是一样的,所以有了合作的可能。但是在惩罚这方面有分歧,如果完全呈现我和戴昕之间的分歧的话,真的是需要很多文字的,不客气地说,这种分歧目前超出了整个刑法学界的学术想象力,因此不太方便去呈现。但是我在《法律简史》里也基本上回应了这些问题,刚才也解释了:毕竟我旁边"站"着一个人(戴昕),是他一直在督促我写作。

自然科学的研究很容易合作,因为有一个制度在这约束着。定性的研究就很难合作了,想法上很难完全趋同,毕竟连恩格斯和马克思都没有合写过一篇文章。回想起之前我和戴昕一起写复旦投毒案的时候,其实是我有一个大方向,戴昕想得更细,因为他思考能力更强一些。我们交流后觉得想法是一样的,所以就觉得可以合写这个问题。我文献这方面不太行,在后记当中也写到了这一点。我在法律经济学这方面是"野狐禅",至少和戴昕比是"野狐禅"。

戴　昕　合作做研究是这样,第一,就像桑老师说的,如果你是做定量的研究,这个合作其实很大程度上是个分工。因为它这里面涉及比较多的操作性的东西,不用完全自己把它写出来,这个其实是可以合作的。而且法学的话,比如做定量研究,现在很多学者做的比较不好,其实是因为他不懂法律,他就稍微学了点统计和计量的方法之后,有点什么数据就用,包括我们自己学生也都有这种情况。问题是你做的那个题目没有意思,回归分析做出来之后也存在一堆发现,而且根本不知道哪个有意义,哪个毫无意义、毫无价值,甚至有些发现是很可笑的。这个时候你说你理论上确实弱一点,你把大量的时间都花在处理数据、学习数据方法上,那这个时候你最好找一个对理论比较熟悉的人跟你一起做。我觉得这其实是一个真正能做出好的东西的好的方法,现在比较多的好的文章其实都是这么写出来的。

第二,理论的文章能不能合作?这个就真的挺难的,包括我跟桑老师合写过,跟张永健也合写过,那几篇其实确实也涉及对问题的基本的论点和观点,以及论证的方向和分析的框架。你首先要聊,聊了之后大概是同意的(才能合作),如果在第一结论上,就觉得某一个东西就是错的,比如刚才桑老师说的内容我不同意,那就不可能合作,最后也写不到一块去。但是谈到合作,首先我们都觉得是这么个道理,那唯一的可能分歧就是论证过程当中有些细节是否也需要合意。对于有些材料,有的人觉得它是能说明问题的,有的人觉得不能,但是大的理论思考是一致的时候,两个人一起写一个理论的文章,其实肯定比你一个人写的要好。为什么呢?因为理论的文章最重要的是论证,就是你真的要能够把所有可能出现的漏洞和纰漏都覆盖到。如果两个人基本上思路差不多,同时考虑这个问题的层次和深度也差不多的时候,合作是比较有可能的。

当然了,有的时候也有一个风险,两个人如果在某一个问题上想法太像了,这个时候可能会丧失合写的价值。因为这个合写的过程是这样的:大家如果感兴趣的话,决定合作写一篇文章,比如我参与合写的话,不管跟桑老师还是跟永健,基本上都是我们一个人先非常粗的写一稿,让另外一个人非常仔细地改一稿,然后再拿回来从头到尾改一遍。反正我们一般是这样的,不是真的分开。但是也有先分开的情况,包括我现在和其他一些人合写,我主要写这部分,他主要写另外一部分,但是最后必须要从头到尾顺下来。分开的价值可能无非就是这样写得稍微快一点。但是其实两个人在一起写,应该是要能够互相抓到对方漏的东西,这个我觉得比较重要。

田　雷　我想合作不光是合写,比如我和桑老师在这本书上也做了一个合作。就刚才戴昕讲的时候,我想到了前两年译过的一本书,叫《慢教授》[2],两个加拿大的女人文学者写的。她们都不是顶尖的学者,写《慢教授》这本书时,她们说合作这个事倒不完全是一种分工,她们每个人做她们每个人自己的部分。我觉得合作还是大家在一起共同思考,当然了,可能我这样想也有点理想主义和人文主义的色彩。

刚才桑老师在讲的时候,我又读了桑老师《法律简史》的后记。做出版真的有这个好处,好多东西我们可以先睹为快。因为我读这个后记的时候,印象特别深刻的是他是这么感谢戴昕老师的:

"另一位是我的前同事戴昕,在我眼里他就像个打手,甚至是杀手。他还有令人恐怖的学术能力和思考能力,是精通法律经济学的真正行家。在写作过程中,但凡我有什么新想法,都会和他讨论,除非获得他的认可,否则我就会选择放弃,唯一的例外是'惩罚的尺度和算法'(它是本书第5章的一部分)。经过他无数次地碾压式打击,这个

想法居然奇迹般地存活了下来,我没有沾沾自喜,而是至今心有余悸。感谢宇宙的馈赠……"³

你们刚才这个辩论,事实上我看到这儿才明白,是这么多年一直继续下来的。桑老师感谢完戴昕之后,就感谢了宇宙的馈赠。戴昕可能很荣幸,因为仅次于宇宙。

延伸阅读

1. [美]罗伯特·阿克塞尔罗德:《合作的进化》(修订版),吴坚忠译,上海人民出版社2016年版。

2. [美]罗伯特·考特、[美]托马斯·尤伦:《法和经济学(第五版)》,史晋川、董雪兵等译,格致出版社2010年版。

3. [意]切萨雷·贝卡里亚:《论犯罪与惩罚》,黄风译,北京大学出版社2008年版。

4. Gary S. Becker, Crime and Punishment: An Economic Approach, *Journal of Political Economy*, Vol. 76, 1968, pp. 169-217.

注　释

1. 参见桑本谦、戴昕:《真相、后果与"排除合理怀疑"——以"复旦投毒案"为例》,载《法律科学(西北政法大学学报)》2017年第3期。

2. [加]玛吉·伯格、[加]芭芭拉·西伯:《慢教授》,田雷译,广西师范大学出版社2021年版。

3. 桑本谦:《法律简史:人类制度文明的深层逻辑》,生活·读书·新知三联书店2022年版,第477页。

_# 第三编

技 艺

LAW AND
SOCIAL SCIENCE

第八章
如何观察

张剑源

一、观察什么?

我们可以从一些很小的事例开始。《嘀哩嘀哩》是大家耳熟能详的一首歌,这首歌的歌词给我们呈现了非常具体的有关春天的形象。[1]那么,我们有没有较为规范的关于"春天"的界定呢?当然有。词典中说春天是一个名词,解释为春季。[2]如果把这两种有关春天的界定比较起来看,我们实际上可以得出一个分类:词典里是一个概念的春天,而歌曲所呈现出的则是一个形象和知识的春天。它们有什么不同呢?很显然,作为一个概念的春天,它提供了一个基本的界定,可以帮助我们形成概念,以区别于其他季节,并形成分类。而作为一个形象和知识的春天,通过歌曲传递出更多有关春天的信息,让我们能更多感受到春天的基本样貌,形成有关春天的更为具体的认知。

结合刚才的例子,我的思考是,我们在学习法律、了解法律、认知法律的时候,是否也存在一种作为概念的法律和作为知识的法律的分类呢?比如在学习民法的时候,如果我们问大家什么是民法,可能最多的一个回答是,民法是调整平等主体之间的财产关系和人身关系的法律规范的总称。这是教科书上介绍比较多的概念,可以帮助我们了解民法的调整对象等。那么,有关民法的讨论,在实践当中又是什么样呢?我们看2015年发生的"好意分享香蕉致死案"。大概的案情是两个小孩在一起玩,一位邻居长辈给两个小孩分享了几个芭蕉,但后来发现一个小孩身体不舒服,再后来这个小孩不幸去世了,经过鉴定发现是因为异物吸入窒息。于是,去世小孩的监护人将另一位小孩的监护人以及分享芭蕉的那位邻居告上了法庭。这个案件的一审和二审都判决驳回诉讼请求。理由是什么呢?当时我读这个案件的判决书的时候,有一句话印象很深刻:"从民法的基本价值立场出发,民法应是鼓励民事主体积极地展开社会交往,如果将小孩之间分享无明显安全隐患食物的行为定性为过失,无疑限制人之行为自由,与过错责任原则的立法宗旨不符。"[3] 作为概念的民法,关键是强调"调整",感觉上更接近一种主动的干预。但是,这里对民法的讨论更侧重于鼓励民事主体积极地展开社会交往,更多促成合作和友好往来。这在认识上就发生了一个很大的变化,可以帮助我们更为清晰地把握民法上的意思自治原则,更清晰地把握民法的实践意义。

透过这些案例,我经常在想,如何更好地从实践当中来看我们的法律,而不只是从概念出发。我们可以发现,实践中的法律能够给我们一些非常不一样的认识,而且能够透过这个概念,看到法律更为具体的一些内涵。我们平时在学习、观察的时候,很多时候较多关注作为概念的法律,以及由作为概念的法律所呈现的较为正式的法律运作的一面。但是,生活实践和法律实践当中,法律运作的样态可能会更为多样。比如,我们看到,很多地方家事法庭的空间布置和我们通常理解的庭审模式就有很大不同,空间设计用的是圆桌,桌上摆着的牌子不是原告和被告,而是各种家庭称谓,意在通过这样的一些设计来切合家事案件的处理需求。

毛主席在《实践论》里说过:"真正亲知的是天下实践着的人,那些人在他们的实践中间取得了'知'"[4]。这告诉我们实践的重要性,以及去实践中学习的重要性。对于法学的学习和研究来说,需要去观察法律实践,观察真实的立法过程、真实的执法过程、真实的司法过程,观察法律生活中一个个真实的个体、一个个真实的家庭。当然,这并不是说对概念的把握不重要,只不过,我们需要明确,对实践的观察与我们了解概念、了解特定的原理,本身并不冲突。

二、为什么观察?

首先,我觉得至关重要的一点,即第一个答案是"反思",观察有助于我们形成"反思"。我们看费孝通先生《乡土中国 生育制度》中的一个案例,这个案例很多老师也都提到过。我们可以来看一下原书的表述:

> 有一位兼司法官的县长曾和我谈到过很多这种例子。有个人因妻子偷了汉子打伤了奸夫。在乡间这是理直气壮的,但是和奸没有罪,何况又没有证据,殴伤却有罪。那位县长问我:他怎么判好呢? 他更明白,如果是善良的乡下人,自己知道做了坏事绝不会到衙门里来的。这些凭借一点法律知识的败类,却会在乡间为非作恶起来,法律还要去保护他。我也承认这是很可能发生的事实。现行的司法制度在乡间发生了很特殊的副作用,它破坏了原有的礼治秩序,但并不能有效地建立起法治秩序。[5]

《乡土中国 生育制度》中的这个案例及费先生的讨论给我们很多启发。首先,费先生的参与式观察基于个案,但又并不只拘泥于个案,而是在对个案的探讨基础上超越个案本身,反思其中更深层次的影响,是一种更宏观的反思;其次,他有一个判断说"这些凭借一点法律知识的败类,却会在乡间为非作恶起来"。如果我们仔细读这句话就会发现,费先生的这句话中其实有法理和伦理两个层面的判断。从两个判断的呈现中,实际上不难看出当时那位县长在解决这个问题时候的困惑和难点所在。而作为一种反思,费先生在观察以后所提出的有关"礼治秩序"和"法治秩序"的讨论,依然是一个值得我们深入思考和讨论的问题。

另一个例子是项飙的《跨越边界的社区:北京"浙江村"的生活史》[6]。当时他花了很多年时间来观察北京的"浙江村",这本书的内容原来是项飙的硕士学位论文,后来出版了。2018年这本书再版时,在最开头有一篇"序二",标题是《正规化的纠结:北京"浙江村"和中国社会二十年来的变化》,这篇文章中有项飙在《跨越边界的社区》一书第一版出版之后,经过长期观察后对此项研究过去认识的一些反思以及新的认识和思考。从中看得出,关键在于一个持续性的观察。《正规化的纠结》一文中也提到,他于2016年第五次重返"浙江村",发现了一些新的变化,进而形成了一些新的思索。

第二个答案是"提问",即观察有助于我们提出问题的。例如,苏力关于"药家鑫案"的论文[7],这篇文章后来也被收录在了苏力老师2019年出版的《是非与曲直——个案中的法理》一书中。苏力这篇文章的核心问题是什么呢?虽然文章是从"药家鑫案"入手,但他要讨论的核心问题并不仅仅限于"药家鑫案"这一个案本身。在文中,他通过对案例的分析提出了一个值得进一步思考的问题:"我们面临一个重大且尴尬的难题:是允许公正的死刑严重殃及罪犯的父母,还是,为了防止惩罚的重大殃及效果,允许像药家鑫这样的罪人免死而以其他严厉惩罚作为替代?"可以看出,该文提出的所要讨论的核心问题是"殃及效果"。实际上可以拓展我们对相关问题认识的视野。

第三个答案是"规范—情境",即观察有助于我们超越规范,将规范和情境结合起来。我们学习法律,更多是接触规范,但如果缺少观察,则会缺少对规范所处情境的理解。比如,有一个行政案件,这个案件的案情并不复杂,村民因为集体经济组织成员资格认定的问题向街道办提出申请,要求街道办责令村委会解决问题。然后街道办也向村里发了通知,但是村民认为没有解决问题,并认为不能因履行了通知义务就可认定其已履行了法定职责,所以起诉了街道办。[8] 二审判决书首先分析了《中华人民共和国村民委员会组织法》中的相关规定,明确了街道办具有监督的法定职责。但是,现实生活中的情况远比规范规定的情形要复杂。法院面临的一个问题是,如何判断人民政府对村民自治范围内的事项进行监督的"度"。判决书中写道,"人民政府对村民自治范围内的事项进行监督,应该保持谨慎克制的态度,既不能放任村民委员会或者村民委员会成员以村民自治的名义侵害村民的合法权益,也不能干预依法属于村民自治范围的事项,影响村民自治的实现。现行法律法规并没有具体、明确的规定乡镇人民政府对属于村民自治范围的事项应如何履行监督法定职责"。也就是说,虽然法律规定了政府有监督的法定职责,但这个度,是需要较为审慎地去把握的。该案中,法院最终认为,"行政机关是否依法履行了法定职责,不能简单地以行政机关是否作出决定或答复来判断,而应当审查行政机关有无'实质性履行'法律、法规所规定的行政职责,只有完成'实质性履责'之后才能认定其履行了法定职责和义务"。从这一案例中可以看到,当法律规定的抽象性、概括性面对具体情境的复杂性时,法院是如何在具体的案例中、具体的实践中去弥合这种法律规定与现实情境之间的距离。对于法律研究来说,相类似的,同样需要在观察过程中意识到这种规范与情境的复杂性问题,形成更为整体性的观察。

第四个答案是"同理心"。法律归根到底是解决人与人之间的关系问题。基于此,同理心说的是你得去理解人的行动,理解人与人之间的互动。比如"陆勇案",检察机关作出了不起诉决定,在关于不起诉决定的释法说理书中是这样写的,"陆勇的行为虽然在一定程度上触及了国家对药品的管理秩序和对信用卡的管理秩序,但其行为对这些方面的实际危害程度,相对于白血病群体的生命权和健康权来讲,是难以相提并论的。如果不顾及后者而片面地将陆勇在主观上、客观上都惠及白血病患者的行为认定为犯罪,显然有悖于司法为民的价值观"。同时还写道,"本案中,陆勇及其病友作为白血病群体,也是弱势群体,陆勇的上述违反药品管理法和妨害信用卡管理的行为发生在自己和同病患者为维持生命而进行的寻医求药过程中,并且一方面这些行为发生在其实有能力但难以购买合法药品的情形下,另一方面这些行为给相关方面并未带来多少实际危害,如果对这种弱势群体自救行为中的轻微违法行为以犯罪对待,显然有悖于刑事司法应有的人文关怀"[9]。而实际上,在既有的研究中,我们也看到了相关的一些讨论,比如程金华老师在2021年发表的一篇文章,提道"习惯性的换位思考,并谅解对方的处境"[10]。当然他有前后的语境,大家可以看具体文章,这是其中一例。侯猛老师在2020年的发表的一篇文章当中也提道,"学会将法律话语与民众熟悉的日常话语相互转换,站在民众的立场上去思考裁判"[11]。当然还有很多学者也有过相关讨论,这里不再一一列举。

第五个答案是"设计",主要是指观察有助于我们形成"设计思维"(design thinking)。"设计思维"是说只有去观察,才能更准确获得设计思维和设计的方案。斯坦福大学设计学校(Design School)的学生曾经做过一个课题,就是如何解决一些发展中国家早产婴儿死亡率较高的问题。经过到一些第三世界国家的实际观察后,发现当地医院并非缺少保温箱,而是因为很多家庭往往离医院路途遥远,使得保温箱常常无法发挥作用,于是他们针对此问题开始研究设计能够真正解决实际需求的保温箱,最终设计出了一种可以不用电,而且成本较低,还可以循环使用的保温袋。[12] 这是一个有关"设计思维"的个例。设计思维给我们传递的意思就是要真正地去了解问题本身,针对问题,更多从受众的角度来寻求解决问题的办法。实际上,法律制度的设计,以及我们对法律问题的研究也是一样,最终也是要在实践中去检验的。

以上就是我考虑到的为什么要观察的五点理由:反思、提出问题、规范与情境、同理心以及设计。为什么说观察很重要,实际上可以从这样一些细微的环节上看出。

三、在哪里观察?

关于在哪里观察的问题以往有很多讨论。在我看来,可以观察的"地点"实际上可以是很多样的。第一是实地调研。可以看到鲜活的司法运作过程,可以拓展我们对司法实践的认识。在调研过程中获得的知识,很多是在我们的教科书上很难找到的,实地调研和观察可以为我们提供只有在实地中才能获得的不一样的体验和感受。同时,可以形成对理论学习的补充。在这方面,有很多经验研究的成果可以作为参考。

第二是影视作品。比如过去学术界讨论非常多的电影《秋菊打官司》[13]。当然,影视作品作为研究对象常常面临挑战。最大的问题是,如果写一篇论文,以一个电影为例,很多人都会质疑,这个电影里的事情能够真正反映现实吗?会不会有虚构的成分?等等。但是,影视作品中很多也是从真实故事、真实案例中衍生出来的。所以这就很矛盾,也容易引起争议。然而,我认为,要讨论的核心问题可能并不是这个电影或事例本身,而是由这个电影或事例本身所提出的问题。就像《秋菊打官司》这部电影,为什么过去几十年了大家还在不断地讨论这个电影。其实关键就在于,这个电影所提出和讨论的问题,实际上是一个非常值得深入思考的问题。秋菊的困惑在于,在"要一个说法"和依法处理之间,到底何为老百姓的真实想法和诉求。更进一步,在法律的供给和老百姓的需求之间,如何才能更为契合?正如苏力所提出的:"这种正式法律的干预究竟是对秋菊的权利保护还是对她的更大伤害?在此后的类似的纠纷中,秋菊还会再次诉求正式法律吗?"[14] 在法学研究和法律实践中,这类问题很重要,值得继续观察和讨论。

第三是文学作品。比如《窦娥冤》,过去也有很多人讨论。其中的问题与刚才对影视作品的讨论很接近,就不再展开了。

第四是报纸和网络媒体。比如,我们可以看到过去有一些研究成果,材料很多来源于《人民日报》《人民法院报》等所报道的案例、经验做法等,对这些材料进行系统的研究同样可以总结很多具有规律性的问题。现在是新媒体时代,我们还可以通过新媒体获得更多有关法律实践的报道。比如最高人民法院的公众号中有一个栏目叫"小案大道理,时代新风尚"。人民法院透过具体案例进行讲述,以及通过个案进行普法等,通过阅读这个栏目里边的案例,可以从中学到很多有关法律实践的知识。

第五是案例。关于案例,我想可能会首先提出一个问题,就是我们是把案例作为数据还是把案例作为"田野"？我前些年做过一项研究,是关于家庭暴力为何难以被认定的问题。[15]这篇文章的缘起是在调研的过程中,我们就听到了很多关于家庭暴力认定问题的讨论。为了思考清楚这个问题,我找了 300 个案例进行阅读。读完之后,发现其中有很多相关的问题,可以让我们更为全面地理解这个问题的产生原因、存在的问题和解决思路,等等。当时我就想,这些案例,如果作为数据,我们仅可以摘取关键词进行统计。但如果作为"田野",鲜活的案例中,当事人怎么说、法官怎么释法说理,就有很多的研究点,可以帮助我们更为全面地认识这类问题。所以当时我觉得应该在研究过程中重视对案例的定性研究,具体来说,实际上可以采取一种"小数据+定性"的进路,不是只把案例作为数据,而是把鲜活的案例作为"田野",作为观察对象,需要深入进去。当然,后来我也意识到,在有些研究中,通过定量的方式明晰面上的现状、问题等,同样重要。但无论运用何种方法,关键还是得从研究的实际需要出发。

第六是规范。在讨论经验研究与规范研究时,过去我们可能常会把规范和经验、规范和田野调查对立起来。但实际上,规范本身也应该是我们观察的一个对象,不过不只是作为概念的那个规范,而且是作为一种过程、实际运作的规范。比如,观察规范的形成过程,规范的修改和变迁的过程,以及观察规范的体系运作,等等。

四、怎么观察？

既然观察这么重要,那么如何进行观察呢？我认为,首要的一点是,在观察过程中对"整体性"进行把握。因为,在实践中这个问题本身就很重要。比如,在纪录片《家事如天》中有一个案例:法官们讨论一个继承案件,这个案件如果按照法定继承来判决,很容易得出结论,但有法官提出"这个案件不仅涉及财产继承,还要维护亲情孝道,这也是民法秉持的老年人利益保护原则。所以我们希望调解优先,让母子、兄弟之间的冲突得到缓和"[16]。也就是说,如果只停留在法律规范这一步,就会忽略案件中很多需要进一步去解决的问题。在前几年的一项研究中,我曾做了一个简单的分类,认为除了要讨论"看得见的事实","看不见的事实"同样值得关注,而且很多案例的关键争议常常就是围绕"看不见的事实"展开。正是"看得见的事实"和"看不见的事实"构成了一个需要我们仔细观察的整体。[17]

因此,我们在观察的过程中要重视对整体的把握。比如莫斯的《礼物》,其实就是一部理解整体性问题的著作。这本书中作者提出"只有通盘考虑整体,我们才有可能体会其本质、其总体的运动、其活生生的面向,才有可能把握住社会与人对其自身、对其面对他者的情境生成感性意识的那一生动瞬间"[18]。侯猛老师去年发表的文章也明确指出,"在方法论上,法律的经验研究强调整体论。这就是把所研究的具体的法律问题,放到整体当中去观察理解,将法律问题与经济、社会、文化等相关因素勾连起来,将法律文本与行动者相联系,强调做实地调查、深刻描述,反对主客二分和价值无涉"[19]。

那么如何形成整体性的观察呢?我认为有横向和纵向两个方面,横向主要是要建立一种"结构感"。王启梁老师的著作《迈向深嵌在社会与文化中的法律》[20],书的标题中的"深嵌"一词,就很好地阐释了有关"结构感"的问题,即对法律的观察和理解,一个很重要的面向是要理解法律所深嵌于其中的社会与文化,这非常形象。纵向则要建立一种"历史感",就如尤陈俊老师所说的,"我们对一个事物的理解,需要从其所经历的历史状态去认识,要在一个历史的纵深里去认识,而不是在现实与历史的二元对立框架里去认识"[21]。很多时候,研究对象往往就深嵌在时间和空间的"坐标"之中,这需要我们在观察过程中通盘考虑。

五、观察以后呢?

一是要提炼。毛主席在《实践论》中指出:"要完全地反映整个的事物,反映事物的本质,反映事物的内部规律性,就必须经过思考作用,将丰富的感觉材料加以去粗取精、去伪存真、由此及彼、由表及里的改造制作工夫,造成概念和理论的系统,就必须从感性认识跃进到理性认识。"[22] 这告诉我们,首先,得接触和认识社会实践,否则就是闭目塞听;其次,了解了社会实践,还得要经过"去粗取精、去伪存真、由此及彼、由表及里"的过程。所以,就我们这里讨论的问题来说,观察以后,绝不能只停留在经验材料的层面。获得经验材料以后,还得要有一个过程去吸收、去思考、去深化。要能从所观察到的东西当中提出问题来。这就要经过一个过程,一个提炼问题的过程,一个透过事物经验本身看出问题的过程。

二是要形成对话。比如,和实践中常有的、惯常的认知进行对话,而且这种实践对话更多是与上文提及的设计思维相类似;再比如,与以往研究成果中的理论观点形成对话,有助于进一步拓展对相关问题的讨论。

对话与问答

侯　猛　我有两点体会。一是剑源刚开始讨论的关于"作为概念的春天"与"作为知识的春天"的问题。我将之看作词与物的关系问题。我们在法学院学了很多名词,不论是法学名词还是法律名词,基本上是外来词汇。但进入"田野"后就会发现,法学概念或法律概念在日常生活中的表述或理解和在书本中有所不同。就像作为概念的春天和作为人们日常生活中具象理解的春天,外延有很大不同。做法社科研究,特别是在中国做法社科研究,也常常面临词与物的关系问题。这与和剑源的说法尽管有些区别,但都要面对概念与生活常识、与实践相背离,或者不一致的问题。

二是如何进入"田野"做观察。我比较强调整体论,结合之前的调研观察,帮助大家理解为什么进行田野观察时需要整体论。以前我是不太重视家事审判研究的,因为就法学来说,婚姻家庭法是比较不重要的部门法。但后来我发现,在基层法院,处理家事案件是很重要的工作内容,实践意义非常重要。家事案件为什么在实践中很重要呢?我们在某市委政法委调研时看到很多考核指标,其中有个指标我不太能理解,就是命案防控。当时我想中国现在治安这么好,命案这么少,为什么要将命案防控作为重要的考核指标呢?既然每个区的命案数量都是个位数,为什么还要重视这个指标呢?之后我们又去其他地方调研,就理解了这个指标的重要性。例如,法院刑庭的法官介绍说,杀人案件中很大比例是近亲属犯罪,所以刑庭法官也要参与社会综合治理,这就是命案防控与刑事审判的关系。在立案庭调研诉调对接时,法官介绍说离婚案件先调解,当事人要填表,表中有很多信息,法院会与相关部门分享这些信息,因为离婚案件可能会变成家庭暴力案件,甚至会变成命案。因此,命案防控主要是从源头上防范,把表格填细,把信息沟通好。从表面上看,这个指标不那么引人注意,但涉及的部门很多,通过各部门的协调和努力,才能够切实降低命案发生率。命案数量少是公、检、法协作防控的成果,也是将命案防控作为重要考核指标的成果。这个例子就可以说明整体论视角的重要性:不是单独做刑事研究,而是在各个部门整体地、综合地考察调研,这就是整体论的体现。只要做法律的定性研究,在方法论上就要坚持整体论,取代原来的语境论。[23]

提　问　人员较多的调研团队如何开展调研,如何切入问题？在调研方式上有何不同？

张剑源　团队调研过程中,大家在调研后都会有讨论,促进对问题的进一步理解。就像我们今天讨论的第五个问题中讲的,观察以后怎么办呢？观察以后还需要有一个很长的时间来思考。我们当时调研以后的一些讨论,的确也形成了一些比较有意思的话题。但调研完以后经常会很难开始动笔,就是因为还要再理解、再消化,把主题更聚焦,一些相关问题还要进一步去了解,才能形成一个非常好的研究。

李梦侠　我们最近一次调研关注的重点是一项新的试点工作,即市域社会治理现代化,涉及社会建设、社区管理、司法工作、执法工作,等等。这些都围绕基层社会如何治理、风险如何防控、矛盾如何化解等具体工作开展。在两周的调研中,20多人分成三个调研小组,去不同的部门调研,针对不同的问题形成不同的成果板块,最终进行分析和比较。调研集中在正式的国家机关,目标是在最终的分析研究中进行详尽的梳理,形成综合整体的思维。

侯　猛　我也参加了那次调研,对梦侠讲的做些补充。三个小组分别去的是法院、社区和执法部门。第一天是三个小组一起调研,去了当地政法委。第二天开始分组调研,我所在的小组先后去了市人民法院、区人民法院和人民法庭。调研的过程是整体的、综合的,先从立案庭开始,每个部门都去转。这次团队调研得到当地政法委的重视,有专门的文件,流程很正规。问问题时,和当地的基层干部、年轻干部沟通也比较顺畅。大团队调研和小团队调研会有一些不同,在调研的仔细程度、调研的节奏等方面都会有一些不同。但相同的是,每天晚上都要开会研究总结,经常讨论到晚上九十点,甚至半夜。

我还有以下几点体会。一是集体调研要有老师带领。我所在的小组,每天晚上讨论时,我都会进行点评和指导。这对提高学生提问的能力有很大帮助。学生的提问从不靠谱慢慢变得深入、深刻起来。二是调研要多次去,不断回去。这就要建立长期联系,对待当地的调研对象、工作人员要真诚热情,把他们当作朋友,建立起友谊,不能当作"一锤子买卖"。要培育长期的调研点,建立经常联系,深入观察。三是调研前要做好知识积累,不能大脑一片空白。要提前做功课,不管是当地新闻,还是相关研究领域的文章,都要有所涉猎。比如,去法院之前,要关注法院公众号,了解这个法院每天发生什么事情。这样才能和当地的调研对象聊上天,打开话匣子。而且,也可以减少无效的提问,提高调研的效率。此外,调研还要有好奇心,什么都可以问。比如说,有的法院一进门是执行部门,有的法院一进门则是诉讼服务大厅。为什么会有这种区别?要多问多思考,保持对问题的好奇心。

提 问 以家事法庭使用圆桌、亲属称谓的问题为例,如果要进一步对此问题展开深入研究,如何继续推进研究?

张剑源 从大的类别看,可以是有关法庭空间布置的问题。从微观方面来看,可能就要明确研究到底要回答什么问题。比如,可以从实效的角度展开研究。这可能就要利用实验的方法,看相同的案件在家事法庭和其他法庭进行审理时有什么不同,等等。另外,无论是从大的方面还是从微观的方面入手,如果要在学理上拓展,可能都得先明确研究这个问题所关涉的核心命题到底是什么,而不仅仅是梳理这个问题的实践表现,更重要的是要能形成理论对话。

提　问　如何将对司法裁判文书的观察转换为立法层面的建议?

张剑源　研究的深化是一个循序渐进的过程。一方面是把问题解释清楚,提供认识问题、解释问题的关键,并在此基础上形成理论对话;另一方面,研究过程中经常需要从研究的问题开始不断深化对问题的整体性认识,也可能会得出很多具有实践意义的研究成果。

提　问　要做好"小数据+定性"研究,在数据整理方面有何技巧?如何从数量较少的数据中得出有说服力的结论?

张剑源　在进行数据整理的过程中,除了一些基本信息,更重要的是对"问题点"的归纳、梳理和总结。"小数据+定性"的研究方法强调的是一个整体。样本量当然也不能太小,关键是要基本上能够把问题反映出来。同时要在对样本的观察和阅读过程中发现需要进一步讨论和验证的问题,这个时候可能就需要有定性的一些观察,或者通过访谈来延伸观察。不同的研究方法应当是相结合的。

定性研究的核心还是解释力的问题。我觉得还是要从问题意识出发。当然,研究者必须首先去了解现象,不了解也没办法去做。但是,关键还是通过现象回答问题。实际上,有很多研究,个案的数量并不多,但是同样能够作出很深刻的研究和解释。这实际上就是剖析现象的能力,或者更通俗地说是能不能把"故事"讲好的能力。同时,也是一个在观察以后能不能进一步进行提炼、形成对话、提升解释力的问题。

延伸阅读

1. 费孝通:《乡土中国 生育制度》,北京大学出版社1998年版。

2. 苏力:《是非与曲直——个案中的法理》,北京大学出版社2019年版。

3. 朱晓阳:《小村故事:罪过与惩罚(1931—1997)》(修订版),法律出版社2011年版。

4. 王启梁:《迈向深嵌在社会与文化中的法律》,中国法制出版社2010年版。

5. 侯猛:《司法的运作过程:基于对最高人民法院的观察》,中国法制出版社2021年版。

6. 贺欣:《街头的研究者:法律与社会科学笔记》,北京大学出版社2021年版。

7. [美]劳伦斯·弗里德曼:《碰撞:法律如何影响人的行为》,邱遥堃译、侯猛校,中国民主法制出版社2021年版。

注　释

1. 歌曲《嘀哩嘀哩》，由望安作词，潘振声作曲。相关介绍可参见尤静波主编：《中国儿童歌曲百年经典》（第三卷），上海音乐出版社 2018 年版，第 20—21 页。

2. 参见中国社会科学院语言研究所词典编辑室编：《现代汉语词典》（第 7 版），商务印书馆 2016 年版，第 209 页。

3. （2015）佛中法民一终字第 1211 号民事判决书。

4. 《毛泽东选集》（第一卷），人民出版社 1991 年版，第 287 页。

5. 费孝通：《乡土中国　生育制度》，北京大学出版社 1998 年版，第 58 页。

6. 项飙：《跨越边界的社区：北京"浙江村"的生活史》（修订版），生活·读书·新知三联书店 2018 年版。

7. 苏力：《从药家鑫案看刑罚的殃及效果和罪责自负——纪念〈法学〉复刊 30 周年·名家论坛（一）》，载《法学》2011 年第 6 期，第 3—14 页。

8. （2021）鲁 01 行终 47 号行政判决书。

9. 沅江市人民检察院：《关于对陆勇妨害信用卡管理和销售假药案决定不起诉的释法说理书》，https://www.hn.jcy.gov.cn/xwfb/qwfb/gg/201502/1464909172041580547.html。

10. 程金华：《法律人才与中国"新文治"》，载《中国法律评论》2021 年第 1 期。

11. 侯猛：《司法过程中的社会科学思维：以人类学为中心》，载《思想战线》2020 年第 6 期。

12. 相关介绍可参见［美］汤姆·凯利、［美］戴维·凯利：《创新自信力》，赖丽薇译，中信出版社 2014 年版，第 55—61 页。

13. 《秋菊打官司》是张艺谋执导的一部电影。关于这部电影的相关讨论可参见苏力：《秋菊的困惑和山杠爷的悲剧》，载苏力：《法治及其本土资源》

(第三版),北京大学出版社 2015 年版,第 25—40 页。

14. 苏力:《法治及其本土资源》(第三版),北京大学出版社 2015 年版,第 33 页。

15. 张剑源:《家庭暴力为何难以被认定?——以涉家暴离婚案件为中心的实证研究》,载《山东大学学报(哲学社会科学版)》2018 年第 4 期。

16. 参见中央电视台原生态法治纪录片《家事如天》2021 年 3 月 20 日,https://tv.cctv.com/2021/03/20/VIDEuKZzSJneZSJXWWJoxPmM210320.shtml?spm=C81395.PXP1XHSQ7im6.EsbCv2xgkRgm.5。

17. 参见张剑源:《发现看不见的事实:社会科学知识在司法实践中的运用》,载《法学家》2020 年第 4 期。

18. [法]马塞尔·莫斯:《礼物》,汲喆译,商务印书馆 2019 年版,第 172 页。

19. 侯猛:《法律的经验研究范式:以规范研究为参照》,载《学术月刊》2021 年第 3 期,第 104 页。

20. 王启梁:《迈向深嵌在社会与文化中的法律》,中国法制出版社 2010 年版。

21. 尤陈俊:《经验研究中的"历史感"》,载王启梁、张剑源主编:《法律的经验研究:方法与应用》(修订本),北京大学出版社 2016 年版,第 119—123 页。

22.《毛泽东选集》(第一卷),人民出版社 1991 年版,第 291 页。

23. 关于整体论和语境论的关系,参见苏力:《语境论:一种法律制度研究的进路和方法》,载《中外法学》2000 年第 1 期;侯猛:《"科学"在司法中的运用——基于学者与法官互动的知识社会学考察》,载《法学》2022 年第 9 期。

第九章
如何叙事

刘思达

今天我想讲的内容是法律社会学的文章应当怎样写。在过去的十几年里,我写过很多文章,也评审过很多文章,也指导过许多学生写文章。根据我的个人经验,不论是国内学者还是国外学者,做法律社会学研究或社科法学研究,甚至更广范围的社会科学研究,在提问题和讲故事这两件事上都是有所欠缺的。所以,我今天想和大家交流一些经验、感触和想法。

为什么要强调提问题和讲故事这两件事?无论是学术论文,还是学术著作,只要是社会科学的研究,就要具备四个要素:理论、数据、问题、故事。一篇好的法律社会学文章或者社科法学文章,当然要有理论贡献,还要有经验数据(纯理论的文章除外)。随着中国社科法学的发展,在理论阐释和数据分析两方面已经有较大进步。当年我读本科时,社科法学还基本上是理论研究,很少有数据,之后慢慢增加了经验数据。尤其是近年来,出现了基于大数据的研究、借助裁判文书网的研究,等等,五花八门,非常丰富。但很多研究的理论和数据是脱节的,在问题和故事两个要素上有很大欠缺。当然,这并非国内特有的现象,我在评审英文期刊论文时,发现这个问题也是普遍存在的。开玩笑地说,在评审意见中写上"文章的理论和数据是脱节的"这句话,十有八九是符合实际情况的,绝大多数文章的第一稿都有这个问题。为什么这个问题会如此普遍?原因就在于研究者提不出好问题、讲不出好故事。

一、如何提问题

了解如何提问题,就要了解什么是一个好的研究问题,这就首先要了解什么是研究问题(research question)。事实上,整个社会科学界对于什么是研究问题尚未达成共识。在(法律)社会学的角度,研究问题就是"为什么"(why),而非"是什么"(what)或者"怎么样"(how),就像我们小时候读《十万个为什么》,科学研究都是要问为什么。那么社会学的任务是解释社会现象,只有问"为什么",才需要进行解释,才需要社会科学的研究。当然,并非所有的社会科学都要问为什么,比如人类学就不会讲自己要问为什么,主要是描述,这个问题(叙事方式)后面我们还会涉及。

好问题可以是一个出人意料的问题(puzzle/surprise question);可以是大家似乎都知道答案,但研究者要给出一种出人意料的答案的问题;可以是一个让人感到困惑或惊讶的问题;可以是一个寻常的,但给出令人惊讶的答案问题。以新冠疫情为例,"为什么疫情期间乘飞机要戴口罩?"就不是一个好问题,因为答案是显而易见的,在飞机这样的封闭空间里不戴口罩会导致病毒的严重传播。而"为什么在新加坡的机场要戴口罩,而在美国的机场不用?"就是一个好问题,因为美国的疫情要比新加坡更严重,却反而不要求戴口罩。这个问题提出来,就会让人觉得有意思,需要解释。当然,如果对前一个问题可以给出与众不同的答案,那么也可以成为好研究。大家都觉得答案是A,你提出答案是B,然后用理论和数据来说明的确是B,那就是一项很好的研究。所以,一项好研究要从一个好的研究问题开始。下面,我通过几篇文献说明如何提出好问题。

第一篇文献是美国威斯康星大学麦迪逊分校的马克·格兰特(Marc Galanter)教授的经典研究 Why the 'Haves' Come Out Ahead: Speculations on the Limits of Legal Change[1]。这篇文献的题目就是个好问题,即为什么有钱有势的人会在诉讼中占据优势地位。这个问题其实并非让人出乎意料,但这篇文章却成为美国法律社会学过去50年里最经典的一篇文献,得到数千次的引证,很多研究都由此展开,有人在世界各国、各地验证格兰特的假设。

为什么这篇文章会成为经典?我先讲个小故事:这篇文章创作完成后,发表非常困难。格兰特自述,这篇文章他在1970年就写完了,先投稿到了一些法律评论期刊,但都被拒稿,没有期刊愿意发表。最后在《法律与社会评论》(Law and Society Review)上发表,其实是发表在《法律与社会评论》的一期特刊上,格兰特是那期特刊的编辑,于是就把自己的文章加入其中。之所以会难以发表,是因为这篇文章没有数据,只是先提了一个问题,再给出理论的解释,或者说猜想(speculation)。那么,为什么这篇文章会成为一篇美国法律社会学中的奠基性文献?因为它给出了与众不同的答案,而非简单将答案归结于这些人有钱、有资源。他将去法院参与诉讼的当事人分为两种,一种是反复参与者(repeat player),即经常去法院参与诉讼的当事人,如保险公司、房东等;一种是偶尔参与者(one-shooter),即大多数不常去法院打官司的普通人。基于这种区分,他提出:两种当事人有本质区别,反复参与者由于经常去法院参与诉讼,对诉讼难度有较清晰的预期,会集中资源应对较难取胜的案件,他们有高水平的律师,与法院有较多社会联系,等等。格兰特从中发展出一套关于诉讼的理论,解释了为什么在诉讼中并非人人平等。于是,这篇文章成为法律社会学的经典文献。格兰特的这套理论,就是从一个"为什么"开始的。

第二篇文献是奥斯汀·萨拉特(Austin Sarat)和威廉·费尔斯蒂纳(William L. F. Felstiner)关于离婚律师的研究。[2]后来他们在1995年出了一本书,也是很经典的作品。[3]这篇文章采用的是民族志的参与观察方法,作者在律师的办公室里观察律师与当事人如何对话,分析其中的话语。这篇文章的问题研究就是典型的出人意料(puzzle)。作者发现,律师在和当事人沟通的时候,一定会涉及法官和法院,但律师经常将法院描述得非常混乱和不理性,如司法系统很复杂、司法程序很混乱、法官经常出错、不理性,等等。这就是一个非常好的"为什么",别人不知道答案,而在读完他们的文章后就知道了答案。为什么会这样?作者给出的答案是律师出于自利的考虑,增强当事人对自己的信赖和依赖,同时降低当事人对胜诉的预期,从而提高当事人对律师的满意度。如果律师说司法非常公正、非常理性,像自动售货机一样,那么当事人还要律师干什么呢?如果当事人把法院想得非常理想,设定了很高的预期,那么一旦败诉,就会有很大的心理落差,影响对律师的评价。所以,律师才把法院描述得如此不堪,这样当事人打完官司才能尽量满意。这篇著作的出色之处就在于提出了一个真正出人意料的问题,一个问出来真的不知道答案的问题,而且还给出了很好的解释。

第三篇文献是由我的博士学位论文改编而成的著作《割据的逻辑:中国法律服务市场的生态分析》[4](以下简称《割据的逻辑》)。我研究的问题就是为什么中国的律师在法律服务市场中的地位如此不稳固,面临很多竞争,可以说是"四面受敌"——有很多其他法律服务人员与之竞争。这就是一个"为什么"的问题。我使用共生交换、定界等社会学概念进行了分析。时间关系,我在这里就不赘述了,感兴趣的同学可以自行阅读这部著作。

通过这三篇文献,我们就解释了为什么研究问题应该是"为什么",为什么好的问题应该是出人意料的。如果你问了一个很无聊的问题,大家都知道答案,那么你还要写一篇论文来解释它干什么呢?当然,这说起来容易,做起来难。很多文章没有提好问题,才导致它的理论和数据是脱节的。当然,这也和讲故事相关。

另外,在提出问题后要有解释,而且要将自己的解释与其他解释(alternative explanations)进行比较,体现自身研究的理论增量。有问题而没有解释,这是很多论文,尤其是学生的论文经常出现的问题。其他的解释就来自文献综述。有些文章写了大段的文献综述,但是并没有给自己提出的问题一个解释。对前人的研究,仅仅进行了整理和讨论,而没有从中提炼出前人对你现在研究问题的解释,这就无法展示你的文章对于这一理论问题的推进和贡献。问了为什么,就要给出答案,但只给出自己的答案是不够的,还要给出前人研究中有代表性的答案,因为这样才能体现你给出的答案的原创性。也就是说,要先提炼出前人的解释是什么,前人的解释有几种,之后再提出自己的解释,证明自己的解释优于前人的解释,这样才是有价值的法律社会学的研究。如果只有自己的答案,别人可能会说你的答案有道理,但可不可能有其他的答案呢?为什么你说的就是对的呢?在和他人的比较中,才能发现自己的贡献是什么,而这种比较就是基于文献综述,通过综述发现前人有什么解释,这些解释有什么不足之处,你的解释有何创新之处。

发现前人的解释不够好,从而提出新的理论,这就是一种很好的解释。例如,在《割据的逻辑》中,我提出的解释是一个生态理论,即将法律服务市场和国家规范体制作为两个不同的生态系统,研究这两个生态系统之间的定界和交换,等等。同时我在文献综述中也概括了结构功能理论和市场控制理论,二者是职业社会学的经典理论,但在中国的语境下却不能适用。结构功能理论是指,法律职业的社会结构是由其服务的客户来决定的,服务的客户不同,其在法律职业中所处的位置就不同,比如服务企业客户的律师和服务个人客户的律师,他们在法律职业中的位置就不同。但这一理论在中国就不适用,因为中国法律职业的社会结构基本上是国家来决定的,是高度割据的管理体制导致了高度割据的法律服务市场。相反,法律职业服务的客户却没有对其所处的位置产生多大影响,就像律师和基层法律服务工作者,其实都是服务普通老百姓。市场控制理论是指,法律职业要获得垄断地位,就要发展职业教育、行业准入、行业团体、职业伦理,等等。这个理论在中国也并非很适用,因为在中国,行业准入、行业团体、职业教育这些内容,都是国家管理体制割据的结果,而非造成这种割据的原因。从行业准入、职业教育入手来研究中国法律职业,是本末倒置。结构功能理论和市场控制理论都是法律职业研究领域的经典理论,但我用我的研究告诉你,这两个理论都不能解释律师在中国法律服务市场"四面受敌"的现象,这就是将自己的解释与其他解释比较,从而体现自身理论的说服力和学术增量。这一点至关重要,但在写文章的时候却经常被忽视。

二、如何讲故事

讲故事表面上看是一个写作的问题,但其实并不完全是。如何讲故事,与研究的问题、理论、数据都密切相关,通过故事来表达数据、支持理论,从而解释研究的问题。社会科学的故事,不是指文学的故事,不是小说、诗歌、电视剧中那种催人泪下的、震撼人心的、戏剧性的故事,而是指对经验材料或数据的呈现,从而达到支撑理论解释的目的。社会科学的研究,在文献综述和理论框架之后,可能三分之二的篇幅都是在讲故事,是文章的主体。讲故事有很多种方式,但归纳一下主要有三种。在此,我推荐我的博士生导师芝加哥大学安德鲁·阿伯特(Andrew Abbott)教授的著作 Methods of Discovery: Heuristics for the Social Sciences[5]。这本书提出,社会科学有三种基本的叙事方式:因果式(causal)叙事、分析式(analytical)叙事、叙述式(narrative)叙事。

因果式叙事,是比较普遍的叙事方式。现在,中国的社会科学中定量研究是主流了,但法律社会学还未必,在法律社会学中,质性研究起码还占半壁江山,因为法律学者的数学基础普遍不过硬,所以定量研究还是很难成为主流,不像社会学研究中的社会分层、人口研究等,那是一定要用定量方法的。定量研究就是先提出假设,然后用因变量和自变量进行回归分析,进而验证假设。这是一种比较标准化的叙事。但一流的定量研究,同样善于讲故事。二三流的定量研究,可能就局限于把回归分析的结果做出来,发现几个统计结果之间的显著关系,然后止步于此。例如,法律职业研究的经典之作 Chicago Lawyers[6],这部作品用了对于当时来说非常复杂的社会网络分析,得出的结论是,律师的从业领域是由其客户类型所决定的。在书的最后一章,作者用了很多笔墨把这个故事给讲清楚了,即为什么客户类型对律师那么重要。作者通过将律师和医生进行对比,分析为什么客户类型对医生不那么重要,从而将为什么客户类型对律师这么重要这一问题讲清楚。我们想想,这也很好理解,我们去看医生的时候,医生让你做手术,你就做手术;医生让你吃药,你就吃药。但我们去找律师的时候,都是你告诉律师要做什么,离婚、买房、并购,等等。这个例子可以告诉我们,定量研究也不只是把数据摆在那里,也要把故事讲清楚。

这就是因果式叙事的方式，常常运用于定量研究。定量研究中有大量的数据，但不代表不需要将故事讲好。当然，因果式叙事并不局限于定量研究，质性研究也可以运用。但是，质性研究更多运用的是分析式叙事和叙述式叙事两种方法。这二者是我今天想分享的重点。

分析式叙事，是指将故事的叙述与文章的理论框架对应起来，突出分析框架的逻辑。每种叙事方式都是有逻辑的，分析式叙事就是突出理论框架的逻辑。例如，《割据的逻辑》的第三章和第四章，第三章是讲基层法律服务，第四章是讲高端的涉外法律服务，题目完全不同，但两章的内部结构基本相同，即依次讲发展历史、定界、交换、共生，这就是分析式叙事，对应的是第一章中的生态理论，即在整部作品的分析框架中，突出定界、交换这两个核心概念。分析式叙事的优势就是能有效避免理论和数据脱节，即如果发现理论不能解释数据，则不断调整理论。运用理论框架把要分析的内容进行分解，最后再整合起来，这种叙事方式可以保证理论和数据不会脱节，在写作期刊论文时尤其值得借鉴。

叙述式叙事即我们常说的民族志。国内的"华中村治研究"就是典型的叙述式叙事。叙述式叙事是先讲故事，进行深描，开头的部分没有理论。当然，这并非简单的风格问题，而是在社会科学研究中有着深远传统和大量争论，如法国人类学家拉图尔提出，只有坏的描述才需要解释，好的描述不需要解释。深描的功夫做好了，就不需要用一些所谓高深的、不明觉厉的理论进行解释。美国的一些历史学家也有个说法，理论就像内裤一样，永远都要穿着，但永远不要露出来。我在威斯康星大学麦迪逊分校的同事爱丽丝·戈夫曼，也就是著名社会学家、符号互动论的代表人物欧文·戈夫曼的女儿，她在顶级期刊《美国社会学评论》上发表过一篇文章，是关于黑人犯罪问题的，之后也出版了相应的专著。[7] 我读过这篇文章之后,就和她交流,说你这篇文章的最后一节理论部分写得真好,尤其是和福柯对话的那个部分,我最欣赏的就是这部分。没想到,她跟我说,最后一节在原文中根本就没有,是应编辑的要求后来加上的,原来的文章完全是在讲故事。芝加哥学派民族志的叙述式写作风格,可见一斑。当然,民族志研究有不同的流派,如伯克利学派就不同意这种观点,认为民族志研究也要有理论框架,要比较案例之间的相同点、不同点。但无论如何,叙述式叙事是非常重要的写作方式。现在的学术发表中,存在一种"八股"现象,要求文章都是分析式的,这对叙述式叙事的运用非常不利,并非一种好现象。当然,这也并非中国的独特现象,就像刚才提到的,小戈夫曼被编辑逼着增加了理论阐释的一节。

最后,我还想讲一讲最近的一点很深的感触。在《浅谈法律社会学的三种叙事方式——以新冠肺炎疫情为例》[8] 这篇文章中,我探讨了数字、制度和人心三种叙事方式,其中我最想强调的是人心。20世纪90年代的法律社会学研究,如苏力、强世功、赵晓力这些老师的研究,包括后来侯猛老师的研究、陈柏峰老师的研究,他们通过田野调查所产生的文字都是能打动人心的。现在的很多法律社会学研究只强调数字和制度,但是人心,即法律对人的影响,其实是更重要的。一流的学术文字是能打动人的,但现在这种文字很少见了。希望我们的写作能更突出对人的关怀,创作出打动人心的学术作品,在此与大家共勉。

对话与问答

周尚君　无论是社科法学的研究,还是其他的法理学研究,其中很大的困难就是难以发现一个好问题。如何能发现一个好问题呢?

正如思达教授所讲,要发现一个好问题,首先要做好综述,不仅要综合全,更要叙述好,用好的分析框架驾驭好既有的研究。这对研究者其实是很大的考验,因为研究者常常被自己的学术视野所局限。例如,近年来我在做有关地方政府法治建设的研究。我想回答的问题就是地方政府为什么愿意或为什么不愿意从事法治建设。很长时间,我都是从法治的角度来想,但后来发现视野受到了局限,影响政府行为的因素有很多,于是将阅读文献的范围从法学、社会学拓展到公共管理、公共政策、政府学等领域,从国内拓展到国外。我发现,现在比较主流的一种对地方政府行为积极性的解释方法是职务晋升锦标赛理论,如周黎安的研究[9],还有县域经济竞争理论等,多是归属于经济的解释。但我逐渐发现,这些理论不能很好地解释地方政府法治建设的行为。比如,我在广东深圳调研的时候,就发现一些乡镇领导干部并不想晋升,晋升对他们没有奖励作用。可见,职务晋升和经济竞争不能解释地方政府所有的行为。慢慢地,我发现了一种比较普遍的现象,即各级政府都在落实"政党伦理",哪怕是到了村委会、居委会的层级,也都普遍具备这样的特征。落实政党伦理的实践,能否解释党政的组织行为?于是我就基于此创作了地方政府价值治理的文章。[10]

一个真问题很普遍,但一个好问题很不容易。那么,提出好问题的另一个办法就是沿着前人提出的好问题继续前进,也不一定要独自寻找。就像思达教授提出的中国律师在法律服务市场中的地位的问题,这就是一个特别好的问题,可以沿着这个问题继续向前探索。

如何讲故事对研究者也是很大的挑战。思达教授刚才强调了三种叙事方式,即因果式叙事、分析式叙事、叙述式叙事。我自己对号入座,我的研究都属于分析式叙事,是"理论先行",当然这也受到很多师友的批评。叙述式叙事可以又有启发又好读,但这种方式是三种叙事方式中最不容易的。叙述式的写作方式让人可以一口气读下去,非常通畅、顺畅,有很好的体验。但这种方式写起来难度很大。比如我们去观察校门口卖炸土豆的老太太,老太太和城管之间的关系已经不是简单的监管和被监管的关系,而是发展成一种合作关系。在理论上我们可以这样提炼,但如何把这种理论发现用通俗的语言给老太太讲出来,这就很难,这也是叙述式写作方式的宝贵之处。还有,我之前读过的,熊易寒教授关于"命运的政治学"的研究,研究的是农民工的子女的生活,是典型的叙述式叙事。[11] 读的过程中,就感觉在讲我自己的生活经历一样,让人感同身受,真的打动人心。所以说,普罗大众都能看懂的故事最能打动人心,数据、制度、人心,归根结底是人心。我们做好的学术、好的学问,归根结底确实就是我们怎么样去打动人,去影响人,让人感同身受。做理论不是追求高深,而是做出让大家都能懂的理论。

最后,一些话和同学们共勉。可能一开始我们都不太善于讲故事,也不太善于找问题,但是这都不要紧,因为好在人最基本的能力就是模仿。向各位老师模仿,不断学习,慢慢就能直立行走了!

提　问　在分析与叙事中,作者应该根据经验材料收集整理,逐步建立框架,还是先设计框架,再编排整合经验材料?

刘思达　如前述的关于离婚律师的研究,我相信这个研究是先有经验材料,之后才把分析框架发展出来的。这篇文章其实是一篇民族志,不是分析式的叙事,更像是叙述式,但这篇文章非常有逻辑,分析框架和文章的分节对应得非常好。文章后面的论述分为三节:第一节是讲律师如何打破当事人对法院的幻想;第二节讲律师如何向当事人强调自己具有有关法院的资源和优势,以增强当事人对自己的信任和依赖;第三节讲如何建构当事人的法律自我,把当事人的情感自我和法律自我分开。这个讲故事的框架非常清晰,但这个框架是怎么来的?我觉得应该是先有材料,后有框架。我甚至怀疑这两位作者在观察律师跟当事人的对话之前,他们可能都没有想到律师会通过负面描述法院来操控当事人。大多数的质性研究都是先有经验材料,再构建分析框架。我的博士学位论文也是这样,当时先做了一年多的访谈,再回到学校,将定界、共生交换这些理论问题想清楚。当然,去访谈之前也有一些理论概念,但整体的分析框架还是在田野调查之后建立起来的。这是质性研究的主流方法。定量研究就不太一样,是先有分析框架和假设,再做检验。好的问卷的设计,是和其他各种变量、各种假设直接相关的。但是分析数据之后也会有分析框架的调整,如发现不同变量的重要程度不同。

这也就是说,为什么在设计问卷时,要多问一些"没用"的问题。定量研究的框架设计,同样是理论和数据之间不断互动的结果。质性研究也一样,访谈的时候,即使当时觉得受访人的话没有意义,但也要如实记录。比如,我刚读博士的时候,曾访谈过一位北京的商务律师事务所的合伙人,他当时牛气哄哄,说他手下的律师用70%的时间赚30%的钱,而他用30%的时间赚70%的钱。我当时觉得这个人不怎么样,可还是把这句话记下来了。但后来,我回去整理访谈资料,分析这些数据时候发现这个细节其实非常重要,涉及合伙人和非合伙律师之间的劳动分工的重要问题。这成为我的一篇核心期刊论文的理论观点的重要佐证。[12] 也就是说,质性和定量研究都是一样的,最初的分析框架和成熟的分析框架肯定不同,所以在收集数据时不能挑挑拣拣。不能按照自己的想法决定记录哪些材料,不记录哪些材料。

提　问　讲故事时难免要基于个人判断剪裁和放缩经验材料,这样会不会导致故事的失真?

刘思达　这取决于研究者掌握的是什么数据。数据是死的,理论是活的,理论可以根据研究的思路调整,但数据不能改动。就算数据收集得很扎实,也不可能在研究中都用到。我的博士生导师当年跟我说,就算数据收集得充分,在写作中可能也只能用到 5%～10%。现在看,他说得毫不夸张。根据我的经验,如果你收集的数据中有 80% 都在文章中得到了运用,就说明你的数据收集很有问题,还不够充分。大多数数据是无法应用的,因为文章的篇幅有限。那么如何来剪裁,如何忠于事实?这是学术水平的问题,也是学术伦理的问题。我有一个想法,就是你写出来的东西要对得起你研究的人。当然,这说起来容易,做起来难,不同的立场当然会导致不同的研究。

将近十年前,我和郑春燕、艾佳慧两位老师合作了一篇关于中国女性法官职业生涯发展的文章,这篇研究的缘起是我的观察,我发现中国法院中女法官越来越多。我就很想研究这个问题,但慢慢我就发现,这个研究我做不了,因为首先我是男性,去访谈女法官,难以聊一些个人化的问题,比如家庭、孩子和上级相处的问题,等等;此外,我当时还在美国任教,和中国的法官如何接触也是一个大问题。那么,如何决定怎样叙述呢?关键是要有故事,才能知道什么材料能放进去,什么材料放不进去,这也就是我今天讲座的主题。比如中国女性法官职业发展的问题,为什么很多人能做庭长一级,但升到院长一级就很困难?我们当时给出了几种解释。这就是有了故事,而那些不支持故事的材料,就没必要放进来。当然,故事也是从材料中来,掌握并分析了材料,才能知道要讲什么故事。就回到今天的主题,理论分析框架和经验数据之间永远是一个互动的过程。

提　问　历史学者常用的是叙述式叙事,但近年来有社科背景的历史研究强调理论框架的分析,而历史学者对此不以为然。如何看待二者的关系?

刘思达　虽然我的老师赵鼎新是用社科的方式写历史,但我个人比较喜欢历史学家的写法,因为社科的方式容易断章取义。历史学家的研究,首先一点是刚才讲的,理论是内裤,永远要穿着但永远不能露出来,就是理论要埋伏在叙述之中。此外还有一点,历史学家的研究是单纯研究一段历史,把一段历史讲清楚,而不是要用这段历史为材料讲大道理,说这个大道理用在其他历史阶段上也管用。这是二者本质的区别。社会科学追求一般性、普适性,用社会科学来解释历史、叙述历史,我个人认为风险是比较大的。当然,现在也有很多用社会科学来写历史的新著作,比如哈佛大学王裕华老师的作品。[13] 但我还是更喜欢传统历史学的写法。

于　明　用传统历史学方法还是社会科学的方法研究法律史,这个问题在法律史学界也有很多的争论,但今天听了刘思达老师的讲座,我发现这两个方面其实是可以统一起来的。不论是描述性的法律史还是解释性的法律史,最重要的都是你能否讲一个好故事。两种研究并非相互排斥,不是说做了因果分析就不能做好叙述。就像思达老师刚才讲的,一流的定量研究同样也能将故事讲好。目前,很多学者,包括苏力老师,都是用社会科学的思路来研究历史,先有宏大的理论框架,之后将历史材料,甚至中国上下五千年的历史,都融入其中,这是很宏大的理论抱负。但这也有很大的风险,就是能否真正把叙事和分析结合起来。如果只是将经验材料进行任意裁剪,装到理论框架内,这就不是好的研究。

如何处理经验材料和理论框架之间的关系,也是法律社会学的重要问题。就如思达老师刚才所讲的,二者是互动的关系,需要不断地调整。可以先有理论框架,之后收集经验材料,再根据经验材料调整理论框架,然后根据新的理论框架发现新的经验材料。历史学研究中也是一样,也就是人们常说的,有什么样的历史眼光就会发现什么经验材料,因为史料是海量的。重要的是不能固执于自己的理论框架,当看到新的挑战理论框架的史料时,排斥这些史料,这就不是好的研究。

当前国内的法律史研究中,其实缺少真正的叙事研究,更多的是对史料的直接呈现,其背后没有理论。当前国内的法律史研究可以分成两类,一类是单纯做史料的研究,几乎不提出问题,也不尝试解释问题;另一类是特别善于提出问题,创造宏大的理论框架,把历史填充其中。我觉得真正需要的是第三类,就是叙事的研究,把理论隐藏到历史的背后。我自己的研究,比如对英国法律史的研究,其实就是典型的第二类研究,即先创造理论框架,再将历史填充其中,从而论证理论。[14] 而真正缺少的是带有理论关怀的,真正善于讲故事的研究。美国的汉学研究,包括黄仁宇、史景迁、孔飞力,等等,给中国最大的启示就是善于讲故事,既把故事讲精彩,又有宏大的理论关怀。其实这是中国的史学传统,比如史景迁最崇拜的司马迁所开创的传统,通过故事来呈现"通古今之变"的理论关怀。很希望未来中国的法律史研究中会出现这种作品。

提　问　定量研究的重要目标是探寻因果关系,那么定性研究如何对待因果关系?

刘思达　这是社会科学的两大流派,而我是非主流。我在芝加哥大学的一位导师,是在国内也很知名的赵鼎新老师,他现在回浙江大学任教了。赵老师就强调探究因果关系、研究机制,认为这是社会科学的任务,最新也写了一些中文文章阐述这一观点。赵老师主要做质性研究、历史研究,但他的思维方式是因果关系的,一定要找到因果机制。比如他最近出版的《儒法国家:中国历史新论》一书,就是用迈克尔·曼的社会权力理论,即四种社会权力,来解释中国两千多年的历史。[15] 这就是典型的因果关系研究。多看一些研究,比如历史社会学、政治社会学,包括法律社会学,很多都强调因果机制,认为只有找出因果关系才是好的研究。

而我说我是非主流,就是因为我不认同社会科学的任务就是寻找因果关系这一观点。在两种事物之间建立因果,是一种很不自然的关系,因为二者的关系可能很复杂,很多是偶然的,其实无法解释。很多人讲理性选择,其实很多时候人的选择没有那么理性。举个例子,我最近几年一直在研究香港律师,但由于疫情的原因,没办法到香港做田野调查。我就使用了一份文献——《香港律师》(Hong Kong Lawyer)杂志。我将这本杂志从1994年到现在的信息整理成一个很大的数据库,试图从中理解这些律师的职业生涯。我发现其中有一些律师,事业很成功,但突然退出了律师界,去写小说、开饭店、去经商,等等。我想分析其中的原因,但现在越研究越绝望——他们为什么离开律师界,比如在某一事件发生前后离开律师界,这是一个很好的问题,但想解释清楚因果关系是很难的,因为人的选择并非那么理性。人就像一滴水,向哪里流动受很多因素的影响。如果硬是要建立因果关系,是存在很多问题的。

如果想更多了解因果关系的问题,可以读赵鼎新老师的文章,赵老师是正面主张因果关系的学者。也可以读我导师阿伯特的一本书 *Time Matters: On Theory and Method*[16],其中有几章专门讲因果关系的问题,例如,有一章叫 The Causal Devolution,就是讲因果关系存在哪些问题。当然,因果关系派是主流,我这派是非主流。

提　问　如何把握和领域内前辈大佬的理论对话?

刘思达　当前不管是国内还是国外,法律社会学的研究都已经很成熟了,很多话题都有知名的学者写过。比如,近期有三部关于中国离婚问题的法律社会学著作相继出版,作者分别是贺欣、麦宜生、李柯。[17] 如何和这些大佬对话呢?最重要的是要有原创性的成果。把大佬的理论完全推翻当然很难,可遇不可求,但每篇新的作品都要有理论增量。我们常说,博士学位论文要对人类知识有原创性贡献,哪怕只有很小的贡献。当然要尊重前人的研究,这就要求首先从文献中提炼出他们的解释,再提出自己不一样的解释,或者在他们的解释的基础上向前发展。

提　问　英文世界的社科法学研究期刊有哪些风格上的区别?

刘思达　美国的法律社会学期刊主要有三个,分别是《法律与社会评论》(Law and Society Review)、《法律与社会研究》(Law and Social Inquiry) 和《法律与政策》(Law and Policy)。《法律与社会评论》是美国法律与社会协会的会刊,比较偏社会科学的风格,也就是说,文章的结构更"八股文"一点,很多文章非常工整。这个刊物强调社会科学,很少发表法律史的文章和偏向法学的文章,大多数文章的方法和理论都是社科的,只不过研究的现象是法律的。《法律与社会研究》和《法律与社会评论》比较接近,但它们的差别在于,《法律与社会研究》会发表一些法律史的文章,文章的篇幅也会长一些。人们常会认为,《法律与社会研究》是法律与社会的期刊,同时是法学的期刊。

而《法律与社会评论》常被认为是法律与社会的期刊,同时是社会科学的期刊。质性研究的文章、偏向历史方法的文章,会更适合《法律与社会研究》。《法律与政策》更偏向政策和政治学,但也是跨学科研究的刊物。总的讲,这三本期刊都是社会科学的期刊,强调解释"为什么","怎么办"并非重点。

延伸阅读

1. Marc Galanter, Why the "Haves" Come Out Ahead: Speculations on the Limits of Legal Change, *Law and Society Review*, Vol. 9, No.1, 1974.(中译版为[美]马克·格兰特:《为什么"强势者"优先:法律变革限度的推测》,彭小龙译,载冯玉军选编:《美国法律思想经典》,法律出版社 2008 年版,第 131—177 页。)

2. Austin Sarat, William L. F. Felstiner, Law and Strategy in the Divorce Lawyer's Office, *Law and Society Review*, Vol. 20, No.1, 1986, pp. 93-134.

3. 刘思达:《割据的逻辑:中国法律服务市场的生态分析》(增订本),译林出版社 2017 年版。

4. Andrew Abbott, *Methods of Discovery: Heuristics for the Social Sciences*, W. W. Norton & Company, 2004.

5. 刘思达:《浅谈法律社会学的三种叙事方式——以新冠肺炎疫情为例》,载《中国法律评论》2021 年第 2 期。

注 释

1. Marc Galanter, Why the "Haves" Come Out Ahead: Speculations on the Limits of Legal Change, *Law and Society Review,* Vol. 9, No. 1, 1974.(中译版为[美]马克·格兰特:《为什么"强势者"优先:法律变革限度的推测》,彭小龙译,载冯玉军选编:《美国法律思想经典》,法律出版社 2008 年版,第 131—177 页。)

2. Austin Sarat, William L. F. Felstiner, Law and Strategy in the Divorce Lawyer's Office, *Law and Society Review,* Vol. 20, No.1, 1986, pp. 93-134.

3. Austin Sarat, William L. F. Felstiner, *Divorce Lawyers and their clients: Power and Meaning in the Legal Process,* Oxford University Press, 1995.

4. 刘思达:《割据的逻辑:中国法律服务市场的生态分析》(增订本),译林出版社 2017 年版。该版本与作者的博士学位论文相比有增删。

5. Andrew Abbott, *Methods of Discovery: Heuristics for the Social Sciences,* W. W. Norton & Company, 2004.

6. John P. Heinz, Edward O. Laumann, *Chicago Lawyers: The Social Structure of the Bar,* New York: Russell Sage Foundation, 1982.

7. Alice Goffman, On the Run: Wanted Men in a Philadelphia Ghetto, *American Sociological Review,* Vol. 74, 2009, pp. 339-357; Alice Goffman, *On the run: Fugitive Life in an American City,* The University of Chicago Press, 2014.

8. 刘思达:《浅谈法律社会学的三种叙事方式——以新冠肺炎疫情为例》,载《中国法律评论》2021 年第 2 期。

9. 参见周黎安:《转型中的地方政府:官员激励与治理》(第二版),格致出版社、上海三联书店、上海人民出版社 2017 年版。

10. 参见周尚君:《地方政府的价值治理及其制度效能》,载《中国社会科学》2021 年第 5 期。

11. 参见熊易寒:《移民政治:当代中国的城市化道路与群体命运》,复旦大学出版社 2019 年版。

12. See Sida Liu, Client Influence and the Contingency of Professionalism: The Work of Elite Corporate Lawyers in China, *Law & Society Review*, Vol. 40, 2006, pp.751-782.

13. See Yuhua Wang, *The Rise and Fall of Imperial China: The Social Origins of State Development*, Princeton University Press, 2022.

14. 参见于明:《司法治国:英国法庭的政治史(1154—1701)》,法律出版社 2015 年版。

15. 参见赵鼎新:《儒法国家:中国历史新论》,徐峰、巨桐译,浙江大学出版社 2022 年版。

16. Andrew Abbott, *Time Matters: On Theory and Method*, University Of Chicago Press, 2001.

17. Xin He, *Divorce in China: Institutional Constraints and Gendered Outcomes*, New York University Press, 2021; Ethan Michelson, *Decoupling: Gender Injustice in China's Divorce Courts*, Cambridge University Press, 2022; Ke Li, *Marriage Unbound: State Law, Power, and Inequality in Contemporary China*, Stanford University Press, 2022.

第十章
如何对话

贺 欣

一、法社科的"方法"

本次研习营的主题叫"学做法社科",主要是教方法,但我先泼一个冷水,我觉得方法是不用教的。当然,不管是做规范研究还是做经验研究,都是有某种既定模式的。我往往把做研究比喻成"做饭",如果说做饭有个基本模式的话,就是说做饭有菜谱。但菜谱不会成就一个厨师,菜谱只提供基础的步骤、调料要求,但事实上,厨师做菜做到一定阶段是门艺术,需要自己去体会。做研究的老师基本会说,绝大多数东西是他们自己学的。不管这些老师是谁,不管他们在哪个学校待过,差别不是很大,都是自己认真琢磨,到一定程度就悟出来了。老师能做的只是重复一下基本步骤和方法,剩下的需要自己体会。

如果说有什么方法的话,最简单的是去读自己关注的领域内的经典。喜欢哪个领域,就把它读透;从一个研究开始的地方,到它的核心论证过程,关注研究材料的组织、对话的对象,乃至引证的对象——这涉及它的重心、它的理论走向、它在文献脉络中的位置。当把一篇文章读透了,就可以尝试去做、去模仿。研究刚开始就是模仿,模仿得像了,慢慢地就会有突破。比如,学习书法的第一步是找到一个喜欢的书法家的作品临摹,只要你喜欢练书法,有一点进步就会特别开心,那就找准它、把它吃透,一步一步去做,一定程度后就会有自己的想法。因此,方法是找到自己合适的路子,而不是看学术影响。很大程度上,学术影响只是社会建构的。

前几天大家的提问,特别纠结于不同门派、不同研究方法的差别,到底是实地"田野"好做,还是档案好做?法律社会学、法律经济学、法律与宗教、法律与人文,它们的差别到底在哪里?在我看来,这些门派差别都很小。只要学的不是邪门歪道,做的是属于学术领域的东西,选一个门派去学,就可以在这个制度里谋生。先搞清楚学术与非学术的区别,然后去学,这一点需要强调,因为如果以知识创新为基本标准的话,我们国内很多所谓的学术作品还谈不上是学术。因此,进了学术大门,选择何种门派没有甚大差别,关键是自己是否有兴趣、路子是否适合、是否有不停钻研的决心和耐力。

耐力特别重要。我带过不少学生,开始时,学生的资质确实有差别,对学习有所影响,但事实上,在这里我引用施一公的一句话,"天赋是最不重要的"。大家这个阶段可以相信这句话,真正重要的是毅力、是长时间的琢磨,这才是让学者之间有巨大差别的变量,大家对此要有所准备。寸铁可以成钢,只要找到一个方法,就可以不断将这个方法适用到不同的研究领域。法律社会科学值得做的领域还非常多,关键是要找到那把钥匙、那个铁锤、那个方法。

最后,一定要动笔写,这是颠扑不破的真理。这跟前面讲的也是一致的,千万不要只在门派之间徘徊,不进入一个门派,否则无法在学术路上走下去。所以,你首先需要知道各个方向之间的差别是什么,但确定适合你的方向之后,一定要走进去,开始写作。中国足球队员问德国教练施拉普纳,"踢球往哪踢?"施拉普纳讲得很简单——你要往门里踢。换到学术上来说,就是"我有一堆材料,我怎么写、找什么方法写、从哪个思路写",其实这些都不重要,最重要的是一定要写。只有写,只有不断地写和改,研究才会做出来。今天我会讲自己最近的两篇文章。[1]它们在某种程度上也都是慢慢改出来的,影响改的程度的因素很多,但修改必然有改善。我选这两篇文章来讲,不是因为写得特别好,只是因为这是最近写的,余温尚在,我提不起兴趣"炒冷饭"。所以这两篇文章也不一定写得好,欢迎大家批评!这两篇文章都被接受发表了,但它们的效果还需要时间来检验,在这里可以做一些简单的交流。

虽然我说方法是没法教的,但学者之间的交流很重要。毕竟共处于一个行业内,大家又都做了很久,所以有一些心得、点子会有帮助,相互之间可以促进。所以大家进入行内后,要跟同辈、同行的学者多交流,特别是真诚的交流。香港大学法学院教员之间的研讨会没有作者宣讲的环节,文章提前发出去,一开始就是提问环节。如果大家都读了文章,不需要作者再讲,只需要真刀真枪地批评、建议、讨论,这才是对文章有促进和改善作用的环节。我这篇司法调解的文章也得益于一次交流的机会,那次交流可能是我学术生涯里受益最大的一次。与会者事前读了论文,开始时我不再做陈述,由其他同事做简单的概括,之后大家不停地提意见,怎么修改,怎么展示里面矛盾的地方,怎么使它成为一篇影响更大、更有意义的文章。我希望以后多组织这样的研习营活动,使学术讨论真正以学术为中心,而不是以表演者为中心,大家共同学习、共同探讨,进一步提升我们学术的质量。今天我讲"司法调解的技艺",在很大程度上来说指的是法官是怎么调解的。

二、以司法调解的研究为例

我简单介绍一下文章。调解本就是一个很有争议性、很有意思的现象,在中国也很独特,学术界对这个问题的关注经久不衰。司法调解在本国研究、海外研究中国的传统里持续几十年,大家可以见其中原委。写这篇文章的渊源很简单,我刚好碰到一个法官,他做过大量司法调解工作,和我分享案例并且邀请我去观摩他的调解过程。我自己也收集了很多调解案例,我一直在想法官到底是如何调解的。新闻报道或一些粗浅的学术研究中总结了各种各样的方法,比如"换位思考""趁热打铁""背对背",等等,但是没有总结出规律性的东西,这种介绍不够有穿透力。这个过程是怎么进行的?法官的角色是什么样的?它产生的后果是什么?我们都不是很清楚。现有文献对调解案例的介绍也非常少,而且不够深入。所以我想可以在材料上做一些文章。这篇文章里讲到好几个案例,先简要介绍一下。

第一个案例是新加坡工人案。在新加坡打工的工人的太太想离婚,离婚的原因是她生了两个女儿,丈夫和公公都很不满意。工人寄钱回家,从来都不寄给她,而是寄给工人的父亲。过年回来时,工人还对她暴打,甚至扬言要杀掉女儿。她到法官那里说要离婚,法官很简单地用两句话把她打发了。因为她的工作是超市收银,一个月收入只有2000元,非常低,难以独立支撑两个女儿的抚养和教育费用。所以法官一句话——"你离婚以后能不能够支撑你女儿的抚养费和教育费?"这个太太就作了决定。她必须考虑这些现实的因素。

第二个案例是老屋案。一家八个兄弟姐妹,两男六女。大弟弟车祸丧生,留下一个女儿,小女孩因无人抚养过继给大姑姑。上一辈的父母已经去世,因为大弟弟去世,而姐姐妹妹们都已出嫁,老屋就在小弟弟的掌握中。后来大弟弟的女儿长大成人,远在新疆,姐姐妹妹们希望老屋能有大弟弟女儿的一份,以便侄女回来祭拜她父亲时有落脚之地。由于他们兄弟姐妹关系不好,姐姐妹妹们便将小弟弟告上法庭,希望侄女对老屋也有份额。其实也有道理,大弟弟本来应当对房产有份额,份额也应当由他女儿继承。当然,按照法律,嫁出去的女儿也应当对房产有份额。但小弟弟的反应很激烈,说出各种狠话,表示如果要抢房产就把老人的房子拆掉,反正这块土地本来也是他的。村里的人也认为,出嫁几十年的女儿不应该回来跟儿子争父母的一点财产。实际上,老屋已经破得不值几个钱,唯一值钱的可能是院里的一棵皂角树。这个案子非常棘手,法官也不知道怎么判。最后,法官将这个继承案变成了买卖案,让嫁出去的女儿们和大弟弟的女儿一起出一点钱把老屋从小弟弟手里买回来。

第三个案例是商人案,也是一个很有意思的案件。当地有黑社会背景的商人,在邻近的两家法院都提交了起诉状,要求他的情妇还钱。他的情妇开私人诊所时找他借了10万元,后来两人关系差了,他就要求情妇还钱。法官一开始没有留意这个案子,留意时审限已经临近,就急忙去送达,但发现找不到这个情妇了。于是法官告知原告,被告找不到,无法送达,并要求原告提供真实地址。法官其实是想借此压一压原告,但原告这个商人非常世故,他明白法院的运作,就跟法官说,"我在另一个区起诉这个案件,判决书都已经拿到了,你们现在连人都找不到。我起诉时人是在的,如果你现在不给我找到人的话,我明天早上就开两辆推土机到你们法院门口,把你们法院的门给堵了"。这个商人的话一撂下来,法官就非常担心:如果商人真的把推土机开到法院门口,把路堵住,法院的领导肯定会知晓,如果领导查出来法官在处理案件上的拖延，法官肯定会受到惩罚。所以，法官只好亲自跟商人一起去送达。法官私下跟我说，"我们没有办法对付这些人，我们强不过他，因为他有各种手段"。后来这个案件调解结案，基本完全答应了原告的诉求，只是被告需要一些时间来还钱。我也提到一个细节，商人承认了自己跟这个女人的关系。10万元虽然是一个很大的数目，但情人之间到底是借款还是赠与可能分得不是那么清楚，如果当事人不是这样恶狠狠的商人，法官很有可能会利用这一点来压服原告，但这个案件中，法官根本不敢往这个方向处理，因为对方（原告）过于厉害，完全抓住了法官的弱点。

第四个案例是上海民工案。一个妻子从上海打工回来后起诉男方离婚，真实原因是男方有生理上的疾病，晚上会打妻子，导致女方无法正常生活。但这个男方条件很差，他是一个厨师，还有一个精神有问题且没有工作的弟弟，他的母亲也有一点精神上的问题。总之，他的家庭条件比较差，如果离婚，之后很可能没法再娶。所以，当这个妻子要离开时，全家人陷入彷徨。如果直接判决离婚，很可能引发一系列恶性事件，他们可能会上访，至少肯定会上诉。因此，法官不敢判这个案件，他很坦率地说，"他们的婚姻可能也维持不下去，但是至少这一次我没法判。如果判离婚的话，男方接受不了一下子媳妇没了，以后日子也没法过了"。

最后一个案例是木工工头案。工头是一个残疾人，从发包公司接建筑工程的活儿，并且签了合同，然后再分包给自己找的工友。但做下来以后发现合同里的金额不足以支付所有的费用，不仅赚不到钱还会亏本，所以这个工头将发包公司告到法院。他是邻县人，跋涉几十公里来被告所在的县起诉。被告作为发包公司，有律师，在当地也有一些影响力。这个案件按合同来看，很清楚，所以被告和它的律师不愿意做任何让步。但法官不这么想,法官说,"在这个案件里,你们想一想你们做得是否合情理,如果按照合同约定的价格,人家能否把这个事情做完?我们面对的原告,是一个残疾人,他没有依赖国家和社会,靠自己的力量生活。他努力把这个事情做完,你们给他这样一个条款,实际上是不合理的"。一番话下来,有代理律师的公司也不好再说什么,最后只能做一些让步,案件得以调解。法官讲得很清楚,"我不希望这个当事人再见到我时找我麻烦,我也不希望他去找我的院长。我希望我在大街上能以平常的身份面对他,不会有愧于心,我觉得这个事情做到这样,才算公平"。

这就是文章中的几个案例。我手里有二三十个案件,但写到文章里的案件需要进行筛选。如果回到研习营的主题,问题是:已经收集好材料后怎么组织材料。有这些材料之后,你提什么问题?你准备回答什么样的问题?这些材料能不能够帮助你回答这个问题?帮助你回答问题的同时,能不能有学术对话?当然,即使没有对话,我们也可以把这个过程描述出来,写得仔细和透彻,也是有价值的。那么,如果要"咬住"文献,那"咬住"的是什么样的文献?这就需要去看既有研究之间争论的要点是什么,以及你的材料所表现出来的论点在多大程度上跟它挂钩。这也是我们有了材料以后,需要去回答的问题。

在某种程度上,学术研究就是学术对话。学术研究要有对话的对象。"咬住文献"就是去看这个领域中最重要的争论文献,看准它是怎么讲的、它的要点是什么、它讲的和你要说的故事之间有什么差别。涉及"调解"这个领域,先来说为什么要强调调解。首先,它很独特,其他国家也有,但不像中国应用得那么深入、那么持续;更重要的是,调解能够彰显法官和当事人之间的互动,特别能够体现司法权力的运作,以及这种技艺如何用(针对谁应用什么样的技艺、某个案件为什么这样用),判决无法展现这个过程以及这个过程的生动性、活泼性、互动性。但调解能够展示各方的角色,就像表演一样,这里面有"戏"。

调解的方法很多,刚才也提到有很多名词对其进行了概括,但这些概括没有抓住里面的规律。收集材料之后,从中可以看出"实践中的法律"和"书本中的法律"有所差别,但发现有差别还不够,我们需要知道这种差别背后的规律是什么。我们要找这个规律,有时候会特别好找,比如"第一次不判离"的规律性很强,也很容易上手研究;有时候会特别难找,比如调解的方式。西方文献会强调调解的不公平、"以强凌弱",在某种程度上,法律在欺负弱者。但事实上,认真分析这些案件的当事人,它又不完全是"以强凌弱","以强凌弱"是基本模式,这在新加坡工人案、商人案中表现得很明显,基本是压弱的一方。但是也有一些领域不完全如此,比如木工工头案中,法官挺身而出保护弱者,因此,很难简单地都归结为"以强凌弱"。不能只通过划分当事人的身份、性别、收入、社会地位来了解法官采取的手段,所以需要进一步思考。

法官在知识上,尤其在法律知识上,有非常强大的优势,借助这个优势,法官可以让那些对法律制度不了解的人、经济能力弱的人很快接受他的方案,但碰到政治上很强的对手时,法官是要退的,他没有办法进一步往前走。这在商人案里体现得很清楚,商人和被告的性关系是他很直接的弱点,但法官不敢用这个弱点,因为商人知道,法官处理这个案子有所拖延是法官的软肋之一,他还知道法官最怕的是他把推土机放到法院门口。碰到政治问题时,法官马上就会往后退。上海民工案里的另一方也很清楚,他很难说很"强",只是一个厨师而已,但他的强不是表现为很有钱、很有关系,而是很弱——弱到可以变成一种强势。因为他家里经济状况很差,母亲和弟弟精神失常,他很容易把其他方面的"弱"变成政治上的"强",一旦上访、上诉,法官就会吃不消。

这是我读了很多案件材料、做了很多思考之后找到的大致思路,可以把材料的基本模式、方向解释出来。但到这一步,理论意义还不够。这方面,我找了很多可能的点去做理论对话,比如司法上的平等或不平等、调解员的角色是否中立(调解员是否有自己内在的、主动的角色)等。在中国的故事里,法官的角色根本不是中立的,而是具有主导性、关键性、决定性的,他可以把事情变大或者变小,他可以有选择性地挑出某些议题和当事人讨价还价,当事人在他的法律、政治、人情、习惯等种种精细的知识里基本处于无法对抗的状态。除了那些政治上很强的人,面对政治上很强的人,法官也没有办法,只能转向去压另一方。

从既有文献中找这种脉络,只有苏力老师和杨柳二十几年前做过关于"通奸案"的研究,《送法下乡:中国基层司法制度研究》中邻居的通奸案,法官调解的方式方法和这个是一致的。[2] 理论上法官的角色非常重要,甚至是关键的,从这个意义上可能需要重新定义调解的性质,它完全是"三方"的过程而不是"两方"的过程。从"三方"的过程来看,回到美国的司法调解中也能找到一些新解。理论上的这一点突破,是我改到最后一个阶段才出来的,正因为有了这一点突破,文章最终被接受。之前交到期刊的第一稿发回来,评审人的主要考虑是故事讲得很精彩了,"不平"也展示得很充分,但问题是理论上没有什么突破。最后这一稿主要得益于在普林斯顿的那次会议,有一个同行指出这个方向,我思考之后,把文章朝这个方向进行了一些修改。这大概是这篇文章的形成过程。

从中也可以得出一些基本的体会：首先，文章是改出来的，但改要有方向，我特别鼓励大家文章写得差不多的时候去同行评审的杂志试试。你需要的是能够认真读你的文章、给出建设性意见的同行，大家要主动寻找这样的场合和机会。其次，文章如何去找理论的突破点。不同的文章取向不同，有的文章有理论涵养，有的文章纯粹描述事情的发生。如果找出理论的突破点会很有价值，当我把调解的"二元"改成"三元"后，是有突破的，我甚至觉得在这篇文章的基础上可以改成一本书，用比较的视角把不同的时空、不同的情景展现出来——去看我国台湾地区怎么做的，英美、苏联怎么做的。这样可以变成一个比较法律史的研究，完全打破原本的理论模式——调解是调解员居中斡旋、调解员只是双方之间的传话人，而是展示调解员角色的主动性，只不过由于时空变量的差距，角色参与程度不同。显然"三元模式"将取代"二元模式"。

三、以"检察中心主义"的研究为例

第二篇文章是讲"检察中心主义"，写下这个题目时我自己也很惊讶，因为公安在我们这个社会中的权力实在太大，我们常常讲的是"侦查中心主义"。这篇文章也是最近刚被接受发表，它不是理论性的文章，但不意味着它不重要，我甚至相信这篇文章将来的引用率可能高于刚才那篇司法调解的文章，因为它很有争议性，也很重要。我也想通过这篇文章来给大家讲，没有材料其实也可以做社科法学的研究。完全没有材料当然不行，关键看怎么从文献里找材料。写这篇文章的原因很简单，我最近在写一本关于中国法院的书，涉及面比较宽，甚至涉及一些我比较陌生的领域，比如律师、刑事程序、刑事正义、行政正义等。我读文献时会去看中国的刑事制度是否有什么变化,对于英文文献我相对比较清楚,但一旦读中文文献,我就发现中国刑事制度的变化是天翻地覆的,我感到很惊讶,其中最大的发现是"认罪认罚从宽"制度。这个制度适用非常广泛,在所有的刑事案件中的适用比率达86%~87%。这个制度很简单,如果当事人认罪,而且接受检察院提出的处罚方式,司法机关就可以从宽处理。这个变化——认罪认罚从宽制度的普遍适用,非常重要,它影响了中国刑事程序的整个过程。

认罪认罚从宽制度的迅速发展,使我们常讲的刑事程序中的很多重要问题发生变化。比如刑事辩护中的"三难"[3],现在"三难"中至少有"两难"都不存在了。律师会见当事人根本不是问题,都会允许会见。律师的角色也变了,律师不是在做辩护,而主要在帮检察机关和公安机关说服当事人接受这种认罪认罚从宽的处理方式。很多错案可能也不一定会发生。错案发生最主要是因为公安权力太大,而在认罪认罚从宽制度下,公安机关的权力大大下降,检察机关会很早介入。此外,通过认罪认罚的方式大家都同意处罚结果了,也不会存在屈打成招的情况,因此错案会减少。同时,上诉率也大大降低,因为已经通过认罪认罚同意了处罚结果,如果上诉就是不再认罪,那原本商定的从宽所减的刑也无法生效,上诉后二审结果可能是刑罚反而变重。所以,上诉会变少。

认罪认罚从宽是一个很重要的制度,它应该单独呈现出来。我决定要写这个制度的时候,很多材料都是从已有文献里找的。我写这本书时的另一个体会是,国内同行经验研究的内容很丰富,不仅出现在专门以经验研究为题的文献中,而且很多不是专门以经验研究为题的文章里也有经验研究的内容。所以说,社科法学的影响力在慢慢扩散、扩大,这也是一个基本的方向,因为论证需要一些证据,而信得过的证据其实就是经验、事实。

这篇文章主要是研究中国法治发展的一个变化,没有太多理论的内容,但这样的文章也很重要。认罪认罚从宽制度是不是真如其他学者所说,和美国其他制度一样,对此,我做了一些对比,从而找出其特点。这对大家来说也不是特别难,只是需要去读一些文献。同时,能否找到问题的要害,这也需要一定的社会阅历,所以我建议一直在学校读书的同学去社会上工作实习一段时间,深入地了解社会。如果你对所生活的社会不感兴趣,对生活在周围的人和事情没有太大的兴趣,我觉得就不应该做社科法学的研究,因为它跟我们人生经历是紧密相关的。

最后我讲一下期刊的偏好,不同期刊有不同趣味。往哪投其实也有讲究,因为如果投了三次都被拒,自信心会受打击。我自己在这方面比较幸运。能不能投中期刊取决于作者对期刊定位的把握,如期刊的理论偏好、对经验的要求程度是什么。比如 *Law and Social Inquiry* 就允许你写得细。事实上,法律社会学的刊物就是特别喜欢和需要这种细节。如果是其他杂志就不允许你这么写,觉得这些没有价值。有些刊物,像《中国季刊》(*The China Quarterly*)更希望知道中国法律、政治、社会变化的关键环节,知道什么制度重要,这是它的取向。这是为什么我觉得"检察中心主义"这篇文章在它那里发表会非常合适。认罪认罚从宽制度会扭转原来我们对中国刑事制度的基本看法,也会引领下一个时代新的研究的方向,它里面有非常多的环节,包括当事人和国家机关的互动、律师的作用、错案的发生频率;包括公安机关和检察机关的互动,法院为什么愿意把权力交出去,甘愿当一个"橡皮图章"。现在当庭宣判率已经大幅度提高,法官审判刑事案件的效率也大大提高,因为如何判事先已经都清楚了,而权力完全到了检察机关手里。

对话与问答

程金华 我讲一下听后感,分为四点。第一点,贺老师讲"方法不用教"的问题,每个阶段体会不一样,而且我估计贺老师现在的体会是这样,可能再过几年又不一样。佛教禅宗讲,三十年前见山是山,见水是水,后来又变了。[4] 每个阶段肯定不一样,同学们可以实时体会。刚才贺老师讲到武功派别问题,我之前也经常讲到武功派别的例子:法教义学与社科法学以及诸如此类的对话,有点类似于华山派的剑宗和气宗的对话。贺老师讲方法问题,很像我们去跟风清扬学独孤九剑、跟张三丰学太极剑。风清扬教令狐冲时提到"无招胜有招",张三丰在赵敏攻上武当山时临时教张无忌太极剑,问他记住了没有。张无忌回答说,我全都忘了。张三丰说,全忘了最好。

这就是我们讲的研究方法或者说招数问题,里面有三个层次,也是禅宗对山水认知的不同层次。刚才贺老师讲"方法不用教"是最后一个层次,即"见山还是山"。无论是做什么学问,包括法教义学、社科法学,定性、定量,开始时肯定是稀里糊涂的、无招的,这个时候需要去学招。但如果仅停留在"有招"的阶段是不够的,你会束缚在"招"里。此时需要进入"无招"的阶段,即把各种方法融会贯通的过程。从"无招"到"有招"再到"无招",每个阶段的跨越都很难,大部分人,包括我,都还在"无招"到"有招"、把招数学习好的阶段。

我记得 2018 年在北大法学院举办法社科年会,苏力老师讲问题意识。他说,问题意识很重要,方法是次要的,甚至是不重要的。他这个境界的学者这样讲当然没有问题。但对大部分同学,尤其是对入门的同学来说,"招"还是很重要的,因为它是一个扶手。白建军老师2000年在《中国法学》上有一篇关于法律实证分析三要素的文章[5],其中第一个讲程序性,我多年不理解"程序性"的意思,后来我将它理解为一个扶手、阶梯,一个方法问题。无论是做定性,还是定量,都得有一个基本招数。有了基本招数以后,你大概率会比那些从来没学过的人武艺高强一些,因为在招数或程式的指引下,能更大概率地通往发现真理的道路。这个阶段一定要经历,但如果只停留在这个阶段,只能是个"匠",充其量只是 professional writer、professional worker,只是通过这种所谓的专业方法和技艺在学术界生产、提供一些产品,这个产品就是你的论文。只有到第三个层次,方法已经了然于胸的时候,才能将精力更多地停留在问题意识的发现中,这可能就是"方法不用教"的境界。对同学们来说,不能直接从第一个"没方法"直接跳到最后的"没方法",要经历第二个阶段的"有方法",这个过程不可逾越。然后,要超越"方法",这其实是"方法"的最高境界,和卖油翁讲的"无他,惟手熟尔"[6]是同样的道理。我们做学问,起初学习模仿任何一种方法时无所谓派别,贺老师刚才也说,只要把某一种派别、某一种方法、某一种技艺学到极致,就能成为一个 master。

第二点、第三点一起讲,今天的主题讲"司法调解的技艺",其中有两个层次的含义。一个层次是司法/法官调解的技艺性;另外一个层次是作为一个学者,我们在观察、了解法官调解的材料以后怎么去组织行文,这个过程也是有技艺的。

我刚才讲从"无招"到"有招"再到"无招",最开始无所谓技艺,第二个层次是"技艺",而第三个层次则是"艺","艺术"的"艺"。它不仅是一个可以获得想要的东西的方法,而且还有美感,具有可欣赏性。我觉得司法调解、法律辩护、审判都是技艺,这里有"技"和"艺"。法官的审判,"技"的成分重,要符合程序法和实体法的要求,必须按照这种"技",达成一个我们称之为合理或正确的裁判。调解更多的是一个"艺术"问题,因为从达到的效果看,它是一个综合性的整体效果,当然也有"技"的成分。苏力老师写司法判决中的个案,写到一个通奸案的问题,并和费孝通先生在1940年代写的通奸案进行对比[7],去看法官怎么通过对当事人心理的把握而达到他想要的效果,这已经达到一种"艺术"的境界。司法调解里兼有"技"和"艺"的成分,而好的调解则超越"技"、达到"艺术"的境界。

与此相关的问题是写作,作为学者去观察法官调解时,怎么把我们的"技"和"艺"应用进去;作为社会科学的研究者,观察到一个、两个、三个……二十几个案件后,怎么把这些材料整合在一起、围绕一个中心叙事去讲,这其实也是一套"技艺"。有些文章"技"的成分很明显,量化研究中"技"的痕迹太重,以至于很多文章可读性很差,最后的提炼和升华也没有做好,定性的文章提炼和总结则相对较好。怎么把大量一手、二手材料合理选择、整理、加工变成一个可读的、无缝衔接的故事,这其实很难。这个故事既是经验的,又是理论的,这也是一种"技艺",同学们在自己的研习过程中,也需要把握这两个层面。其实,就像卖油翁说的"无他,惟手熟尔",你去"田野"也好、去收集数据也好,不断地学和做,熟了就会有新的体会。只要不断地在"田野"里去了解、去看、去感受,"技"和"艺"的问题就会慢慢浮现。

最后一点,刚才贺老师最后讲的一个新研究很有趣,我们也观察到了这个现象。认罪认罚从宽制度引发了很多新问题,刚才贺老师讲得很清楚。我最近两年在上海做司法公信力评估,我不太清楚当事人对这个制度的态度,但法官和律师对认罪认罚从宽政策非常不满意。

因为实际上它把辩护和裁判空间挤压得非常小。刚才贺老师讲到的一些问题很有趣，他看到了更大的格局——这个制度对整个程序的影响。但我想就这个问题讲几个小问题，我认为把认罪认罚从宽制度实施以后的变化归纳为"检察中心主义"，作为学术研究，这是一个很好的提炼，但这个归纳会不会有一点夸大了认罪认罚从宽制度对整个程序的影响。我们之前讲"公安中心主义""审判中心主义"，现在在讲"检察中心主义"，这样的提炼会不会把这个故事夸大了？会不会让我们对整个的程序认知又走向另一个道路？这是我的疑问。后面有机会的话，我想请贺老师讲一讲，因为涉及的问题是社会科学研究或者定性研究如果提炼我们的故事、所得到的信息，提炼过程中肯定会有拔高，否则就是有"技"无"艺"，甚至无"技"，但是要"拔"多高，要让人觉得它虽是一个艺术但又能让人接受，而不是玄学的东西，我想这里有一个分寸问题，所以我想请教一下贺老师。

方　乐　就两位老师的讲述，我也谈谈学习体会。第一，贺老师讲的方法论问题的整个主线比较清楚，听了之后非常有收获。他讲"方法是不用教的"，实际上，这里有他的语境。他起初讲一定要进入一个门派，否则无法进入学术之门，那么进入门派之前需要了解这个门派的知识脉络，在吃透经典的基础之上，了解不同的门派，然后才在此基础上选择一个适合自己的路子或者门派。在此基础之上，寸铁可以成钢。实际上，这也是刚才程老师说的"三重境界"，这个思路隐含在贺老师整个关于方法的表述里。这是一种非常有效、有用的关于如何习得一种方法的路径。

第二，贺老师谈到司法的调解问题时，讲到了他在理论上一个非常重要的贡献，就是把调解从"二元"改到"三元"，从他的讲述中，我大致能够获得他所要表达的一些信息。实际上他建立了一个不同的结构,我们过去认为法官是作为一个居中者角色来面对纠纷中的不同当事人、不同信息,贺老师认为法官从居中角色变成了一个需要面对强弱关系的角色,而强弱关系是动态的,同时,法官在应对这种强弱关系的过程中也变得有强有弱。因此,法官的角色不再是居中的,而是变成了一个需要决策的信息管理者的角色。

第三,在听贺老师讲述的过程中,我也产生了一个小困惑。这个问题是可以推进的,或者说更重要的问题是法官为什么是一个信息的完整收集者。法官在作强弱关系判断以及调整自己的强弱姿态时一定是基于信息的收集,只有他认为信息收集完整的时候,才能做出在他看来准确的管理姿态;如果他不认为自己是信息的完整收集者,那么他所做的每一个拍板或行政上的管理决策都有可能会搅乱纠纷调解的方向,所以这个问题是更重要的。我关注到这个问题是由贺老师分享的第三个故事触发的。这个故事实际上是有风险的,当然这体现了贺老师的理论担当。刚才贺老师在表达"检察中心主义"这样一个鲜明主题时,他讲了很有意思的一句话,法院为什么这么老实地交出了自己的权力?这个问题是值得研究的,司法改革者,包括法院这个决策者,为什么对检察机关的权力扩张没有意识?不是因为他没有意识,他之所以选择"没有意识"实际上恰恰是"有意识"的。为什么他"有意识"如此呢?这是真正值得研究的。刚才程老师讲到认罪认罚从宽制度满意度问卷调查的结果,其实还有检察机关搞的公益诉讼、检察建议,法官都非常不满意。但为什么大家都在不满意的情况下满意地接受了?贺老师的研究触及了这样一个问题。司法权力结构、权力关系是一个根本的问题。司法改革对法院而言意味着什么?改革者应该更关心权力问题,而不是简单的制度、机制上的问题,更不是所谓的信息化问题。

我们在一些调研中发现司法信息化改革带来很大的资源浪费,关键问题还是贺老师刚才非常不经意之间谈到的——法院为什么这么老实?这是很有趣的观点,也激发了我,这个问题实际上跟刚才我讲的法官为什么很自信地觉得自己能够做强弱关系判断是相关的,是什么样的东西在支撑呢?是权力结构,司法调解中的权力结构(法官与当事人之间)和认罪认罚从宽制度里的权力结构(法院和检察院之间),那么法院是在什么主线下做这些事情呢?如果说没有这个主线,那说明我们还很缺乏司法理论。

第四,贺老师讲到期刊问题。实际上,门派决定着我们知识产品的理论属性,期刊也有一定的偏好。这种偏好提醒自己在做方法论时,也要注意偏好本身对我们产品可能产生的影响。

贺　欣　两位同行提了很多问题,我的回答也不能面面俱到,但以后肯定还有更多的机会交流。我觉得两位老师都讲得很好,一定程度上方乐老师也回应了程金华老师。我讲"没有方法"是有一定基础条件的,对此方乐老师讲得很好。程老师讲得也很清楚,"技"和"艺"的差别是非常准确的表达。把"技"和"艺"分开表达也让我受益,我们经常讲定量的文章更多是科学,是"技",定性的文章更多是"艺术",比定量的文章要难写。我也写过定量的文章,相对简单一点,写定性的文章更有意思、有更多的空间,自己也可获得更多的满足感。

至于认罪认罚从宽制度中法官和律师的不满,我特别感兴趣想去了解这个问题,但我手上还没有这样的材料,如果有的话,我一定会把它放到文章里或后面的研究里,可以把它们综合在一起。

至于"检察中心主义"这个提炼是不是有所夸大,我当时这么写的时候,自己都感到惊讶。我想文章最后通过了《中国季刊》的评审,这本身也说明了问题,这些评审也都是行内专门研究这个领域的专家。我文章里有很多证据,在这里就不一一讲了。这个问题抛出来,显然非常有争议。公安权力之大,我们也都知道"侦查中心主义"是什么。但是我有大量证据证明检察机关的权力在上升,这种上升不仅仅体现在认罪认罚从宽制度中,自然也涉及其他方面。

方乐老师讲"法官为什么会交出自己的权力?""法官为什么是信息的收集者?"我非常抱歉,如果大家完全没读过我的文章,听我这么没头没尾地讲这些所谓的方法,就会缺乏一点基础信息。法院为什么愿意交出自己的权力?我文章里写道,这个制度对法院来说是非常有利的,他们的工作量可以大大减少。原来庭审法院还得去查,但是现在各个环节的证据都由检察院全盘呈现,庭审很快。律师也在场,律师已经不是辩护人的角色,他们是"公证人",他们已经把这个事情给公证过了,这些工作都提前做好了,所以当庭宣判率很高。一般说法院案件压力大,其实不是体现在刑事案上,而是体现在民事案上。看过去10年的刑事案件数量,其实没有增加,要提高刑事案件的办理效率,这只是他们扩大权力的借口。但是法院不一样,如果法院原来需要派5个刑事法官的话,现在派两三个就够了,法院可以匀出更多的人去做其他领域的工作,法院整体的工作效率得到了提高,所以法院不是完全没有收获。公安其实也有收获,错案给公安带来的压力很大,而在认罪认罚从宽制度里,公安的错案数量会减少,他们也愿意交出一些权力。所以这个过程中也有几方的博弈。

至于"法官为什么是信息的收集者?"法官显然对信息掌握得很充分,调解做得好的法官能以很迅速的方式获取信息。原来八九十年代案件数量低的时候,法官需要下去调查,就是为了获取信息。现在案子一大堆,根本忙不过来,没法下去做调查。可能案件卷宗都没法提前看,法官就趁一方当事人来了、另外一方人还没有来的间隙来做调解,法官以很快的速度了解当事人想要什么、他的底线是什么、他掌握的证据是什么、他的弱点是什么,有经验的法官干的就是这个活儿,这也是为什么要由有一定阅历和经验的人来做调解,只有这样的人才行。初出茅庐的法学院毕业生做调解比较难,他可能连争议的本质都搞不清楚。

提 问 我先汇报读贺老师这两篇文章的一些体会,然后再和老师交流、请教。第一,贺老师特别厉害的地方是提出了调解的"三方模式",一下子点破了组织和主角变化以后所产生的一系列影响,揭示了关于法官的心态、角色和行动的问题。这对我启发非常深,因为这个问题可以进行推导延伸,比如在我做得稍微多一点的行政法领域,我统计过比较典型的中国的银行业,在行政复议和行政诉讼的选择上,基本上都选择行政复议,因为没有银行敢和人民银行和银保监会打官司。这里有的角色被剥夺了,既没有法官的角色,也没有原被告的角色,更重要的是没有律师,把律师场景剥离以后,这种不公平就出现了,这种情境逼着当事人去做行政复议,行政复议的结果也是能看得见的。因此,法律上规定可以进行行政诉讼,但大部分银行不敢走政诉讼转而做行政复议。这就是贺老师模型的穿透力和启发性。

第二,贺老师从社会学角度指出一个非常重要的问题就是,纠问式、压迫式的审讯,虽然不仅存在于司法审判或调解中,在行政复议及其他场景也都能见到,也是一种"惯习"(habitus),那么这个惯习会不会影响到其他的法律?又会有什么样的影响呢?

第三,贺老师最后的理论升华,讲到问题的本质,实际上一旦缺少律师,当事人权利就会被剥夺,这是在诸多部门法中都能见到的问题。贺老师指出,在庭上如果法律能力(legal capacity)不对称,就会有一系列后果。我反而很喜欢"检察中心"这个词,它是美国的一个惯习,而中国以前不是这样或者说这个词有一定的争议,所以这个词被抛出来以后,会引发一连串的辩论,而这也是有意思的地方。

贺 欣 关于这个理论模型的适用领域,确实可以用到其他领域。当时我的文章给同事刘庄看,刘庄说这很像深圳搞拆迁的那些官员干的事,在行政纠纷案件里的处理方式——压服当事人、找到他们的弱点、各个击破。所以这个模式其实在各领域都有体现,通过看当事人是什么样的人选择相应的方式,这也是一种惯习,因为处在特定情景结构下,可能很自然地就形成这样的一种法律运行的延伸方式。"惯习"这个概念对我这篇文章没有特别强的影响。布迪厄讲,权力的过程就是征服的过程,通过信息的不对称让对方有选择性地理解某一个方面的东西,这对我特别有启发性。后来评审人认为文章不需要那么多花哨的词,所以后来就用了"信息不对称"这个简单的词。法官获取了信息,通过这个过程取得优势地位,就完全掌握了"征服"这些当事人的主动权。

提 问 在纠纷调解中,审判式话语的运用是与法官的资历、经历更相关,还是与当下法学生的法律教育更相关呢?如果是第一种,年轻法官可以逐渐磨练话语运用的灵敏度,在调解中,审判式话语也会出现向调解式话语转换的趋势;而如果是第二种,则会出现当下对法官培育方式与调解需求越来越背离的倾向。

贺 欣 审判的话语与法律话语相关,但调解的话语不一定是法律的话语,他可能会转向其他话语,特别是道德话语、政治话语等。法学院主要是培养法律话语,调解的话语需要经验的积累,需要在实践中研习和磨练、慢慢掌握,需要对纠纷的实质有洞察力。在特定的时间、场合讲述特定的语言,这是艺术。

提　问　我自己在法院工作过十多年,刚刚分析了法院运行中权力的影响,听后我有一些感悟。最高人民法院的政策导向,包括调解经历的几次变迁,可能自始至终有两种力量在主导。这实际上是最高人民法院的政策,在权利义务型话语纠纷解决方式与我们传统意义上的矛盾化解式纠纷解决方式之间的摇摆。现在四级法院职能定位改革中,纠纷解决方式又从权利义务型话语回到实质矛盾化解上。所以,结合您刚刚讲的权力,现实中权力自身、公共政策其实也是摇摆的,至少近二三十年来,最高人民法院在裁判目标导向上经历了四五次转换,现在又有一个变化,在政策可能变迁、权力自身可能变动的情况下,您在研究中如何把握文章的选材、研究方向?

贺　欣　这需要看你研究的对象。我研究的案件大量在基层法庭,所以矛盾化解和案件私了是绝对的,只要把问题摆平了、不出事情都是值得提倡的。完全按照权利义务去解决,是比较西方的做法,是肖扬时代前期的主张,后面基本在淡化。某种程度上,我们的制度体制从基因上就不是那种模式。至于你说几级法院之间的分工,这是很准确的,但是由于这些制度会在不同审级之间发生流转变化,所以这些功能肯定会有调整。而侯猛老师一直做最高人民法院的研究,那他的关注重点、定位就会不一样。

提　问　有些地方的婚姻纠纷调解不只是由法院和调委会承担,还有派出所、妇联或民政局,您认为这些不同职能机关采用的不同调解话语是否值得关注?现在国家强调诉源治理,大多数民事纠纷都会经过诉前调解,如果调解的目的在于"和解",调解式话语代替审判式话语,这样是否意味着婚姻法规实际上脱轨了婚姻纠纷的解决?

贺　欣　这些不同职能机关采用的不同调解话语,我觉得值得关注,我们现在没有人去研究这个,或者说研究得很不够。但这些都会很有意思,因为不同的机构不一定完全一样,不同的机构有不同的要求、不同的考评机制,但肯定也会有相似性,因为都要达到结案的效果。

如果是婚姻的调解肯定都是要和解的,这也没什么问题。至于婚姻法规是否脱轨了婚姻纠纷的解决,其实也没有,婚姻法规中调解很重要。只是说,有一些地方肯定是脱轨的,民法典关于是否离婚的标准讲得很清楚,调解无效可以判决,所以调解在婚姻纠纷解决中一直起到很核心的作用。但如果说婚姻纠纷的解决在很大程度上是否与婚姻法规脱轨呢?这也确实是的,在我关于离婚的研究里面讲得很清楚,很多应当离婚的不会让离婚,这是因为法条的规定和法官面临的最直接考评压力与威胁的影响不一样,法官完全可以找到空间把自己所需要的东西塞进去,法律法条的规定和法律实践的差别恰恰是我们需要去研究的东西。

提　问　在选取经验研究材料时,比如那些司法调解的案例,有什么特殊的考虑吗?如何让这些案例更有说服力,而不只是某个地域、层级、文化下的特殊个案?

贺　欣　说服力问题可以用二手材料来补充。就我而言,我文章里总结的这些东西,其实在其他二手文献里都体现得很充分,可以找到认证,只不过它们都是散乱地出现在不同的地方。通过二手文献,我可以列举出无数的例子,不同地域、阶层、文化的,甚至是不同案件类型的。做实地调查的话比较困难,根本不知道可以碰到几个案例,这时候就需要在既有文献里找其他个案来补充。

提　问　国内目前即使做实证研究,也是有一种向规范妥协的趋势,您在第一篇论文中提供了大量的细节,我以前写论文也是这样,会把案例描述得特别清晰、把细节放进去,但在国内发这样的文章确实很难。所以我有两个困惑,第一个困惑是在对细节的把握论证方面,细节作为您的论证材料,是先有论点再有案例去论证这个观点,还是您把这些材料整合起来再找出观点呢？第二个困惑是样本的选择方面,您当时选择样本时,是从20多个案例中选择了一些典型性的。但国内现在倾向要求有足够大的样本量,数量上达到一万、两万,再从中抽象出来自变量、因变量,而不是通过逐个的案例描述去分析。

贺　欣　问题很好,也很有针对性。第一个是思维习惯,到底是先有论点后有材料,还是先有材料后有论点,这其实是互动的过程。看材料然后去找观点,去看文献,看那个方向是否行得通,大概有了一个方向后,再进一步去筛选。它是慢慢调整的过程,然后才接近,最后这两者可以契合在一起。所以说,先后顺序没有那么清楚,从来都是在收集材料和阅读材料的过程里慢慢思考,这是一个反复的过程。读完材料去读文献、读完文献又去看材料,去看到底哪个地方可以有突破,哪个地方能写出新意,这是一个互动的过程。

至于研究样本问题,定性研究不会涉及一万、两万的数据,它跟定量研究是不同的风格。我的研究里法官只是一个人,在某种程度上已经是极致。读者、评审人会质疑这个研究是否具有代表性,因为你只观察了一个法官,他有他的特点。但你要通过各种方式去证明他是有代表性的,他代表了普遍的一种方式,因为他处在这种特定的制度环境之下,就是这么考虑问题的,其他法官在类似的制度环境下也会这样考虑。一万、两万的样本没有办法讲我这些故事,它讲的故事也不可能那么精彩,也不一定能够抓到问题的实质,它能够给出很多变量及变量之间的关系,但是不是真的有趣,就有待进一步去观察。这是定量和定性不同的方法的区别,很难说有什么优劣,看大家自己的选择。

提　问　研究调解如何选择一个典型案例呢？我对调解的了解还不是很深入,但也接触了一些调解案例,感觉调解的风格跟法官本人的风格很有关系,因为有的法官相对来说经验不足,调解生硬一些;有的法官会倾向于"和稀泥",致力于把矛盾平息下去,让当事人不闹,就算有时候纯粹按法律,并不会产生倾向于弱的一方的结果,但在调解中法官为了不让矛盾起来,会在一定程度上支持弱的一方。不同法官风格差别很大,那在写文章时,挑选典型案例怎么能够证明这个案例具有一定典型性,而且好像不同地区的法官风格也都有一定的差别,所以我对这方面有一些疑惑。

贺　欣　这个问题是个实在的问题。首先,我绝对不会强调我选的是典型案例,不强调它具有代表性可以大大减轻你的负担。因为每一个研究者进入的都是特定的视角、场合、地域、对象,这不可能代表中国,中国有12万名法官,他们有不同的教育背景,调解的方式也是五花八门。没有必要给自己增加那么大负担,去说自己是典型,只需要交代案例是从哪里来的。每一篇文章都有偏见,如果说定性的文章有偏见,定量的文章偏见更大,它采取哪些变量,怎么去做回归,里面的空间更大。法律经济学也一样,它首先假定了很多东西。每一种方法都是对现实的剪裁,所以说没有必要承担"典型"这个不可承受之重。它可能不典型,也没有普遍性,但是它 tell you something about

China,也很有说服力。同时,可以交代法官的背景,我文章一开始讲得很清楚,他是一个很泼辣、没有受过正式法学院教育,但经验非常丰富的法官,在各个部门里都做过,对当地的政治、法律、风俗、人情了解得很通透,所以他会这么做。年轻法官肯定不会这么做,他们做不了。但我没有必要说中国法官都是这么做的。你还可以参考其他的研究,在其他的二手文献里可以找到一些类似的现象,这样问题就解决了。

提　问　香港地区的学术界对于田野调查是否也存在一种到农村地区调查的倾向?相应的问题是香港的这种农村到底是怎么样的?因为我来自澳门,已经很难进入澳门的农村地区去调查了。

贺　欣　到农村去实地调查是一个简单的规律,因为农村比较好进入,周围的人对你防范得没那么警觉。我做的很多研究是去法院,法院的法官是知识和实践的精英,他们知道我在研究他们的行为方式,所以也会产生一定的影响。很多同学会强调进入"田野"的困难,其实主要看你有什么样的机缘、下多少功夫、看你怎么去做,总之一定是有办法的。香港的情况也一样,如果去农村做调查也是有空间的,农村涉及很多问题,比如新地、新屋的权利分配、纠纷的解决、女性的继承权……梅丽老师写过一篇很重要的文章,她跟她当时的学生写人权——其实就是女性的财产权——是怎么样在香港农村地区发展的。[8] 因为按照香港"新界"的规定,女性没有继承权,她去研究所谓的"翻译人"是怎样把事情扩大,帮助这些新界的女性获得财产权。其实关于婚姻家庭纠纷都可以进入"田野"去做,但现在周围的人做得比较少。做史料的相对多一些,主要是史料相对固定。弗里德曼也讲过,跟人打交道心里着急,老说错话,跟材料打交道没问题,史料在那里去看就好了。

侯　猛　我问一个带有普遍性的问题,跟我们怎么做"田野"有关系。贺老师给我们讲二手资料也可以做研究。对于我们一时很难进入"田野"的同学来说,是不是可以先从二手资料开始做法律社会学的研究?另外,贺老师以前在博士期间做调研,进入"田野"的权力资源和现在再回内地是不同的。贺老师在内地有不少学生已经是法院的院长,现在进入"田野"跟过去进入"田野"会有什么不一样?

贺　欣　这个问题很重要,也很现实。最开始时都是很难,但是也有一些收获。权力资源是有一些帮助,但不像大家想象的帮助那么大。我的确有一些学生在这个系统里占据比较重要的位置,但并不意味着他们能够让我拿到我真正想要的东西。我可以认识最高人民法院的某一个庭长或某一个省高级人民法院的副院长,他给我提供方便时,难道他没有顾虑吗?他担心的东西也很多,我能随随便便去问一些让他难堪的问题吗?我也不会的。这里面有一个互动。我从来不认同人力资源、身份地位就能够带来很多帮助,因为它同时也会带来很多羁绊。真正有用的不是这些东西,真正有用的是一些特殊渠道,它能够让你在里面辨别出对你写文章的材料有用。所以大家千万不要看这些表象的东西,我反复地讲,一个加拿大女孩可以到红灯区研究妓女、劳保问题,美国教授可以跟这些小姐混在一起,这个真的要下点功夫。这些都有它的风险,也有它的路径,需要自己去摸索,不能只看到某一方面。20年前我做农民工研究的时候和现在做法院题目不一样,我做法院研究的大部分文章,跟我认识哪些学生没什么关系。因为我们都是人,都需要互相体谅,不能因为他跟你有什么关系,你就提要求,你提也没用,他做不了,因为他在那个位置也有自己的考虑。

提　问　您提到研究外文期刊的口味和基调问题,现在很多外文刊物有很强的综合化趋势,在这种情况下如何将自己的比较具体的问题与整个期刊品位进行匹配?而且我觉得在投稿之前,根据这种匹配去做研究会更加困难,想问一下您,这方面是否有更系统的方法?比如中文文献,我们的咖位与所做的研究和投的期刊都有一定的匹配和逻辑。那如果是外文期刊,尤其是在它本身有专门化偏向,同时又有综合化趋势下,怎么去研究它可能会收什么样的稿子?

贺　欣　去看该期刊发表的文章,看它发什么样品位的文章,它对定性、定量和理论的要求的程度是什么,它对细节的允许的程度、对篇幅的要求,也就是通过读各种不同刊物来看它品味。

侯　猛　我帮他追问一下,因为师兄在国内中文期刊也发过文章。作为专业期刊,比如英美世界的专业期刊跟国内的中文法学核心期刊,它们在发文风格上是不是会有一个显著的差别?

贺　欣　这么讲的话,差别很大。中文期刊我发得少,中文期刊可能不会特别强调证据,但英文期刊,至少在法律社会学领域,特别强调证据,证据要讲得特别充分,故事的细节需要很清楚。当然,这也跟各刊物所允许的字数有关,像我这篇司法调解的文章写得很细致,这跟它允许的字数也有关系,如果要求我打薄一点也可以做得到。另外,我想补充一点,写文章的时候,其实从开始动笔时,就应该想清楚你的文章要发表在哪里?在动笔之前,就要想清楚它大概能发表在哪里,不一定肯定能去那个地方,但需要知道大致的方向。我这两篇文章很明显一个有理论没有经验,一个有经验没有理论,我不会把"检察中心主义"的文章投到法律社会学的刊物,这不合它的口味。我也不会把司法调解的文章给《中国季刊》,它可能会发,但也要经过大量的修改,因为每个期刊关心的点不一样。

延伸阅读

1. Xin He, Plea Leniency and Prosecution Centeredness in China's Criminal Process, *The China Quarterly*, Vol. 254, 2023, pp. 1-18.

2. Xin He, The Judge as a Negotiator: Claims Negotiating and Inequalities in China's Judicial Mediation, *Law & Social Inquiry*, Vol. 47, 2022, pp. 1172-1200.

3. Sally Engle Merry & Rachel E. Stern, The Female Inheritance Movement in Hong Kong, *Current Anthropology*, Vol. 46, No.3, 2005, pp. 387-409.

4. Tobias Smith, Body Count Politics: Quantification, Secrecy, and Capital Punishment in China, *Law & Social Inquiry*, Vol. 45, 2020, pp. 706-727.

5. Qian Liu, Relational legal consciousness in the one-child nation, *Law and Society Review*, Vol. 57, 2023, pp. 214-233.

注　释

1. Xin He, Plea Leniency and ProsecutionCenteredness in China's Criminal Process, *The China Quarterly,* Vol. 254, 2023, pp. 1–18; Xin He, The Judge as a Negotiator:Claims Negotiating and Inequalities in China's Judicial Mediation, *Law & Social Inquiry,* Vol. 47, 2023, pp. 1172–1200.

2. 参见杨柳:《模糊的法律产品——对两起基层法院调解案件的考察》,载《北大法律评论》第 2 卷第 1 辑,法律出版社 1999 年版;参见苏力:《送法下乡:中国基层司法制度研究》(修订版),北京大学出版社 2011 年版,第 173—192 页。

3. 刑事辩护中的"三难"是指会见难、阅卷难、调查取证难。

4. 原文出自中国佛教禅宗史书《五灯会元》卷十七,六祖下第十四世弟子,佛家禅宗青原一脉的惟信禅师。原文叙述为"吉州青原惟信禅师,上堂：'老僧三十年前未参禅时,见山是山,见水是水。及至后来,亲见知识,有个入处,见山不是山,见水不是水。而今得个休歇处,依前见山只是山,见水只是水。大众,这三般见解,是同是别？有人缁素得出,许汝亲见老僧'"。

5. 参见白建军:《论法律实证分析》,载《中国法学》2000 年第 4 期。

6.《卖油翁》是宋代文学家欧阳修创作的一则写事明理的寓言故事,记述了陈尧咨射箭和卖油翁酌油的事,通过卖油翁自钱孔滴油技能的描写及其对技能获得途径的议论,说明了熟能生巧的道理,出自《欧阳文忠公文集》。

7. 参见苏力:《中国当代法律中的习惯——从司法个案透视》,载《中国社会科学》2000 年第 3 期;苏力:《送法下乡:中国基层司法制度研究》(修订版),北京大学出版社 2011 年版,第 173—192 页。

8. See Sally Engle Merry & Rachel E. Stern, The Female Inheritance Movement in Hong Kong, *Current Anthropology,* Vol. 46, No.3, 2005, pp. 387–409.

第十一章
如何写作

戴孟岩

我从研究生阶段开始在国外读书,之后一直在国外工作,所以今天主要基于美国学界的相关研究开始讨论。我的研究领域叫犯罪学和刑事司法学,怎么定义这个学科?我们研究的东西很广——从警察到监狱,中间的检察院、法院、陪审团、社区矫正、民众关系,以及法律的影响,等等。我主要讲用英语写作和发表实证研究论文的注意事项。因此,今天讲的主题不是如何做实证研究,而是在做完实证研究后,如何把它写出来并发表、发表过程中会遇到什么样的问题、如何提高发表成功的概率等。

第一部分是文献写作。我将首先说明,实证研究的过程是一个"沙漏"模式(the hourglass model)。在此基础之上,我们讨论具体的文章写作过程,比如第一步如何下手?如何找到一个题目、一个切入点?之后是文章的结构,通常文章各部分的顺序为介绍、文献综述、方法、数据和结果、讨论。我会讲一下各部分要注意什么。随后附上一个检查单(checklist),在投稿前或修改后重新投稿时,可以对照检查文章是否做到了清单中的这几点。

第二部分讨论文章发表的注意事项。虽然讲的是在美国发表,但其中很多经验和注意事项在其他地方可能也是适用的。我会讲如何遇到一个合适的外审,以及如何针对外审意见进行修改。

最后，说一下在学术生涯中，为何要保证自己能每年发两到三篇文章？这也是针对在美国当教授的要求来讲。这个东西很重要，所以把它放在最后。

一、什么是实证研究？

我不清楚现在国内法学院是否教社会研究方法和方法论等内容。如果你们没有学过这些内容，而学的是法学方面做研究的方法，或者是通过读，尤其是通过读经典文章来学习写作的，那就需要注意，论文中使用的方法可能是相对早期的方法。而实证研究的进步是很快的，早期所用的方法现在已经有了一些改进，对实证研究的要求也相应发生了变化。例如，现在从事警察学研究的学者，必须做社会实验才能从美国联邦政府申请项目，拿到经费。而5年前还只是"高度建议"做社会实验，10年前可能连这个"高度建议"都没有。这是因为社会对科学性的要求越来越高。当大家都有理论时，谁的建议比较靠谱，就需要以科学性来判断。这就是为什么我们写文章或者是做研究，逐渐地都在朝一个方向发展，而不是任性地发展。

那么，什么是实证研究？归根结底就是数据的问题，是用数据说话，是以事实为依据的（evidence-based）。以警察学研究为例，在研究警察的这个方向里面，基本上都要以数据为基础。研究中的政策建议不是理论基础的建议，而是基于实证并通过数据来讲的。它是一个实测现象（measured phenomena），所有的东西都是量化且可测量的。该建议并非出自专家权威性，而是通过测量和分析得到的结果并以数据展现。

（一）定性与定量

研究方法有定性的和定量的，我们通过一个例子来说明。当我们问某人是一个怎样的人，可以回答天生丽质、英俊潇洒、风流倜傥、学富五车、才高八斗，等等。这是一个定性，还是定量的分析？是定量。因为这个问题不是怎么定义英俊潇洒等这些词的概念，而是解决是否符合或者是否满足的问题——满足英俊潇洒为1，不满足为0。这就是一个初始的量化——把是与不是的问题用数字表现为0和1的问题。每个定量研究中都有大量的变量，也即0和1的问题。例如，问卷中性别是男还是女，就可以用0和1来表示。再如，对于学历，是不是可以把有一定学位的人理解为学富五车、才高八斗。因此，只能说量化得好与不好，而不能说它不能被量化。简单的东西可以量化为0和1，更复杂的就可以进一步细化。比如，将0和1变成一个范围——0.5、0.6，或者无限接近于0.99，我们都可以定义。

因此，定性自然而然地被包含在定量研究过程中，每个变量的选择都是从定性研究得来的。比如，一些研究的进步之处在于考虑了一个新的变量。为什么他会考虑这个新的变量？很可能就是在大量的观察和调查中得出的。这是定性研究的一部分，但可能不会在定量研究的论文中展示。作为一个经常做定量研究的人，将定性研究和定量研究对立起来是不合逻辑的。当我们不了解所要研究的东西、无法统计分析时，才要去进行定性研究，从而知道如何选取变量、提出问题和收集数据。接下来，则是通过定量研究不同变量间的相互关系，尤其是因果关系。所以，定性研究是实证研究的第一步，不是最后一步。

现在的定性研究有一些问题，我们通过一个虚构的例子来说明：

假设要写一篇论文来讲中美交流中歧视在美华人学者的问题。开头往大了讲——中美学术交流很重要,但目前存在一些障碍。这篇论文就要研究这些障碍,集中关注在美华人学者受到的歧视。之后是文献综述,可以写学术交流、在美华人学者的学术贡献、学术贡献的方式方法等内容。接下来可以分析具体案例,比如,一个老师参加国内的活动,其他老师都 9 点钟起床,他被迫 8 点钟起床,受到了不公平的待遇;再如,华人学者需要自费前往中国,而白人或者黑人学者去中国,不仅食宿免费,还陪同旅游。接着就可以做一些图表,列举其他数据展示多年来中美交流的变化。比如,以前的研讨会有多少,访问次数逐年在下降。然后对下降原因进行直观分析,最后得出结论:现在中美交流中华人学者受到了不公平的待遇,交流的活动数量和质量都有所下降。接着我们再展开讨论:这是一个什么样的问题?是个别的现象,还是系统性问题;是局部问题,还是制度性问题。它看起来既讲了道理,也提供了数据,并且数据还挺丰富,有案例分析和趋势的曲线分析,最后也进行了讨论。

那么请问大家:这篇虚构的文章是定量的研究,还是定性的研究?有同学说这是定性文章,有同学说是假装在定量的定性,有同学说似乎也有定量在里面。其实很简单,这篇文章既非定量也非定性,因为它压根就不是一个合格的实证研究。

我们必须首先对实证研究有一个明确的定义,才能去讲怎么写实证研究。为什么说这篇虚构的文章不是实证研究?因为它没有任何科学性在里面。有一个同学讲得很好,它是假装在定量的一个定性。用定性的外壳试图去实现定量的目的,结果什么都没做到。它也是一篇论文,也可能有发表的机会。但我们只能称之为文学作品,而不是一个具有科学性的实证研究。前天,我听贺欣老师讲调解的艺术,他说"定性研究其实更像一门艺术,定量研究更像一个科学"。这就出现了一个问题,我们在讲定性与定量时,是把他们放在实证研究的集合中的。在此之外,还有很多其他类型的研究,比如逻辑推理、理论探讨、各种各样的逻辑思辨、哲学分析,等等。它们并非不好,只是不在实证研究里面。但是在同一些国内学者讨论时,我发现他们把定性和定量放在互不交叉的两个集合里。不是定量研究就是定性研究,这就把定性研究无限地扩大了。所以,我强调要把定性研究和定量研究共同放在实证研究的集合中,做实证研究该做的事。

这里就给各位同学一个建议:我们要有自己的判断力,发表的东西或著名人物所做的东西并不必然就是好的。有时候存在明显错误的文章很可能被发表出来,很多老师和同学可能会被误导。所以,大家在愿意做学术的时间段里,要多多丰富相关知识储备,哪怕不用也要知道是什么。有时参加研讨会,我看到一些东西都会吓一跳:无知者无畏,板砖类型的专家到处都有。我希望你们以后能够对学科的科学性有所贡献,至少要对什么是科学的方法,怎么采用科学方法有一定理解。这样,你就会意识到实证研究的重要性,就能懂得为什么有些学者在讨论科研问题时,不在乎对方是不是发文章很厉害的人,而只在乎所讨论的研究有没有科学性。没有科学性就不应该有话语权。

那我们研究的是什么?我们研究的是事物的相互关系。20世纪中后期,很多美国文献都有这方面的讨论,这与犯罪学和刑事司法发展有关,我大概讲一下。当时法学家们在争论应该研究什么问题,有一派研究的是应然的(ideal)东西,就是你应该做什么,讲的是目的性,有没有达到目的。另一派则认为,应该研究如何理解所发生的这些现象。有了理解后,我们就知道它好还是不好,以及在它不好的时候如何改变相关的因素，让它向好变化。第二个研究方向的学者渐渐越来越多，形成了这个学科的雏形。因此，我们研究的最终目标是去解释社会现象。其中尽管也有政策建议，但这些都是建立在科研基础上，在有了证据和结论后进一步展开的东西。

总之，定性和定量是实证研究中最基本的和最初始的一步。二者可以良好地连在一起，而不是做定性的不喜欢定量，或是做定量的不做定性这样的关系。刚才的例子就是用非定量的方法解决了应该由定量研究解决的问题。定量研究最终的目标，是解决因果关系问题。社会是多元的，存在各种各样的变量，我们需要找到他们之间的关联性。

（二）假设检验

实证研究的核心部分是假设检验（hypothesis testing），即提出并证明一个假说。对社会中的事物、关系或是现象，我们可以存在多元的理解。理解的不同并不重要，关键是有这样一个理解。你认为这个理解是正确的，然后去证明它。因此，实证研究的写作或是实证研究本身是一个数学证明题，要证明因果关系存在并用数字进行表达。

无论实证研究质量如何，首先需要符合实证研究的定义——有自己的观察理解、数据收集过程、数据分析和得出来的结果。做完实证研究后，接下来就要进入写作阶段。实证研究的文章就像一个实验报告，记录着整个实证研究的过程。你需要将这个过程用文字呈现出来。因此，写文章不是美化填充，也不是凭自己的理解讲故事，更不是在讲你怎么认为的。我们在看实证研究时，不看这个人的观点有多正确，如果数据无法体现你的观点，观点再正确我们也不在乎。数据内容的展现是写文章最重要的一点。我在审稿时发现，很多老师写出来的内容不是他的数据所能表达的内容。尽管个人政治倾向抑或学术倾向的存在不可避免,但要尽量把这种影响降到最低。另外,有些人可能对实证研究存在误解,认为文章直到最后也没有一个定论,或是认为研究结果无须证明即可得知。但实证研究就是要告诉其他人,数据说明了什么。

二、实证论文的写作模式:沙漏模型

说完什么是实证研究,我们来讲实证研究论文的写作格式。论文写作,尤其是实证研究写作,是有固定格式的。这里给大家提供实证研究论文中的一个模型——沙漏模型(图11)。它讲的是写作过程中,我们要写得多发散和多具体的问题。首先,我们需要把研究问题放到背景中去说明它的重要性。比如一个黑人被警察打死了,大家都在关注这个事件,社会中也有很多讨论,这就是它的背景。这些背景

图 11　沙漏模型

可能和研究没有具体关系,但它能够间接表示一个研究在该时空背景下的重要性,因此这里需要发散。之后需要回顾之前做得比较好的研究,他们的结果是什么,优点在哪儿,如何启发你,不足之处是什么,以及存在哪些尚未回答的问题。如果这些问题依然存在,就可以引出你所研究的问题。具体研究问题和数据是写作中的"小蛮腰"部分。这个小蛮腰是决定文章科学性的最重要部分。当这些都讲好了,数据也摆出来了,结论也有了之后,再发散地进行讨论。讨论中有很多内容,我们之后会展开讲。而当讲到未来的研究还需要怎么做,以后的政策应该如何变化时,你的文章就又发散开了。这就是写作的模式,我想很多东西在写作过程中都是差不多的。

为什么有这样一个固定的写作模式呢?每个部分都有它要实现的目的。引言的写作目的,是让别人看后就懂得你要写的东西很重要;文献综述的目的,是告诉别人现在我们对这个问题的了解有多少,之后自然地引出本文贡献了什么,回答了什么别人没有回答的问题,或者解决了什么别人没有解决的问题。很多文章的文献综述只是简单罗列了以前做了什么,而没有去分析,无法自然地引出自己的研究问题和假设,也就是在写的时候迷失了自己。因此,在整理文献和写综述时,应该时刻贴合你所要达到的目的。

接下来是方法和数据。这部分要达到的目的,是让别人看完之后能知道你是怎么做的,能够复制你的研究。在自然科学中,许多科学文章要求公开数据,但我们的领域目前还没达到这个要求,存在一些丑闻。比如,有人在顶级刊物发表了文章,但该文章的其他作者表示虽然写了文章,但没有见到这个数据。果然,之后一查发现这个数据不存在。如果你没有把数据部分写清楚,可能会招致数据造假的怀疑,在外审中会遇到刁难。

下一部分就是分析的过程和得出的结果。一些复杂的统计分析有很多步骤,每一步骤都会出现一些结果。这部分写作中要解决的问题是让别人能看懂你写出来的东西。你不能写得太复杂,要通过解释,让不懂这些技术的人也能够看懂分析过程和结果。在展示完结果后,就要写你的结论和讨论。这是文章最后的部分,写的时候需要思考能不能把前面所有东西结合在一起。这里尤其需要解释的问题是,这个研究有没有回答解决最开始提出的问题?你有没有把这个重要性真的像一开始所说的那样展现出来?

以上就是实证论文的一个模型。论文写作存在一定格式,这个格式不一定完美,但每一部分都有它的目的性。写完第一稿后,需要看一下是否达到了这些目的。写文章不是凑字数,但有时候写得太多怎么办?这时就要看,是否言简意赅地完成了这些目的。

三、实证文章写作的结构

(一)找到文章切入点

我们做项目时,经常会收集很多的数据。有这么多的数据,要写的点有很多,那应该怎么写,从哪些角度来写,如何切入文章?以下是我的几个小建议。

第一个切入点是测量不同的理论。例如,研究犯罪因果关系的社会学理论有很多,心理学理论也有很多,都在解释某人为何犯罪,或者是某一类型的人或情况为何会导致犯罪的发生。这些理论究竟谁说得对,哪个理论更有意义、更有说服力,这是一个切入点。

第二个切入点是从过往文章的矛盾。我们可以在过往发表的文章中，找到很多互相矛盾的结论。比如，有人说美国警察对黑人有歧视，有的说没有。实证研究用证据来说话，确实有证据证明没有歧视。比如，在警察的执法过程中，较之于白人，是不是黑人更容易被逮捕？可能并没有；是不是黑人更容易受到警察的暴力或武力？可能有，也可能没有。研究时会发现，不同的数据可能做出不同的结果。不同的时空背景、年代的数据，可能做出来的结果也不一样。这些都是矛盾之处，可以作为文章的切入点。

第三个切入点是相关研究较少但又重要的题目。比如，在过去的一两年间，我们看到大量质量不高的关于新冠疫情的文章，几乎所有刊物都在发表与疫情造成的影响有关的文章。这些文章数据收集得不是很好，甚至根本没有数据，以往是发不出来的，但正值疫情时点，就都发表了。

第四个切入点是使用更先进的分析方法。例如，*Neighborhoods and Violent Crime: A Multilevel Study of Collective Efficacy* [1] 这篇文章，就是采用了分层线性分析（Hierarchical Linear Model）这一当时最新的研究方法，用它研究社会问题，然后发表在 *Science* 杂志上。

第五个切入点是测量被忽视的变量。在过往研究中，某个变量可能被忽略了。但通过定性研究（或者说观察理解），你发现了应该但还没有被系统研究的一个变量。比如，早期的一些文章说，黑人被警察逮捕的概率高于白人。有些倾向明显的学者很快得出了系统性歧视的结论；但有的学者持相反意见，他们通过对警察的系统性观察，在分析时引入了新的变量——民众的态度。他们发现有的民众在和警察沟通的过程中非常礼貌且专业，而有的民众就非常情绪化、不礼貌，并且有言语暴力倾向。加入民众态度这个变量后，种族这个本来显著的变量可能就变得不显著了。这就是一个非常好的切入点。我们研究的都是一个社会问题,方方面面关联的东西太多了。每一个变量的加入,都很可能会严重地影响之前的结果,所有这些都可以去尝试。通过理解、观察或分析,你相信加入某个变量会对结论产生影响,那就可以去尝试。

第六个切入点是使用更好的测量方法或在不同的语境中再次检验。别人做了一项研究,但你觉得某个很重要的变量可能并没有得到很好的测量。比如,在研究高等教育对警察的工作质量是否存在影响时,中国的警察基本上都有本科学历。但在美国就不是,直到现在绝大部分警察也只要求有高中学历而已。那么,要不要把学历从高中提高到大学?这就需要实证研究来看高等教育是否真正影响警察执法。教育这个变量应该怎样来测量呢?我们可以采用两分法:假设1是有高等教育,0是没有高等教育;或者我们把它变成连续的变量,如读书的年份;再或者我们看他的所学专业。教育究竟应该如何测量,我没有一个很好的答案,在这里只是给大家提供了一个想法。由于实证研究在不断进步,之前研究的分析方法或测量方法很可能并不是很好。你有一个很好的想法,那就可以作为一个切入点来写一篇文章。同样的道理,在美国做研究时有很多数据,很可能类似的数据在中国也有。那么,就可以用从其他国家取得的类似数据进行对比,即比较的方法,可能也会得出一些好的结果,或者是得到一个能够被广泛接受的模式或规律。

以上六点就是我总结的,如何寻找切入点、开始写一篇文章的小技巧。

(二)引入研究

当你开始写文章了,第一部分是引言,然后是文献综述。每个部分我都总结了一些注意事项(或者说窍门)。先说引言。

第一,我们不能假设读者能够真正理解研究的重要性或有趣性。你觉得这个东西很重要、很有趣、很有用,但同一领域的其他学者未必这么想。我们不能假设别人有同样的背景、知识储备和同样深刻的认识。

第二,简洁明了地叙述很重要。引文是文章的第一部分,也是外审或读者在阅读文章时最先看到的东西。这是整篇文章最重要的部分,代表了你的写作好不好。比如,有些文章我一目十行地看过去,很快就理解了所有的东西,评审就更加方便。而另一些文章我可能很难看懂他在写什么,需要一个字一个地抠,自然会有较差的第一印象。因此,叙述的简洁性,会影响别人对你这篇文章的评价。

第三,你要确切地知道这篇文章为什么重要。有时候我们为了写文章而写文章,做了也不知道为什么要这么做,不知道它为什么重要。所以,你自己首先要知道它的重要性,如果不知道也要想办法去理解。比如,你可以做各种各样深刻的观察、研究、讨论,或和领域内的其他人互相讨论分析。总之,要把它的重要性找到。换句话说,重要性与切入点有关。可能换一种表达方式或换个角度,同一研究的重要性就出现了。因此,大家可以多思考,怎么样把一个重要的东西变得更重要。

第四,你的想法必须在该领域内有一定的基础。我见过一些非刑事司法学领域的研究者在这个领域的刊物上发表文章。不是说他做得不好,只是他写的东西可能和我们习惯的东西不太一样,分析的侧重点和观点也很可能和我们的观点不太一样。这是因为对不同领域的内容不是很熟,对文献综述部分的理解不够透彻。有时候赶鸭子上架,随便找了找文献就写了。有时候一些年轻学者可能存在这种问题。他有发表文章的压力,但他没有精读文献的时间和精力,所以随便找一找东西就去写了。而在这个领域钻研很久的学者就会知道,他有哪些没有看到或者没有理解的地方,得出来的结论或观点就缺乏相应基础。因此,你要确定你的东西说出来,无论内行人或外行人,都不会感到很惊讶。

第五,文章的关注点应当有所取舍。你的项目或数据可以有多种贡献。这些贡献并非全部要写在这篇文章里,不是说贡献越多文章所发的刊物就更好。需要把握好尺度,用有限的篇幅讲好一件事。能讲好两件事更好,但你要解释清楚为何这两个贡献可以有机整合在一起,从而产生一个更大的贡献,而不是两个不太相关的贡献的拼凑。比如,对于一个政策上的贡献和一个方法论上的贡献,就要有所取舍。想好文章的中心,以及要强调的是什么。

第六,好的引入部分像地图中的箭头。在引言写完之后,应当顺理成章地让大家知道,你的研究问题、写作目的和科研目的是什么。所以,引入部分就像一个地图中的箭头,帮助审稿人和读者理解你接下来要做什么或怎么做。

(三)文献综述

引入部分写好后,接下来就是文献综述。因为大家写的内容各不相同,我就不讲文献应该怎么综述,只讲一些需要避免的东西,帮助大家少走弯路。

第一,写文章时,尽量避免过于负面评论别人的成果。因为每篇文章都会有它的错误,这是不可避免的。但这个错误是否有必要指出?如果不是一个致命的错误,或者它是个致命错误,但和你这篇文章并没有很大关系,就没有必要指出来。为什么这么讲?文献综述中你引用的文章的作者很可能就是审稿人,你可能不希望这些不必要的负面评价影响审稿人的心情。所以,如果你指出别人的错误,尤其是没必要时,审稿人也会在你的文章中找出大量的错误,没有错误也可能编出一些错误。有的审稿人是没有底线的,把他惹急了,什么事他都能做得出来。

第二,在需要引用别人的文章时,不要吝惜去提到那些对你有帮助,或者对你研究的问题有贡献的文章。但需要注意,这不是拍马屁,不是用华而不实的词语去形容别人的研究,说他的贡献很大。你认为他有贡献,就要讲得出他贡献在哪里。比如,你觉得某人某年做的一个什么样的研究对方法论有贡献,或者他对某一个变量的解释很重要,或是他对事情的讨论分析,在某一点对你的理解和分析有很大的作用。你要具体地证明他究竟好在哪里。在你可以做这件事情时,你要毫不吝啬地去做。为什么?因为这些人同样很可能是你的文章的审稿人,看到你做了这些事情,他们就会心花怒放。当他们觉得这篇文章很不好时,他也只会说这篇文章虽然不好,但还是可以修改。

第三,要在文献综述中找机会扩展前人的知识。这个扩展的过程就是强调你的重要性。比如,两个理论分别有哪些发现,将二者结合后又会有哪些发现。结合的过程中,或者你在讨论这些文献时,就会不知不觉地引出自己的研究点。这就会让人感觉到这个研究点的确是目前所缺失的,或者确实对前面这些理论和研究有所补充。这样,当文章发表出来,你就会成为这组资料中的一部分。你所做的,就是在扩展前人的知识。

第四,避免过度自我引用。在文献综述中,不自觉地引用自己之前发表的文章,会给人过分以自我为中心的感觉。尽管这是一种提高引证率的方法,但自我引证是所有提高引证率方法中最差的一种。让你的亲朋好友来引用是可行的,虽然也挺功利,但在早期不失为一个建议。

(四)方法、数据和结论

在文献综述之后,就要去证明你的假设,比如,认为黑人更容易被警察逮捕,或者认为法官、受害人及被告人性别对判刑有影响。但这些还只是研究问题,尚且不够具体,你需要提出一个假说。

什么是假说?假说是很具体的,要告诉大家哪一个变量对另外的哪一个变量有影响。简单地说,一个是自变量(independent variable),一个是因变量(dependent variable)。你要告诉大家,哪些变量之间是怎么影响的,方向也好,力度也好,这就是你的假说。

之后要阐述证明过程。首先要说明为什么在某地收集数据,这是为数据代表性所服务的。不能说随便收集或者碰巧在这儿收集,因为在某地收集的数据所得出的结果,未必在另外一个地方适用。数据收集完后,要说明这个样本有哪些特色和哪些变量。例如,收集民众调查问卷,就要写受访者的平均年龄、最小和最大年龄,该地区的平均年龄、最小和最大年龄是多少,这个比例的分配和该地区人口分布是否存在差距,等等。要去讲数据是怎么收集的——是通过实验,还是问卷,还是通过系统性观察,收集步骤是什么,取样过程是否为随机取样,是否为分层次随机取样,以及取样后的回收率是多少……最终要说明的,就是这个论文是否具有代表性。没有代表性的论文也可以发表,只不过它的重要性或者是科学性就略低。但这些东西都要讲到,要让大家知道它的科学性在哪里。

接下来就要讲到变量。有些变量需要解释,比如要解释概念性的东西是如何测量的。但一些约定俗成或者大家很容易理解的东西,就没必要解释了。变量的选取也是同样道理。常见的变量可以一句话带过，而对于那些新颖的、不确定的变量，当你觉得审稿人或读者很可能会质疑你时，就要去解释你为什么这样去理解、定义、测量或者使用这个变量。

同样，有了这些变量后，你要去描述这些变量，这样大家才会理解你做了什么。有一次我在国内参加研讨会，有位老师做了一个社区调查问卷。其中一道题目是，有没有在过去一段时间内因犯罪问题而报警。当时这个变量是一笔带过的，这些描述性的统计内容也只是快速展示在一个图表中。但是，我注意到他上面写 50% 以上的人都报过警。我就在想，这是一个什么样的社区，现在的民众是不是真的这么容易去打 110 报警呢？如果这种情况属实，那么它有没有代表性？如果不属实，这个数据出现了什么问题？以及，如果这个变量存在问题，其他变量会不会也有类似问题？举这个例子，想说明的是我们在审稿时，多数情况只是快速浏览文献综述。但我们会仔细看图表中的每个数字，因为不可能把原始数据要过来并验算，只能通过对数据的描述来判断数据质量。所以，要重视对变量的描述，并且在描述完变量后，要说明你是怎么分析这个变量的。这样，别人才能清楚地认识到你的分析方法的新颖之处。有时，我们还会有一些数学公式或统计模型的展示，但曲线或者图表最好不要超过 5 个。囿于字数和篇幅的限制，图表过多会严重限制文字表达，因此，需要考虑图表的必要性，或者对它进行简化。比如，一个简化的图表可能只展示显著变量，不显著变量就不再被列入图表。此外，结果描述也需要让大家感觉到，这个结果是在回答你的科研问题。

（五）结论和讨论

完成数据表达和结果的描述后，最后的部分就是结论和讨论。读者在读到第 25 页时可能已经头脑发晕，记不清前面说了什么。这时需要简要总结你的贡献，之后再展开讨论。讨论部分一般包含启示（implication）和局限（limitation）。启示是基于数据和发现延伸出来的，对政策和理论的建议。它是最重要的部分，直接关系文章能否发表。

接下来就是局限性。每一个实证研究不可避免地会有局限性。在文章的最后关头，就要把比较重要的局限性罗列出来。审稿人在阅读过程中，可能会发现某处存疑。如果你在最后写上一个自然段左右的局限性，他就会明白，虽然可能因为数据不够好或者别的原因存在局限，但作者已经认识到了局限性，这就回应了审稿人头脑中的问号。反之，他就会在审稿意见中围绕这个问号一直攻击你，因此，致命的局限性一定要写进去。如果文章没有太致命的局限性，那相对来说比较重要的也要写进去，表现自己的谦虚以及对研究的深刻认识。不写局限性，审稿人也不会忽略缺点。一般情况下，把局限性坦白呈现出来，不会影响文章的接收和发表。

在写讨论部分时，我们发现有些学者或同学喜欢引用其他学者的原话。这是一个好的方法，但不能滥用，尤其不要引用整段话。你可以引用几个字起到画龙点睛的作用，这样别人也不会质疑它的正确性。批评也只会针对文章本身，而不会批判被引用的别人的文章。此外，我建议大家如果真的要引用，那就引用一个活着的人的话。这个人很可能对你的就是你的审稿人，在审稿过程中很可能印象会更好。如果被引用的人的敌人很多，应尽量避免引用，以免自找麻烦。

（六）一个成功写作的检查单

写作结束之后，可以回顾一下自己是否已经在能力范围之内做到最好。这里有一个检查单示例（图12）供大家参考。投稿之前或是返回修改时可以过一下检查单。

Checklist for successful writing
- Does your article fit the journal you select?
- Have you established the article's importance?
- Do you have a strong dataset?
- Have you written a detailed methods section?
- Have you missed an important factor in your analysis?
- Have you interpreted your empirical findings?
- Have you used conventional formats and styles?
- Have you checked spelling errors and sloppy writing?
- Have you checked all the statistics?
- Do you have a clear, focused title?

图 12 检查单示例

第一，选对刊物很重要。以我的研究方向为例，犯罪学和刑事司法学方面的期刊，很多是和法律方面的期刊交叉的。但也有些是不交叉的、有 SSCI 影响因子的刊物，这些可能是一个更好的切入点。再如，社科法学用实证研究的方法，尤其是用定量方法，这样的文章在国内发很难，拿到美国来发，说不定很容易。

第二，是否建立了文章的重要性？

第三，有没有一个很好的数据？数据不好真的让人头疼，大家在写文章时尽量做好这些准备工作。数据不好就不要用，有好的数据就快速把它写完。

第四，你的方法有没有写得很具体且到位？你的研究是不是错过或者忘掉了一个很重要的变量？还有，你对研究得到的结果有没有很好的解释？别人能不能看得懂这个解释？有时候我发现，有些年轻的学生或者学者写出来的东西，让人看不懂。

第五，你写的东西是不是用常见的格式？每个刊物都有自己的固定格式，以及需要检查拼写错误、错别字或语法错误。我曾审过一篇文章，文章中有大概三四个句子长度的一段话，这段话在引言部分写了，方法的开头写了，讨论部分也写了，一个字都没改，就复制粘贴。这样的文章就直接被拒掉了。

第六，你有没有反复地去检查你的数据？我们有大量的数据，不管是手动输入还是复制粘贴，都有可能会出错。只要有一个数据错误，审稿人就会认为你的数据或者你的分析有问题，或者认为你根本不懂你的分析，是"瞎猫碰死耗子"碰着的。因此，一个简单的错误就会造成很严重的后果。

最后，我们来看一下文章题目。文章题目其实很好弄，你要先有关键词，然后将其有机排列组合成一个好的词组，这就可以成为文章的题目。

四、如何同刊物和外审打交道？

如何同刊物作斗争或者斗智斗勇？首先了解刊物。在刊物的主页上，能看到刊物官方的作者指南，告诉你投稿时的注意事项。非官方途径的话，可以通过有经验的老师、同学或朋友来了解。同时，有必要了解刊物的倾向性，或者说主编及助理主编的倾向性。如果他们不喜欢你的观点，同时外审结果又不那么完美，那文章就可能会被拒掉。我们可以通过主编之前发表的文章来判断他的倾向。

但决定性的因素在外审。有一个小窍门，虽然它不是对所有刊物都适用,但适用于一些二流刊物。很多二流刊物很在乎影响因子,如果你的文章引用了这个刊物之前发表的文章,外审可能会喜欢。外审很可能就是以前在这个刊物上发文章的人。此外,主编也会很开心,因为他发表了你的文章,这个刊物的影响因子就会增加。

再讲讲审稿的过程。投稿后有的刊物会进行内部审核,在这一环节文章可能会以很荒唐的理由被拒掉。这时,大家就需要直接想下一个投什么刊物了。初审过了(或者没有初审)后会送给外审,外审返回的常见意见有拒绝、接收和修改。被拒或者被要求修改的可能性非常高。好一点的主编会根据外审的意见加上他的意见。事儿多的主编会在外审的意见之外,凭着个人好恶把不应该修改的内容让你修改,或者不应该拒掉的文章给你拒掉。

按照外审意见修改时,有几个重要事项。第一,看到外审意见,你可能会非常生气。但是请注意,身心健康比文章更重要!不管他说得对不对,不要责怪自己。哪怕你不同意外审的意见,也要按照他的意见来修改。同意他的意见可以多修改,不同意可以少修改。但是不要不修改,也不要和外审进行辩论,尽量用谦逊的、有则改之无则加勉的态度来回答。不同的刊物对修改后的文章处理方法不同。有的刊物会将改后的文章重新发给原来的外审,有的则由主编判断。如果他认为你回答得不好,你就会直接收到拒稿通知。这就是发表的大概流程。

五、保持职业生涯的创造力

最后,如何成为一个能发文章并且生活快乐的学术人?在美国,大致的要求是一年两篇文章。美国学校的要求是"或者是一只手,或者是两只手"。什么意思?这是说终身教职的要求,低一点的院校要求5篇文章,高一点的院校要求10篇文章。所以,为了在美国生存,很可能最保守的方法,就是一年投两篇文章。这就要求你一年投两篇文章,同时一年发表两篇文章。具体的我就不再细说了,我就讲到这里。

对话与问答

于晓虹 今天我会讲一下,对于未来有可能在中国工作并且对法律实证研究感兴趣的研究者群体,如何根据国内外学界的特点来设计自己的职业生涯。同时,也会讲到我对法律实证研究的理解,这种理解跟戴老师的观点不完全相同,但大体是相似的。

1. 法律实证研究在中国

首先需要了解的是,中国法律实证研究在学科交叉方面任重道远。我在哥伦比亚大学读的政治学博士,在哈佛费正清中心做了一年访问学者,回国直接在清华大学任教。以法政治学为例,在回国之前,我从来没想过学科交叉会成为问题。法政治学在美国是一门显学,学科手册——比如《牛津政治学手册》(*The Oxford Handbook of Political Science*)——中一定会有法政治学章节,甚至用专门的分支学科手册去讲法与政治(*The Oxford Handbook of Law and Politics*)。但回国后,我发现法律实证研究作为一个交叉学科,发展非常艰难。第一是学科建设。法律实证研究要求法学专业的学生学习一系列研究方法课程,同时要注意平衡经典文献和前沿论文——既不能只读经典,也不能只读前沿。在我看来,法学教学中更偏向于阅读经典文献。第二是学会建设。国内缺乏相关学会,我所知道的相关分会,比如法律社会学分会设在社会学会里,而计算法学分会则设在计算机学会中。法学会好像没有法律实证研究分会。第三是期刊建设。我所知道的专门致力于实证研究的刊物只有《法律和社会科学》,其他期刊在文章选择取向上有很大不同。第四是研究项目。法律实证研究作为交叉学科研究,项目比较难申请。第五是共同体建设。侯猛老师牵头做的社科法学研习营就是致力于这样的共同体建设。然而目前看来,这个共同体仍然需要大家的共同努力。所以,法律实证研究在学科交叉方面的确有很多工作亟待完成。

其次,法学期刊不允许发合作论文,这在社会科学领域是不能想象的。社会科学文章的完整刊发流程,可能要持续两到三年。一些大数据研究有几十万、几百万,甚至几千万的数据,靠一个人是绝对不可能完成的。虽说现在有一些期刊逐渐灵活,但据我所知,法学领域刊物,特别是顶级刊物要求的还是比较严格的。另外,法学期刊在选题上可能偏向热门问题,所以需要权衡一下到底是做热门问题,还是要做基础理论。如果中文期刊主要关注热门问题,一些基础理论的文章就没那么容易被期刊赏识。

2. 作为职业的法律实证研究

如果真的要将法律实证研究作为职业,我的建议是做以下准备。第一,理论准备。要结合阅读经典文献和前沿文献。经典文献是你的基本功。对于前沿文献,学界各种各样的组会和研读会有很多,完全可以通过这种方式来读文献。始终如一地、认真地、系统地去阅读经典文献,这个能力或者说基本功还是要具备。

第二,方法准备。每个大学都有大量的方法论课程。法学院一般不开这些课程,但社会科学的学院,比如政治学、经济学、社会学等,会开很多这样的课。而且,互联网上(B站、知乎等)相关的方法论课程也非常多,都可以去学习。

第三,多项目推进。在中文学界,做法律实证研究要做好中文、英文都要写的心理准备。两手都要抓、两手都要硬。在中文学界写文章,可以一方面向内看——有一些法学期刊对法律实证研究还是非常感兴趣的,像《清华法学》《中外法学》《中国法律评论》等。另一方面,也可以向外看,这是我现在主要采取的方式,法学期刊真的很难投,而政治学、社会学、经济学等领域的大量刊物,他们对实证研究的套路更加欢迎。只要你有好的数据和理论,讲了一个美妙的研究故事,都可以尝试投稿。此外,也建议大家写英文文章,实证研究的确在英文文献里更受欢迎。

3. 法律实证研究写作

谈写作实际上是在谈研究。在我看来,法律实证研究就是社会科学的研究,需要捕捉差异、解释差异,并且做意义阐发。最近我刚好有一篇文章被接收了,在这里,就结合这篇文章快速地讲一下。

我们如何捕捉差异?捕捉差异就是提出研究问题,基本上有两种方法,一种是观察社会、观察现实生活,发现现实生活跟你的理论预设不符,这个时候差异就会出现。或者是去看文献,觉得这个文献说得不一定对,这个时候差异就会出现。以我最近发表的一篇合议庭研究文章为例[2],一般情况下,西方上诉法院合议庭多为随机生成,很少是指定的,但在我们国家,由于主审法官通常有很强的组庭能力,合议庭是主审法官发出邀请然后组成的。把所有法官间的联系都做出来后,就会发现存在着明显的集群,法官之间的合作存在显著的固有模式。那问题就来了,我们如何解释这种差异,为什么中外合议庭的组织方式不一样。后来我们发现,西方合议庭研究强调法官态度或法官策略。法官带着自有的一套意识形态进入司法决策,在决策过程中,法官的意识形态显著影响法官决策。法官态度不仅指传统的意识形态,也可以把它理解为性别或者种族等身份认同。因此,在西方合议庭研究中,主要看具有不同"态度"的法官在合议庭内部的互动。这可能忽略了合议庭集体决策的本质特征。借用心理学一个基本概念:团体迷思(group think),合议庭作为一种集体决策方式,首先有一个内外分界问题,起到一定的隔绝外界干预的作用。我们后来把它叫作法官的抱团取暖策略。这就是我们捕捉到的一个差异并试图去进行解释。最后,你还要做一些发散性的讨论,跟既有的理论进行勾连,也即意义阐发。这篇文章主要从三个角度展开,一是合议庭机制在不同的司法情景下有内外不同的功能,这是既有研究所忽略的。二是这个研究实际上勾连了中国法政治学研究与比较法政治学的策略模型。三是某种程度上我们要类型化地看待中国的案例,从中国案例的特殊性出发发展一般理论。

4. 小结

总结一下,我们在构思一篇文章时可以"上下左右"看一下。"上下"就是从历史角度去发现差异,是不是过去这么做,而现在不这么做了,或者现在有了新的方法。历史的维度可以一直往前推。比如,我们有一篇关于陪审制的文章就一直翻到了中世纪以前,用英国最早期的情况同中国陪审制的发展过程进行对比。[3] "左右"就是比较。比如,将中国法官策略性组成合议庭的状况和随机产生合议庭的状况进行比较,探究为什么会产生这样的效果,背后的机制是什么。这就是比较的维度。所以,除了通过现实观察和理论发现,还是要

"上下左右"多看一看。

另一个就是既要走进"田野",也要走出"田野"。刚才戴老师说得非常好,其实就是在源头上不区分定性和定量。经验是必须有的,每项研究的背后,一定是广泛田野调查后所得到的各种直觉,这就是走进"田野"。但同样重要的是,你还要有走出"田野"的能力,必须把在"田野"中取得的经验发现提升到理论层次,与既有的理论对话并做出你的贡献。

总而言之,法律实证研究在我看来是极有趣的,很好玩儿。希望大家在法律实证研究当中获得快乐吧!

侯　猛　于晓虹老师刚才讲到学术共同体和学科建设问题,我在国内学界差不多快 20 年了,一直也致力于这些方面的努力。比如,本届社科法学研习营突出了建立"无形学院"的口号。有些人可能会以嘲讽的眼光看这一口号,因为他们已经有学科了,并不需要专门提学术共同体。比如,刑法学科、民法学科,已经有了坚固的专业槽。只要进到这个专业,相应的协会、年会、期刊以及课程建设都是齐备的。而我们恰恰缺乏这些,所以需要抱团取暖,也就是要构建学术共同体,形成无形学院。

但这与我当年读书时相比,还是有了很大的发展。比如,已经有了年会和刊物。在中国社会学会下面也有了法律社会学专业委员会。不过,在法学界,还没有类似于美国 Law and Society Association 那样的协会。在其他方面我们也做了不少,举办研习营,出版读本,以及课程建设。去年,晓虹牵头开了一个全国范围的法学交叉学术研讨会[4],这是一个好的交流的开始。我们需要共同努力,在更多高校开设更多法实证或法社科的课程,从而构建一个完整的课程体系。

就中文发表而言,中文世界的发表生态,在不同时代可能不太一样。比如,刚才晓虹提出很奇怪,为什么不搞合作发表,但把时间拉长,20 年前在法学界合作发表还是挺常见的,经常是老师带学生一起发。大概在十多年前,法学核心期刊的一些清流主编联合起来,禁止这种师生合作发表。他们可能觉得老师占了学生便宜,或是学生占了老师的便宜。但不让合作发表可能造成什么情况呢?情况更糟糕。

尽管如此,整体情况还是向好的。举个例子,我曾经给一个法学核心刊物审过一篇定量文章。他写得并不是很好,但出于扶持定量研究的考虑,我的评审意见是:这篇文章法学的味道比较淡,应该再请一个法学背景强的人合作来写,一起把文章改好。这本来是一个赌注,没想到最后这篇文章发出来时就是合作作者。所以,合作发实证文章也慢慢多起来了。

年轻的同学们如果将来准备在国内法学界发展,还是要注意学术生态。比如,仅靠单纯的投稿肯定不行,还需要参加各种研讨会,或征文活动,跟编辑建立正当的联系。有人会觉得,这是不是要跟编辑搞好关系啊?那就看你在什么意义上理解搞好关系了。有渠道发表自己的见解,同行之间大家相互认可,这种正常的交往是必要的。这是一种正当的联系。

提　问　文章的长度如何安排?

戴孟岩　在美国犯罪学和刑事司法学领域里发文章,图表、摘要、参考文献以及引用的列表等,所有内容加起来一般是 30 页纸。引言部分不要超过两页,一页多一点就好;文献综述一般是 10~15 页,写到 12 页纸就差不多了,只要文献综述超过 10 页,你想做什么就基本能说明白了;方法、数据和结果大概是 10 页纸;最后的部分大概 3 页就差不多了,加在一起就能够满足 30 页的要求。而且,英文是双倍行距,还有边角距,大概是一个 inch。同时,美国 Word 的默认纸张是 letter size,比 A4 纸还要小一圈,所以字数并没有很多,有时 5000~7000 字基本上页数就符合要求了。

提　问　是否推荐使用参考文献工具?

戴孟岩　这个是技术性的问题。我们写文章会写五六页、七八页的参考文献,排版很烦人。一篇文章已经写很长时间了,写参考文献还要熬夜调整标点符号、大小写、斜体,等等。因此,我们有很多软件工具,软件工具虽然一开始完全没有优势,比自己打字还累。但当你积累到一定阶段,软件工具里的信息都排版好后,它的优势就出现了。所以,大家如果觉得自己以后要大量发文章,可以提早做这个准备。

提　问　需不需要找别人帮忙修改润色?

戴孟岩　唯一需要的是找个外行人读你的文章,看他们能不能读得懂。读不懂就说明这篇文章写得不好。如果他们能读得懂,能看得到你写的东西有点用处或者有点帮助的话,这就是一个很好的作品。

关于是否找外国人重新润色,如果你的英语糟糕到到处都是语法错误,那确实需要。如果你的英语达到了四六级水平就不太需要,这时只能说写得不华丽,但不会说写得有错误。至少我理解的所有的文章,不需要写得很华丽。我个人不习惯找英语母语的人来润色文章。文章写完、被接收之后,有机会我会再读一遍,看是否存在要修改的错误。只要有六级英语语法的水平,有语法修改软件的帮助,语言表达都是可以的。我目前很少看到哪个外审会批评英语写得不好,或者错误太多,只会偶尔建议你修改几处出现错误的地方。我们的外审在这方面是非常宽宏大量的,但这只局限于我们领域。如果发到其他领域,一些比较计较语言的人未必这么好沟通,每个领域不一样。我们更注重科学性和你的数据、你的分析,有的学科可能更注重的是其他的东西。

提　问　标题到底应该怎么取？有趣一些,还是严肃一些?

戴孟岩　我个人的观点是无所谓,这不重要。唯一要注意的是标题尽量简短一点。

侯　猛　在国内,这可能与期刊风格有关。比如我在《中国法律评论》发表的《实证"包装"法学？——法律的实证研究在中国》[5]一文,主标题用"实证'包装'法学"这个词来引起大家注意,也比较契合期刊本身的风格。但《法学研究》可能就不是这样。我在《法学研究》发的文章,就用了"当代中国政法体制的变迁及其意义"[6]这个很正经的标题。《法学研究》是很正经的杂志,《中国法律评论》不是不正经,而是可能比较紧跟潮流。所以,在国内需要结合刊物的风格定位来选定标题。

当然,如果文章写得好而标题不太好的话,编辑会提修改意见,会建议改标题。从阅读顺序上来讲,编辑首先看标题,其次看摘要,可能没有那么多耐心看主要内容。但金子总是会发光的,关键是内容,反而标题就不那么重要了。我遇到过几个刊物,最后编辑不需要征得作者同意,就直接修改了题目,有的时候修改后的标题可能更到位。

提　问　论文涉及政治正确时如何处理?

戴孟岩　没有绝对的自由,你的学术观点完全可能影响到你的学术生涯。对于发文章而言,首先应该注意你的观点是否能够经得住时间的考验。实证研究有数据，有科学的结果，这是经得住考验的。但是看沙漏模型，我们并不只写"小蛮腰"的部分。头和尾都要写，在写的过程中很可能就会出现刺激到其他人的情况。所以，宁愿写得平实无华、简单易懂、针对事实，也不要写得花哨。

提　问　如何避免遇到不喜欢的审稿人？

戴孟岩　我有个小技巧。投稿时可以把不喜欢的外审放到致谢里。致谢这一栏属于有利益关系的人，不会被选为你的文章的外审，并且你也可以在文章被接收后把致谢改回来。这样，发表时致谢里就不会有这个人。另外，当你在网站上注册一个账号去投稿时，有的刊物会让你建议一些审稿人。我一般不填写建议，但你愿意建议也行。既然有这个机会，你就可以去表达，这多数情况下不会影响到文章的审稿。

提　问　要不要跟导师一起发文章？

戴孟岩　我的建议是不要。侯老师刚才讲导师可以和学生发合作文章。但作为学生，不应该和老师一起发文章。第一，学生在发文章时，我们会默认你已经接受了足够的训练，是一个独立的学者。我在本科时申请出国，和美国的老师沟通时他都会很客气，说你现在已经是一个学者了。博士毕业时，你就已经是一个为学术做贡献的学者了。我们在座的每个学员其实都是独立的研究者。为什么要跟别人一起发文章，你自己没有能力吗？如果你没有能力的话，那要不要提高自己的能力？第二，不管导师是第一作者还是第二作者，首先受到质疑的就是，这个学生的贡献到底有多少。这是年轻学者天然的劣势。美国好一点的学校在终身教职评审时，和导师合发的文章可能不会起到很重要的影响。

提　问　能否把工作论文（working paper）传到 SSRN（Social Science Research Network）？

戴孟岩　有个同学说把自己的 working paper 传到了 SSRN。如果是 working paper，那么在做会议报告时，你都不要展示关键细节内容。没有必要把 working paper 放到网上公开让人看。你可以和别人分享文章大概的内容，但核心的部分、重点的部分，尤其是细节的地方，在公开发表前都应该保密。因为偶尔会听到一些例子，一些年轻的学者和其他人讨论了文章内容，结果几个月后他想投稿时发现，其他人已经把这类文章发表出来了。虽然可能没有用同一个数据，但想法一样、模型一样，连文献综述都差不多。大家可以想，比如很可能你没有这个省或者这个市的数据，但别人有另外一个地方的类似的数据。你把 idea 和别人分享了，速度快的、会灌水的人很可能很快就将文章发表出来了。

提　问　社会科学的刊物是学生组织的吗？学生办刊是否中立性更高？

戴孟岩　有同学说不少美国法律刊物是学生组织的，社会科学的刊物是否也是这样？我了解不是这样的。犯罪学和刑事司法学的刊物基本不是学生组织的，而是由行业里资深的教授、学者做主编和助理主编，评审也都是领域里面的学者。学生办刊不可能增加学术中立性，谁办刊都没有中立性。至于学生办刊中立性是否更高，那看你怎么定义了。中立性学术圈也不可避免地受到政治影响。尤其在美国的学术圈中，政治倾向性完全能够影响文章是否能发表，甚至影响到你的工作能不能稳定。

提　问　美国高校关于 SSCI 的要求如何？

戴孟岩　基本上美国高校对 SSCI 是没要求的。我知道中国很多地方对 SSCI 有内部奖励，也有一些要求。但美国绝大部分学校是不看的，只要是一个正规刊物发表的论文，是有同行评议过的，那都是很好的文章。我们在评职称时，SSCI 未必就会被高看一眼。

但既然刊物那么多，能发一个 SSCI，为什么要发非 SSCI 呢？对于刑事司法学和犯罪学，刊物很多。一些非 SSCI 刊物可能发起来比 SSCI 还难。这个和运气以及刊物的收稿情况有关。做过刊物管理的都了解，前一任或者是前几年如果管得比较松，可能积累了几十篇文章还没印出来，接下来这几年绝大部分文章就不再接收了，或者只接收特别好的。所以，SSCI 未必难发，但发了以后可能对你有更多的好处。因为 SSCI 有影响因子数据，非 SSCI 的刊物没有这些数据。

提　问　其他专业的核心期刊，法学院不认怎么办？

于晓虹　这取决于你未来在哪儿就职，像我这样不在法学院就职的就可以随便发。但如果想在法学院就职，还是要按照法学院的标准，也就是发表在法学院认可的 20 多本核心期刊上。但是法学院也有法律评论（law review），所以这是法律实证研究的另一条路。以及，中文、英文两边共同走可能是比较好的办法。我觉得刚才我跟戴老师也学到了很多，我们也考虑是不是在文章发表后再传到 SSRN 比较好，但也有很多外国学者公布他们的工作论文。

戴孟岩　我的建议是如果文章已经被接收了，那可以把它放上去。但至于接收之前是否要放，还是看个人兴趣吧。我没有兴趣去宣传自己的研究，或者在社交媒体上传我的任何东西。

侯　猛　关于中文、英文文章同时发表，就我过去的观察来看，在国外读书的博士生，他们主要写英文文章而不太写中文文章。反过来，国内学生如果精力旺盛的话，反而会有中英文文章同时写的情况，但不多。因为在有限的三年或者四年时间内，还要写博士学位论文，再准备中文文章发表和英文文章发表，难度还是挺大的。年轻学者往往在刚找到教职时，会有写作压力。比如，有些学校更认SSCI，就需要中英文文章同时写，甚至把主要精力放在英文文章上。

提　问　博士生毕业以及之后找教职时，国内和美国在文章的数量和质量的要求上有什么区别吗？

戴孟岩　我先回答美国的情况。一般美国的学校对博士生毕业的要求就是一篇博士学位论文。我们博士毕业的要求包括课程、综合考试和博士学位论文，并不要求一定要发文章。有的学校会把考试改为写一篇论文，这种论文虽然不要求发表，但要求要达到发表的质量。接下来找教职就是由市场决定了，没有一个绝对固定的标准，但基础的判断标准还是发文数量。按我的理解，对于美国普通学校的教职，至少要有两篇发表文章才能进入面试。好学校的要求就更高了，可能还需要做项目的经验和教学经验等。

于晓虹　我讲讲政治学吧。顶类学校的教职至少要有一篇国内的顶刊。如果没有国内顶刊的话，就要有 Q1 或 Q2 的 SSCI。

侯　猛　我了解的几个国外高校如普林斯顿大学、牛津大学的博士生，当然不一定是法学专业，他们毕业还是挺简单的。只要把博士学位论文写好就行了。但找教职的话国内的确更卷一点，比如，首先博士毕业就要有一些发文要求，比国外的高校的要求肯定是更高一些。出现这种现象的原因,在于我们招的博士太多了。也许你本来就不适合读博士,只是家里安排或是为了"跳龙门"之类的原因,结果你进来了,那么高校就不得不提高出去的门槛。从这个角度,我是赞成提高毕业标准的。因为进来已经很水了,出去不能更水。相比之下,国外博士的准入门槛还是稍微高一点的。这是两个不同的学术生态系统。

从个人经历来说,博士后出站后我去了对外经济贸易大学,每年都能在法学核心期刊上发文,也没有发表三大刊的压力。之后我去了北京大学任教,合同中有在三大刊发表论文的要求,这才开始在《中国法学》《法学研究》发文。这说明在一个有压力的环境里,学术潜能还是可以激发出来的。

不过,法学界是不进则退。各位同学都是名校毕业,跟其他人相比已经非常优秀。你们也有一定的基本功,加上这次的授课老师都是国内相关领域的顶尖学者。只要跟这些老师们保持联系,慢慢就会好起来。这种联系是长期的、无形的、不经意的,也没有那么功利,但是要有毅力、要有耐心。总的来说,国内法学学术生态是向好的。随着越来越多的高素质年轻一代进来,这个生态系统会形成良性循环。

戴孟岩 能力是一个问题,你愿不愿意也是一个问题。生活中很多其他事情都在争夺你做学术的时间。所以,是你愿不愿意花那么多时间的问题,而不是能不能的问题。平时学习中,以及和与其他老师的沟通中,要多喝点心灵鸡汤,做好心理准备,将其作为做学术的动力。

侯 猛 做学术本身不需要最厉害的人,尤其是在我们社科法学。法学中最厉害的人肯定不会做学术。此外,做学术也和个人有关系。比如,你的羁绊太多,或者家境不是特别的好,都会是影响你做学术的因素。有时候能发文章并不是因为你很厉害,而是因为你有比较多的社会资本。这个我也见得比较多了。所以,我并不鼓励大家都进入学术界,还是要量力而行。你的选择不一定是在学界,可能在别处。

延伸阅读

1. Robert J. Sampson, Stephen W. Raudenbush & Felton Earls, Neighborhoods and Violent Crime: A Multilevel Study of Collective Efficacy, *Science*, Vol. 277, 1997, pp. 918-924.

2. Janette K. Klingner, David Scanlon, and Michael Pressley, How to Publish in Scholarly Journals, *Educational Researcher*, Vol. 34, 2005, pp. 14-20.

3. Sean Patrick Roche, Danielle M. Fenimore & Wesley G. Jennings, Trends in Top Journals in Criminology and Criminal Justice, *Journal of Criminal Justice Education*, Vol. 30, 2019, pp. 551-566.

4. Amanda Graham, Travis C. Pratt, et al., Contemporary Classics? The Early Onset of Influence of Articles Published in Criminology and Criminal Justice Journals, 2010-2015, *Journal of Criminal Justice Education*, Vol. 30, 2019, pp. 348-375.

注 释

1. Robert J. Sampson, Stephen W. Raudenbush & Felton Earls, Neighborhoods and Violent Crime: A Multilevel Study of Collective Efficacy, *Science,* Vol. 277, 1997, pp. 918−924.

2. Xiaohong Yu, Zhaoyang Sun, The Company They Keep: When and Why Chinese Judges Engage in Collegiality, *Journal of Empirical Legal Studies,* Vol. 19, 2022, pp. 936−1002.

3. Xiaohong Yu and Xiang Wang, Caught between Professionalism and Populism: A Big-Data Analysis of the Lay Participation System in China. *The China Review,* Vol. 22, No. 3, 2022, pp.167−209.

4. "比较视野中的法律、法院与司法治理"学术研讨会,2021年7月4日、5日。

5. 侯猛:《实证"包装"法学?——法律的实证研究在中国》,载《中国法律评论》2020年第4期。

6. 侯猛:《当代中国政法体制的形成及意义》,载《法学研究》2016年第6期。